네 가지
마음챙기는 공부

네 가지
마음챙기는 공부

대념처경(大念處經, D22)과 그 주석서
(Mahāsatipaṭṭhāna Sutta & Aṭṭhakathā)

각묵 스님 옮김

초기불전연구원

♣

상좌부1) 스승들의 오랜 전통을 따라서
[개념적 존재의] 해체를 설파하신
장로스님들의 연꽃 같은 발아래
머리 조아려 이 책을 바칩니다.

vibhajjavādino therānaṁ
ācariyaparamparānaṁ
pūjemyahaṁ idaṁ potthakaṁ
adhosiro padmapādesu

---

1) 부처님의 적손임을 자처하는 상좌부(Theravāda)는 스스로를 '해체를 설하는 자(Vibhajjavādin)'라고 불렀다. 본서가 나라는 존재를 몸, 느낌, 마음, 심리현상들로 해체해서 꿰뚫어 보는 방법을 명쾌하게 밝혀주고 있으므로 해체를 생명과 같이 여기신 옛스님들께 바치는 헌시를 지어봤다.

책머리에 부쳐…

"아난다여, 그러면 어떻게 비구는 자신을 섬으로 삼고(自燈明) 자신을 귀의처로 삼아(自歸依) 머물고 남을 귀의처로 삼아 머물지 않는가? 어떻게 비구는 법을 섬으로 삼고(法燈明) 법을 귀의처로 삼아(法歸依) 머물고 다른 것을 귀의처로 삼아 머물지 않는가?"

"비구들이여, 여기 비구는 몸에서 몸을 관찰하며(身隨觀) 머문다. 세상에 대한 욕심과 싫어하는 마음을 버리면서 근면하게, 분명하게 알아차리고 마음챙기는 자 되어 머문다.

느낌들에서 느낌을 관찰하며(受隨觀) 머문다…

마음에서 마음을 관찰하며(心隨觀) 머문다…

법에서 법을 관찰하며(法隨觀) 머문다. 세상에 대한 욕심과 싫어하는 마음을 버리면서 근면하게, 분명히 알아차리고 마음챙기는 자 되어 머문다."

— 대반열반경(Mahāparinibbāna Sutta, D16)

목차

약어
일러두기

역자서문 ······································· 11

제1장. 대념처경 ································ 43

제2장. 대념처경과 그 주석서 ················ 73
  I. 서언 ······································ 75
  II. 몸의 관찰(身隨觀) ······················117
    1. 들숨날숨 ·····························117
    2. 네 가지 자세(四威儀) ················130
    3. 분명하게 알아차림 ···················134
    4. 몸의 32가지 부위에 대한 혐오 ······170
    5. 네 가지 근본물질(四大) ··············182
    6. 아홉 가지 공동묘지의 관찰 ·········190

III. 느낌의 관찰(受隨觀) ·················· 197
IV. 마음의 관찰(心隨觀) ·················· 210
V. 법의 관찰(法隨觀) ···················· 214
   1. 다섯 가지 장애(五蓋) ················ 214
   2. 다섯 가지 무더기(五蘊) ·············· 228
   3. 여섯 가지 감각장소(六處) ············ 230
   4. 일곱 가지 깨달음의 구성요소(七覺支) ···· 235
   5. 네 가지 성스러운 진리(四聖諦) ········ 258
VI. 결어 ······························ 290

참고도서 ······························ 293

약어

A.	Aṅguttara Nikāya(증지부)
AA.	Aṅguttara Nikāya Aṭṭhakathā = Manorathapūraṇī(증지부 주석서)
AAṬ.	Aṅguttara Nikāya Aṭṭhakathā Ṭīkā (증지부 복주서)
D.	Dīgha Nikāya(장부)
DA.	Dīgha Nikāya Aṭṭhakathā = Sumaṅgalavilāsinī(장부 주석서)
DAṬ.	Dīgha Nikāya Aṭṭhakathā Ṭīkā(장부 복주서)
Dhp.	Dhammapada(법구경)
Dhs.	Dhammasaṅgaṇi(법집론)
M.	Majjhima Nikāya(중부)
MA.	Majjhima Nikāya Aṭṭhakathā = Papañcasūdanī(중부 주석서)

Pm.	Paramatthamañjūsā = Visuddhimagga Mahāṭīkā(청정도론 복주서)
Ps.	Paṭisambhidāmagga(무애해도)
PugA.	Puggalapaññatti Aṭṭhakathā(인시설론 주석서)
S.	Saṁyutta Nikāya(상응부)
SA.	Saṁyutta Nikāya Aṭṭhakathā = Sāratthappakāsinī(상응부 주석서)
SAṬ	Saṁyutta Nikāya Aṭṭhakathā Ṭīkā(상응부 복주서)
Sn.	Suttanipāta(경집)
Thag.	Theragāthā(장로게)
Vbh.	Vibhaṅga(분별론)
VbhA.	Vibhaṅga Aṭṭhakathā = Sammohavinodanī(분별론 주석서)
Vis.	Visuddhimagga(청정도론)

◉ 일러두기 ◉

(1) 삼장(Tipitaka)과 주석서(Aṭṭhakathā)는 모두 PTS본이다.
 M123/iii.123은 『중부』 제123번 경임과 동시에 『중부』 제3권 123쪽에 나타남을, M123은 『중부』 제123경을, M.iii.123은 『중부』 제3권의 123쪽을 나타낸다.
(2) 복주서(Ṭīkā)는 미얀마 육차 결집본의 쪽번호이고 『청정도론』은 HOS본의 단락번호이며 Pm은 미얀마 육차 결집본의 단락번호이다.
(3) 「대념처경」 본문의 문단번호는 PTS본을 따랐고 긴 문단은 역자의 임의대로 1-2, 17-1 등으로 세분하여 표기하였다.

역자서문

1. 들어가는 말

 부처님의 육성이 생생히 살아있는 초기경들 가운데서 실참수행법을 설한 경을 들라면 『장부』의 「대념처경」[2])과 『중부』의 「들숨날숨에 마음챙기는 경」[3])과 「몸에 마음챙기는 경」[4])의 셋을 들 수 있다.

 물론 이 외에도 『중부』의 「염처경」[5])과 「긴 라훌라 교계경」[6])과 『상응부』의 「들숨날숨 상응」(S54) 등을 들 수 있지만 「염처경」은 사성제의 설명에 관한 부분을 제외하면 「대념처경」과 완전히 일치하며[7]) 「긴 라훌라 교계경」과 「들숨날숨 상응」은 내용

---

2) 大念處經, 마음챙김의 확립에 관한 긴 경, Mahāsatipaṭṭhāna Sutta, D22.
3) 出入息念經, Ānapānasati Sutta, M118.
4) 念身經, Kayagatasati Sutta, M119.
5) 念處經, 마음챙김의 확립에 관한 경, Satipaṭṭhāna Sutta, M10.
6) Mahārahulovāda Sutta, M62.
7) 미얀마본과 태국본에 의하면 『장부』「대념처경」과 『중부』「염처경」은 글자 한자 다르지 않고 같다. 다만 PTS본만이 이렇게 조금 다를 뿐이다.

상「들숨날숨에 마음챙기는 경」과 대동소이하다. 그러므로 먼저 언급한 세 경들을 초기경들 가운데서 실참수행을 설하신 수행삼경(修行三經)이라 불러도 괜찮다.

이 가운데서「대념처경」은 초기불교수행법을 몸(身)·느낌(受)·마음(心)·법(法)의 네 가지 주제 하에 집대성한 경으로 초기수행법에 관한한 가장 중요한 경이며 그런 만큼 가장 유명한 경이기도 하다. 마음챙김으로 대표되는 초기불교 수행법은 이 경을 토대로 지금까지 전승되어오고 있으며 남방의 수행법으로 알려진 위빳사나 수행법은 모두 이 경을 토대로 하여 가르쳐지고 있다하여도 과언이 아니다. 한편 본경은 남방 상좌부 불교의 부동의 준거가 되는『청정도론』을 지은 대주석가 붓다고사 스님이 집대성한『장부 주석서』(DA) 안에 상세하게 주석되어 심도깊이 설명되고 있다.

2. 왜 주석서인가

이런 배경을 가지고 이제 본서의 특징을 몇 가지로 적어본다.

첫째, 본서는「대념처경」과 그 주석서를 옮긴 것으로 본서의 제1장은 빠알리 경장(Sutta Piṭaka)의『장부』가운데「대념처경」(Mahāsatipaṭṭhāna Sutta, D22/ii.290-315)을 번역한 것이다.

둘째, 본서의 제2장은『장부 주석서』(DA) 가운데서「대념처경 주석」(DA.iii.341-404)을 저본으로 번역하였다.

셋째, 그러나『장부 주석서』의「대념처경 주석」에서 생략된 부분은『중부 주석서』(MA)의「염처경 주석」(MA.i.225-302)과

비교하여 보충해 넣었다.

넷째, 아울러 이 두 주석서에서 모두 다 생략된 부분은 『청정도론』의 해당부분을 찾아서 번역하여 넣었다.

그러므로 본서는 「대념처경」과 「염처경」에 관계된 빠알리 주석 문헌을 전부 참고하여 한 부분도 빠뜨리지 않고 모두 번역하여 사념처(四念處, 네 가지 마음챙김의 확립)에 대한 상좌부 전통을 있는 그대로 소개하고 있다. 그래서 책의 제목도 『네 가지 마음챙기는 공부』라고 하였다.

그러면 왜 주석서인가? 주석서는 초기경을 이해하는 가장 오래되고 가장 진지한 체계이기 때문이다. 초기 부처님의 가르침(법, Dhamma)과 계율(율, Vinaya)을 고스란히 담고 있는 빠알리 삼장은 역사적으로 모두 그 주석서들과 함께 전승되어왔다. 이러한 주석서들은 대부분 대주석가 붓다고사 스님이 5세기 초반에 엮은 것인데 붓다고사는 그 연원이 부처님의 직계제자까지로 거슬러 올라가는, 이전에 있었던 많은 고본 주석서들과 여러 대가 스님들의 견해를 모두 참고하여 빠알리어로 주석서를 편찬하였다.

그러므로 주석서는 붓다고사 스님의 견해가 결코 아니다. 사리뿟따(사리불), 목갈라나(목련), 깟짜야나(가전연) 존자 등 부처님 직계제자들과 역사적으로 존재했던 많은 옛 아라한 스님들의 경안과 혜안을 고스란히 간직하고 있는 最古요 最高인 권위이다. 이런 권위를 일방적으로 무시하는 것은 스스로의 무지와 우치를 드러내고 인정하는 것에 지나지 않는다고 해도 과언은 아닐 것이다.

그리고 「대념처경」이나 여러 경들을 두고 벌써 자기식의 소설을 쓰는 사람들을 보게 된다. 경을 어떻게 이해하느냐 하는 것은 물론 본인의 자유이겠지만 그것을 부처님이 가르치신 정설인양 남들에게 떠벌려서는 곤란하다. 자기식의 이해를 주장하기 이전에 무엇이 경문에 따른 정확한 이해이며 이를 옛날 대가 스님들은 어떻게 이해하고 설명하고 있는지를 먼저 제대로 읽어내어야 할 것이다. 그런 후에 자기식의 판단을 해도 늦지는 않을 것이다.

역자는 부처님이 직접 가르치신 실참수행법에 대한 전통적인 이해를 먼저 섭렵하는 것이 「대념처경」을 소개하면서 해야 할 가장 중요한 작업이라 판단하여 「대념처경」과 주석서를 한권으로 엮어서 한글로 옮긴다.

3. 마음챙김의 원어인 'sati(사띠)'에 대해서

이제 본서의 키워드인 마음챙김의 구체적인 의미는 무엇인지 주석서들을 토대로 살펴보자. 마음챙김은 빠알리어 'sati(Sk. smṛti, 念, 기억)'의 역어이다. 산스끄리뜨 'smṛti'는 어근 √smṛ(to remember)에서 파생된 추상명사로 그 사전적인 의미는 기억 혹은 억념(憶念)이다.

역자가 이미 『금강경 역해』에서 밝히고 있듯이[8] 베딕(Vedic)이나 클래식(Classic) 산스끄리뜨 문헌에서 사띠의 산스끄리뜨어에 해당하는 스므르띠(smṛti)가 수행용어로 나타나는 적은 없다고 할 수

---

8) 『금강경 역해』 제1장 28번 주해 참조.

있다. 고층 산스끄리뜨 문헌에서 스므르띠는 천계서(天啓書)로 번역되는 슈라우띠(Śrauti)9)에 반대되는 개념으로 '인간의 기억으로 편찬한 가르침'이라는 의미로 주로 쓰이는데, 『마누법전』을 '마누스므르띠(Manu-smṛti)'라 부르는 등 슈라우따 문헌(天啓書)의 다음 단계의 제 문헌들을 의미하는 용어로 쓰인다. 그리고 후대 6파철학 등의 문헌에 와서야 '기억'이라는 의미로 쓰인다.

한편 자이나교에서도 초기 문헌으로 간주하는 아르다마가디 문헌에는 스므르띠라는 용어에 해당하는 아르다마가디가 수행용어로서 쓰인 적은 없다 해야 하겠고 흥미롭게도 자이나 공의파(空衣派, Digambara)와 백의파(白衣派, Śvetāmbara)에서 다 같이 정전으로 인정하는 유일한 문헌이며 그만큼 중요하게 취급하는 『땃뜨와아르타 아디가마 수뜨라』(Tattvārtha-adhigāma-sūtra)에서 빠알리의 '마음챙김을 확립하지 못함(sati-anupaṭṭhāna)'에 해당하는 'smṛti-anupasthāna'라는 용어가 수행을 설명하는 장에 나타나지만 불교에서처럼 심도 깊게 다루어지지는 않는다.

역자가 과문한 탓인지는 모르나 이 이외에는 수행용어로 나타나는 적이 없는 것으로 조사되었다. 이런 점만 봐도 구경의 해탈·열반을 실현하는 유일한 길(ekayāna)로 본서에서 밝히고 있듯이 부처님

---

2) Śrauti: √śru(to hear)에서 파생된 명사로서 '들은 것'이라는 의미이고 인간의 기억(smṛti)에 의해서 만들어진 것이 아닌 신들의 계시를 직접 듣고서 편찬한 가르침이라는 의미로, 베다 본집(本集, Saṁhitā), 브라흐마나(Brāhmaṇa, 祭儀書), 아란냐까(Āraṇyaka, 森林書), 우빠니샤드(Upaniśad, 秘意書)나 이를 수뜨라 형태로 간결하게 정리한 슈라우따 수뜨라(Śrauta Sūtra) 등을 의미한다.

께서 새롭게 천명하시고 제시하신 수행의 **핵심이 분명하다** 하겠다.

아무튼 초기경에서 sati는 거의 대부분 기억이라는 의미로는 쓰이지 않는다. 기억이라는 의미로 쓰일 때는 주로 접두어 'anu-'를 붙여 'anussati'라는 술어를 사용하거나 √smṛ에서 파생된 다른 명사인 'saraṇa'라는 단어가 쓰인다. 물론 수행과 관계없는 문맥에서 sati는 기억이라는 의미로 쓰이기도 한다.

그리고 무엇보다 상좌부 아비담마에서 기억이라는 마음부수법은 존재하지 않는다. 인식(saññā)이라는 마음부수법 안에 기억이라는 것도 포함하고 있는 것으로 이해한다. 사실 시간이란 것은 개념적 존재일 뿐이라서 아비담마의 82가지 구경법에 포함되지 않는다. 그러므로 과거를 기억한다는 것은 상좌부 아비담마에서는 별다른 큰 의미가 없다. 과거를 기억하는 것도 과거의 대상을 인식하는 인식(산냐)의 영역이기 때문에 기억은 구경법에 포함되지 않는 것이다.

한편 상좌부 아비담마에서 'sati(마음챙김)'는 유익한 마음부수법(善法)들에 포함된다. 물론 경장과 논장에서도 거의 예외 없이 수행에 관계된 유익한 마음부수법으로 나타나고 있다. 이것만 봐도 'sati'는 결코 기억이 아니다. 기억은 유익하거나 해로운 것을 다 포함하기 때문이다.

4. 'sati(사띠)'는 '마음이 대상을 챙기는 것'이다.

sati는 지금 한국에서 '마음챙김', '마음지킴' 등으로 옮겨지고 있는데 '마음챙김'으로 정착이 되어가는 추세이다. 〈초기불전연구원〉에서도 '마음챙김'이라 정착시키고 있다. sati가 왜 마음챙김인가는 아래 §5에서 인용하고 있는 sati의 네 가지 의미를 읽어보면 분명하게 드러난다. sati는 대상에 깊이 들어가고 대상을 파지하고 대상에 확립하고 그래서 마음을 보호한다. 그러므로 sati는 대상을 챙기는 심리현상이라 할 수 있다. 그러므로 마음챙김은 일견 '마음을 챙김'으로 이해할 수 있겠지만 〈초기불전연구원〉에서는 마음챙김을 "마음이 대상을 챙김"이라 정의한다.

물론 마음챙김을 '마음을 챙김'이라 해도 그 뜻이 완전히 잘못되었다고는 할 수 없다. 부처님께서 마음챙김의 대상을 몸(身), 느낌(受), 마음(心), 법(法)의 네 가지로 분류하셨고, 그 마음이 세 번째 대상으로 언급되고 있기 때문이다. 그러므로 현재의 마음은 과거의 수많은 마음들 가운데 하나를 그 대상으로 챙길 수 있기 때문이다. 그러나 '마음을 챙김'은 마음챙김의 보편적인 이해는 될 수 없다. 몸, 느낌, 법을 포함하지 못하기 때문이다. 그래서 '마음이 대상을 챙김'이라는 표현이 마음챙김의 가장 정확한 정의라 할 수 있다. 물론 이 대상 안에 마음, 정확히 말하면 지나간 마음도 포함된다.

이처럼 마음챙김은 마음이 대상을 챙기는 수행에 관계된 유익한 심리현상이다. 이미 『청정도론』에서는,

"여기서 마치 송아지 길들이는 자가
기둥에 묶는 것처럼

자신의 마음을 마음챙김으로써
　대상에 굳게 묶어야 한다."10)

라고 옛스님의 경책의 말씀을 인용하고 있는데 마음챙김에 관한 가장 요긴한 설명이라 할 수 있다. 이처럼 마음챙기는 공부에서 가장 중요한 것은 대상이다. 한편 『청정도론』에서는 "각각의 대상들에 내려가고 들어가서 확립되기 때문에(upaṭṭhānato) 확립(paṭṭhāna)이라 한다. 마음챙김 그 자체가 확립이기 때문에(sati yeva paṭṭhānaṁ) 마음챙김의 확립(念處)이라고 한다."11)라고 설하고 있으며 본서에서도 "마음챙김으로 대상을 철저하게 거머쥐고(把持, 把握)"12)라고 나타나는데 마음챙김은 이처럼 "마음이 대상을 챙기는 것"이다. 이런 중요한 대상을 몸·느낌·마음·심리현상(법)이라는 네 가지 영역으로 나누어서 체계적으로 정리하여 서술하고 있는 것이 「대념처경」이다. 마음챙김과 대상에 대해서는 아래 §7에서 설명하고 있다.

5. 마음챙김이란 무엇인가

　이제 주석서에 의거해서 마음챙김의 의미를 몇 가지로 살펴보자.

　첫째, 마음챙김은 대상에 깊이 들어가는 것(apilāpana)이다. 『청

---

10)　『청정도론』 VIII.154.
11)　『청정도론』 XXII.34.
12)　본서 119-120.

『정도론』은 말한다. "마음챙김은 [대상에] 깊이 들어가는 것(apilāpana)을 특징으로 한다. 잊지 않는 것(asammosa)을 역할로 한다. 보호하는 것(ārakkha)으로 나타난다. 혹은 대상과 직면함(visaya-abhimukha-bhāva)으로 나타난다. 강한 인식이 가까운 원인이다. 혹은 몸 등에 대한 마음챙김의 확립이 가까운 원인이다. 이것은 기둥처럼 대상에 든든하게 서있기 때문에, 혹은 눈 등의 문을 지키기 때문에 문지기처럼 보아야 한다."13)

여기서 깊이 들어가는 것으로 옮긴 apilāpana는 두 가지로 설명을 할 수 있다. 첫째는 api+√lap(to prate, to speak)에서 파생된 명사로 간주하여 '헤아림, 반복함'의 뜻으로 보는 것이다. 이렇게 본다면 마음챙김은 반복해서 거듭 챙기는 것을 특징으로 한다는 말이 된다. 둘째는 a(부정접두어)+√plu(to float)에서 파생된 명사로서 [물 위로] '둥둥 떠다니지 않는 것(DhsA.147)'으로 풀이하는데 주석서들은 이 후자의 의미로 파악하고 있다.

특히 이 단어의 추상명사형인 apilāpanatā를 『앗타살리니』(DhsA)에서는 '들어감이라 불리는 뛰어듦에 의해서 떠다니지 않는 상태가 깊이 들어감이다'14)라고 언급하면서 다시 설명하기를 '예를 들면 조롱박이나 병(단지) 등은 물에서 둥둥 떠다니면서 깊숙이 들어가지 않지만 마음챙김은 대상에 대해 그렇지 않다. 마음

---

13) 『청정도론』 XIV.141.
14) anupavisanasaṅkhātena ogāhanaṭṭhena apilāpanabhāvo apilāpanatā. — DhsA.147.

챙김이 대상에 깊숙이 들어가기 때문에 '아뻴라빠나따'라고 한다.'15)라고 설명한다. 이것이 전통적인 상좌부 불교의 견해이다.

이렇게 본다면 마음챙김은 대상의 주위로 맴돌지 않고 대상으로 깊이 들어가는 것을 특징으로 한다는 말이다. 정해진 대상이나 명상주제의 주위로 맴돌거나 이리저리 방황하지 않고 그 명상주제로 바로 깊이 들어간다는 의미이다.

둘째, 마음챙김이란 대상을 거머쥐는 것(pariggahaka, 把持, 把握)이다. 본서에서 "마음챙기는 자(satimā)라는 것은 [몸을] 철저하게 거머쥐는(pariggāhikā, 把持, 把握) 마음챙김을 구족한 자라는 뜻이다. 그는 이 마음챙김으로 대상을 철저하게 거머쥐고 통찰지(반야)로써 관찰한다. 왜냐하면 마음챙김이 없는 자에게 관찰이 있을 수 없기 때문이다."16)라고 나타난다.

〈초기불전연구원〉에서 일반적으로 '파악'으로 옮기고 있는 pariggāhikā 혹은 pariggāha는 접두어 pari(철저히, 둘레에)와 √grah(to seize, 붙잡다)에서 파생된 명사이며 문자 그대로 철저히 붙잡음을 뜻한다. 여기서 보듯이 마음챙김은 대상을 움켜쥐거나 거머쥐는 것을 뜻한다. 이것은 대상에 깊이 들어감이라는 첫 번째 설명에서 한걸음 더 나아간 것으로 대상을 정확하게 거머쥐어서 그것을 파지하고 파악하는 심리현상이다.

이렇게 대상을 정확하게 거머쥐지 않으면 하나의 대상에 집중

---

15) Ibid.
16) 본서 109.

되는 삼매를 실현할 수도 없고 통찰지로써 그 대상을 무상·고·무아로 관찰할 수도 없다. 일단 대상에 깊이 들어가서 대상을 파지하는 마음챙김이 확고해야 이러한 선정과 지혜도 개발이 되는 것이다. 그래서 초기경들에서는 마음챙김으로 실참수행을 설명하는 것이다.

한편 본서에서는 몸에서 몸을 관찰하고 … 법에서 법을 관찰하는 것으로 마음챙김의 확립을 설명하는데 이러한 관찰은 대상을 정확히 거머쥐고 파악하는 심리현상이 없이는 불가능하다. 그래서 마음챙김은 거머쥠(파지, 파악)이라 설명된다.

셋째, 마음챙김은 확립(upaṭṭhāna)이다.

『청정도론』은 말한다. "각각의 대상들에 내려가고 들어가서 확립되기 때문에 확립(paṭṭhāna)이라 한다. 마음챙김 그 자체가 확립이기 때문에(sati yeva paṭṭhānaṁ) 마음챙김의 확립(念處)이라고 한다. 몸과 느낌과 마음과 법에서 그들을 더러움(不淨, asubha), 괴로움, 무상, 무아라고 파악하면서, 또 깨끗함, 행복, 항상함, 자아라는 인식(saññā)을 버리는 역할을 성취하면서 일어나기 때문에 네 가지로 분류된다. 그러므로 네 가지 마음챙김의 확립(四念處)이라 한다."[17]

여기서 확립으로 옮긴 'upaṭṭhāna'는 upa+√sthā(to stand)에서 파생된 단어인데 '곁에 서다'라는 일차적인 뜻으로부터 '시중, 경배, 돌봄, 확립, 나타남' 등의 뜻으로 쓰인다. 중국에서 念處로

---

17) 『청정도론』 XXII.34.

번역한 satipaṭṭhāna는 남·북전에서 모두 'sati+upaṭṭhāna (Sk. smṛti+upasthāna)'로 분해하여 설명하고 '마음챙김의 확립'이라는 의미를 나타낸다. 여기서도 이런 'sati+upaṭṭhāna'를 염두에 두고 '마음챙김은 확립을 그 특징으로 한다'고 설명하고 있다. 한편 이 확립을 『청정도론』의 복주서인 Pm에서는 '대상을 고유성질에 따라 관찰하는 것'[18]으로 해석하고 있다.

한편 본서에서는 "일으켜 세운다(paṭṭhati)라고 해서 확립이다. '일으킨다, 건넌다, 앞으로 간다, 펼친다'는 뜻이다. 마음챙김이 바로 확립이다."[19]라고 하여 주석서들에서는 이구동성으로 마음챙김이 바로 확립이라고 설하고 있다. 이처럼 마음챙김은 첫 번째의 대상에 깊이 들어감과 두 번째의 대상을 파지함에 바탕하여 이제 대상에 확립되는 것이라고 설명되고 있다.

넷째, 마음챙김은 마음을 보호(ārakkha)한다.

그래서 『청정도론』은 "그의 마음이 수승한 마음챙김으로 보호될 때(saṁrakkhiyamāna)"[20]라고 하였다. 이 문맥에서 2세기에 안세고(安世高)가 옮긴 「불설대안반수의경」(佛說大安般守意經)이라는 경의 제목을 주의해볼 필요가 있다. 여기서 안세고는 아나빠나(ānāpāna, 出入息)를 안반(安般)으로 음사하고 있으며 사띠는 念이 아닌 수의(守意) 즉 마음(意, mano)을 지키고 보호(守)하는 기능으

---

18) Pm. 562.
19) 본서 98.
20) 『청정도론』 XVI.96.

로 의역하고 있다. 이처럼 이미 중국에 불교가 전래되던 최초기에 마음챙김은 보호로 이해되어 왔다.

그리고 또 하나 중요한 경이 『상응부』에 나타난다. 『상응부』 「운나바 바라문 경」(S48.42/v.217)을 통해서 세존께서는 운나바(Uṇṇābha)라는 바라문 수행자에게 눈, 귀, 코, 혀, 몸의 다섯 가지 감각기능(五根)은 마노(mano, 意, 제6근)를 의지처로 하고(paṭisaraṇa), 마노는 마음챙김을 의지처로 하며, 마음챙김은 저 해탈(vimutti)을 의지처로 하며, 해탈은 마지막으로 열반을 의지처로 한다고 고구정녕하게 가르치고 계신다.

이처럼 마음챙김은 법을 그 대상으로 가지는 우리의 마노(意)를 잘 보호하여 마노가 저 해탈과 열반이라는 인류최고의 가치를 지향하게 하는 중요한 기능을 하는 것으로 이미 부처님께서는 초기경에서 설파하고 계신다.

그러면 마음챙김은 어떻게 마노를 위시한 여섯 감각기능(六根)들을 보호하는가를 주석서를 통해서 살펴보자. 먼저 『청정도론』의 설명을 살펴보자.

"감각기능의 단속은 마음챙김으로 성취해야 한다. 감각기능의 단속은 마음챙김으로 성취되기 때문이다. 왜냐하면 마음챙김에 의해 감각기능들이 확고히 머물 때 탐욕 등의 침입을 받지 않기 때문이다. 그러므로 "비구들이여, 차라리 시뻘겋게 불타는 쇠막대기로 눈의 감각기능(眼根)을 파괴할지언정 눈으로 인식할 수 있는 형상들에서 표상(nimitta)을 취하지 말라(S.iv.168)"라는 방법으로 설하신 불의 가르침을 기억하여 형상 등의 대상에서 마음챙김을 놓아버리지 않고 표상 등을 취하는 것을 방어하여 이 [감각기능의 단속을] 잘 성취해야 한다. 표상 등을 취하는 것은 형상 등을 대상으로 눈 등의 문에서 일어난 알음알이에게 탐욕 등이 침입하게 한다."21)

한편 『청정도론』 XVI.82를 주석하면서 Pm은 "아름다움의 인식은 몸 등에서 아름다움이라는 측면을 거머쥠으로써 생긴 것으로 그 아름다움의 인식에 선행하는 해로움(不善)의 무더기가 삿된 마음챙김이다. 바른 마음챙김은 그것을 흔들어버린다."라고 설명하고 있는데 대상에 마음챙김이 확립되어 있으면 그 대상을 통해서 나쁜 표상이 일어나지 않는다. 그래서 마음챙김은 보호라고 말한다.

이처럼 마음챙김이 마노로 대표되는 여섯 가지 감각기능(根)들을 보호한다는 말은 여섯 가지 감각기능(六根)의 대상에 마음챙김이 확고하면 다른 나쁜 표상이 일어나지 못하기 때문에 이를 보호라고 하는 것이지 마음챙김이 직접 마노나 육근을 움켜쥐고 보호하는 것은 아니다. 엄밀히 말하면 마음이 대상을 챙기는 마음챙김의 강한 힘에 의해서 마음은 나쁜 표상 등을 일으키지 못한다. 그래서 마음챙김은 마음을 나쁜 표상 등으로부터 보호하는 것이다.

그래서 『청정도론』은 "잊지 않는 것(asammosa)을 역할로 한다. 보호하는 것(ārakkha)으로 나타난다. 혹은 대상과 직면함

---

21)　『청정도론』 I.100.

(visaya-abhimukha-bhāva)으로 나타난다. 강한 인식이 가까운 원인이다. 혹은 몸 등에 대한 마음챙김의 확립이 가까운 원인이다. 이것은 기둥처럼 대상에 든든하게 서있기 때문에, 혹은 눈 등의 문을 지키기 때문에 문지기처럼 보아야 한다."[22]라고 자세하게 설명한다. 마음챙김이 대상을 잊지 않고 대상과 직면하고 대상을 강하게 인식하고 대상에 확립되고 대상에 든든하게 서있기 때문에 마음이 나쁜 표상 등으로 흘러드는 것을 보호하는 것이다.

이처럼 마음챙김은 대상에 깊이 들어가고 대상을 거머쥐고 대상에 확립되어 해로운 표상이나 해로운 심리현상들이 일어나지 못하도록 마음을 보호하는 역할을 한다. 마음챙김이 이처럼 중요하기 때문에 부처님께서는 "비구들이여, 그러면 무엇이 자기의 고향동네(pettika visaya)인 비구의 행동의 영역인가? 그것은 바로 네 가지 마음챙김의 확립이다.(S.v.147-48)"라고 강조하셨다.

6. 마음챙김과 다른 심리현상(마음부수법)들의 관계

아비담마에 의하면 매 순간 마음이 일어날 때 여러 심리현상(마음부수법, 심소법)들도 반드시 함께 일어난다. 특히 감각접촉, 느낌, 인식, 의도, 집중, 생명현상, 주의의 7가지 심리현상들은 반드시 함께 일어난다. 이러한 심리현상들은 함께 일어나서 마음이 대상을 아는 고유의 역할을 다 할 수 있도록 보조하고 도와준다. 그래서 중국에서는 심소(心所)라고 정착되었고 〈초기불전연구원〉에

---

[22] 『청정도론』 XIV.141.(위 13번 주해 참조)

서는 마음부수(附隨)라고 옮겼다. 한편 유익한 심리현상이 일어나면 여기에다 믿음, 양심, 수치심, 마음챙김 등의 19가지 심리현상들이 함께 일어나며 해로운 심리현상이 일어나면 어리석음 양심 없음, 수치심 없음 등의 14가지 해로운 심리현상들이 경우에 따라 함께 일어난다. 이것이 아비담마에서 파악하는 마음작용의 근간이다.23)

아비담마에 의하면 마음챙김은 유익한 심리현상에 속한다. 해로운 심리현상에는 마음챙김이 결코 일어나지 않는다. 그러므로 소매치기가 대상을 주시하고 대상에 주의를 기울이는 것은 결코 마음챙김이 아니다. 유익한 것이 아니기 때문이다. 그것은 단지 탐욕이라는 해로운 심리현상이 극대화되어 주의와 집중이 강화된 현상일 뿐이다.

물론 마음챙김은 대상을 억념하는 것을 기본으로 하여 일어나겠지만 대상을 단순히 기억하는 것이 아니다. 마음챙김은 대상에 깊이 들어가서 대상을 파지하고 대상에 확립되어 마음이 해로운 표상 등으로 향하지 못하도록 보호하는 유익한 심리현상이다.

이러한 마음챙김이 있을 때 삼매도 가능하다. 그래서 『청정도론』은 말한다.

"이와 같이 그의 마음이 수승한 마음챙김으로 보호될 때 마음의 하나됨(心一境性)이 바른 삼매(sammā-samādhi, 正定)이다. …

---

23) 『아비담마 길라잡이』 2장 <도표 2.1.> 참조할 것.

삼매는 자기의 성질로는 대상에 하나 된 상태로서 집중할 수 없다. 그러나 정진이 노력하는 역할을 성취하고 마음챙김이 대상에 깊이 들어가는 역할을 성취할 때 그것의 도움으로 가능하다."[24]

"바른 정진 등 함께 태어난 세 가지 법들은 함께 정원으로 들어간 친구와 같다. 대상은 활짝 핀 짬빠까 나무와 같다. 자기의 성질만으로는 대상에 하나 된 상태로 집중할 수 없는 삼매는 손을 뻗쳐서도 [꽃을] 꺾을 수 없는 사람과 같다. 정진은 [자기 등에 올라서도록] 등을 구부려준 친구와 같다. 마음챙김은 어깨를 주면서 옆에 서있는 친구와 같다. 마치 그 중에서 한 사람의 등에 올라서서 다른 사람의 어깨를 잡고 또 다른 사람이 원하는 만큼 꽃을 꺾을 수 있듯이 정진이 노력하는 역할을 하고 마음챙김이 대상에 깊이 들어가는 역할을 할 때 그 도움을 받아 삼매는 대상에 하나 된 상태로 집중할 수 있다."[25]

그리고 마음챙김이 있을 때 통찰지가 있다. 마음챙김 없는 통찰지는 없다. 그래서 본서는 "마음챙김으로 대상을 철저하게 거머쥐고(把持) 통찰지(반야)로써 관찰한다. 왜냐하면 마음챙김이 없는 자에게 관찰이 있을 수 없기 때문이다."[26]라고 설명한다.

물론 믿음, 양심, 수치심 등의 선법도 마음챙김이나 삼매나 통찰지 등에 함께 작용하지만 실참수행에서는 대상(명상주제)을 챙김

---

24) 『청정도론』 XVI.96.
25) 『청정도론』 XVI.98.
26) 본서 109.

이 중요하기 때문에 이 마음챙김을 강조하는 것이다. 그래서 『청정도론』은 말한다. "마음챙김은 모든 곳에서 강하게 요구된다. 마음챙김은 마음이 들뜸으로 치우치는 믿음과 정진과 통찰지로 인해 들뜸에 빠지는 것을 보호하고, 게으름으로 치우치는 삼매로 인해 게으름에 빠지는 것을 보호한다. 그러므로 이 마음챙김은 모든 요리에 맛을 내는 소금과 향료처럼, 모든 정치적인 업무에서 일을 처리하는 대신처럼 모든 곳에서 필요하다. 그래서 말씀하였다. 마음챙김은 모든 곳에서 유익하다고 세존께서는 말씀하셨다. 무슨 이유인가? 마음은 마음챙김에 의지하고, 마음챙김은 보호로 나타난다. 마음챙김이 없이는 마음의 분발과 절제란 없다라고."27)

7. 대상의 중요성

마음챙김이란 마음이 대상을 챙기는 것이요 마음챙기는 공부는 마음이 대상을 거듭해서 챙기는 공부요 마음챙김의 확립은 마음이 정해진 대상에 확립되는 것이다. 이처럼 마음챙김은 그 대상이 중요하다. 이 대상으로 신·수·심·법의 네 가지 영역과 전체 44가지 대상으로 구분하여 정확하게 제시하고 있는 것이「대념처경」이다.

여기에 대한 본서의 설명을 몇 가지 살펴보자.

(1) "만일 이와 같다면 왜 '마음챙김의 확립들'이라는 복수를 사용하는가? 마음챙김이 많기 때문이다. 대상이 다르기 때문에 이

---

27) 『청정도론』IV.49.

마음챙김은 복수이다."28)

(2) "먼저 예를 들자. 바구니 만드는 숙련공은 거친 돗자리와 섬세한 돗자리와 상자와 바구니와 자루 등의 가재도구들을 만들고자 할 때 큰 대나무 하나를 네 등분으로 자른 다음에 그 각각의 대나무 토막을 다시 쪼개어서 그런 도구를 만든다. 그와 같이 세존께서도 마음챙김의 확립을 가르치시면서 중생들로 하여금 다양한 형태의 수승함을 터득하게 하시려고 하나인 바른 마음챙김(sammā-sati, 正念)을 가지고 먼저 대상에 따라 그것을 네 등분으로 자르셨다."29)

(3) "그런데 [옛 싱할리] 주석서에서는 "마음챙김의 확립은 기억하는 것(saraṇa)으로써 하나이고 또 하나의 상태로 들어감(ekattasamosaraṇa)에 따라서도 하나이지만, 대상에 따라서는 네 가지이다'라고 설했다. 마치 네 개의 대문을 가진 도시로 동쪽에서 오는 자는 동쪽 지방에서 생산된 물품을 가지고 동쪽 문을 통해서, 남쪽, 서쪽, 북쪽에서 오는 자는 각각의 지방에서 생산된 물품을 가지고 각각의 문을 통해서 도시에 들어오는 것처럼 이것도 그와 같다고 알아야 한다. 여기서 도시란 열반이라는 대도시이며 대문은 출세간의 팔정도이며 동, 남, 서, 북쪽은 몸, 느낌, 마음, 법과 같다."30)

---

28) 본서 98.
29) 본서 117-118.
30) 본서 101-102.

이처럼 대상을 챙기고 대상에 깊이 들어가고 대상을 파악하고 대상에 확립되어 마음을 보호하고 삼매나 통찰지 등의 모든 선법을 보호하는 수문장 역할을 하는 것이 마음챙김이다. 마음챙김이 대상에 대해서 이러한 중요한 역할을 하기 때문에 초기경들에서는 마음챙김으로 수행법을 설명하고 있는 것이다.

　한편 §6의 인용문에서 봤듯이 정정진(바른 정진)과 정념(바른 마음챙김)과 정정(바른 삼매)은 모두 대상에 대해서 각기 다른 자신의 독특한 역할을 수행한다. 명상주제라는 대상이 없는 수행, 즉 정정진과 정념과 정정은 있을 수 없다. 한편 "이 마음챙김으로 대상을 철저하게 파악하고 통찰지로써 관찰한다. 왜냐하면 마음챙김이 없는 자에게 관찰이 있을 수 없기 때문이다."[31]라고 본서에서도 강조하고 있듯이 마음챙김이 없으면 통찰지(반야)도 생길 수 없다. 이처럼 마음챙김이 대상을 챙기고 대상을 파지하고 대상에 확고하게 될 때 선정과 지혜 즉 삼매와 통찰지는 개발되는 것이다.

　이것은 입만 열면 주객을 초월하는 것이 수행이라 얼버무리는 우리 불교가 깊이 새겨봐야 할 점이다. 대상을 잊어버리는 것이야말로 초기경에서는 'muṭṭhassati(잃어버린 마음챙김)'라 하여 아주 경계하고 있다. 한편 수행자가 화두라는 대상을 놓쳐버린 것을 대혜 스님은 『서장』에서 흑산의 귀굴에 앉아있는 묵조사선(默照死禪)으로 질타하셨는데 이러한 간화선의 입장이야말로 초기경에서 강조하는 마음챙김과 같은 선상에 있다. 그런데도 우리는 입만 열

---

31)　본서 109.

면 주객초월 운운하며 대상을 챙기는 것을 우습게 아는 중병에 걸려 있는 것은 아닌지 점검해봐야 할 것이다.

한편 『청정도론』[32])에서는 들숨날숨에 대한 마음챙김을 설명하면서 '절뚝발이의 비유'와 '문지기의 비유'와 '톱의 비유'라는 세 가지 명쾌한 비유로 들숨날숨에 마음챙기는 방법을 구체적으로 밝히고 있다. 물론 이것은 들숨날숨을 대상으로 마음챙기는 공부를 설명한 비유이긴 하지만 이 세 가지 비유는 21가지 모든 대상에 대해서 어떻게 마음챙겨야 하는가를 시사하는 아주 중요한 비유이다. 독자들의 정독을 권한다.

8. 네 가지 마음챙김의 대상에 대한 간략한 요약

본서에서는 이처럼 중요한 마음챙김의 대상을 네 가지로 분명하게 구분하고 이를 다시 21가지로, 더 세분하면 44가지로 확실하게 구분하여 이 각각의 대상에 마음챙길 것을 강조하고 있다.

아비담마적으로 볼 때 모든 유익한 심리현상에는 반드시 마음챙김이 함께한다. 그러므로 어떠한 것을 대상으로 가지던 유익한 심리현상이 일어날 땐 반드시 마음챙김은 함께 일어난다. 그러나 현실적으로 모든 대상을 통해서 마음챙김을 개발한다는 것은 어렵고 초심자에게는 불가능에 가깝다. 특히 매 찰나 마음챙김을 유지한다는 것은 더욱 더 그러하다. 그래서 실참수행의 측면에서 부처님께서는 마음챙김의 대상을 확정해서 수행자들에게 제시하고

---

32)   VIII.198-202.

계신다. 그것이 바로 네 가지 마음챙김의 대상인 몸(身), 느낌(受), 마음(心), 심리현상(法)33)이다. 이처럼 신·수·심·법은 중생들이 개념지어 '나'라거나 '내 것'이라 잘 못 알고 있는 '나'라는 존재를 해체해서 네 가지로 제시하신 것이다. 그것을 정리해보면 다음과 같다.

(1) 몸(kāya, 身): 14가지

    ① 들숨날숨

    ② 네 가지 자세

    ③ 네 가지 분명하게 알아차림

    ④ 32가지 몸의 형태

    ⑤ 사대를 분석함

    ⑥-⑭ 아홉 가지 공동묘지의 관찰

(2) 느낌(vedanā, 受): 9가지

    ① 즐거운 느낌 ② 괴로운 느낌 ③ 괴롭지도 즐겁지도 않은 느낌

    ④ 세속적인 즐거운 느낌 ⑤ 세속적인 괴로운 느낌 ⑥ 세속적인 괴롭지도 즐겁지도 않은 느낌

---

33) 「대념처경」의 법념처(法念處)는 (1) 장애(蓋)를 파악함 (2) 무더기(蘊)를 파악함 (3) 감각장소(處)를 파악함 (4) 깨달음의 구성요소(覺支)를 파악함 (5) 진리(諦)를 파악함의 다섯으로 구성되어 있다. 여기에 무더기와 감각장소가 들어가므로 법념처를 심리현상들에 대한 마음챙김의 확립으로만 단정 지을 수는 없다. 오온과 육입에는 물질이 들어가 있기 때문이다. 그러나 이 두 곳의 내용을 살펴보면 오온은 오취온 즉 나 등으로 취착하는 무더기를 관찰하는 것이요 여섯 감각장소(六處)에서는 육처의 각각과 그에 대한 족쇄들을 관찰하는 것으로 나타난다. 그래서 역자는 심리현상이라고 강조해서 옮긴다.

⑦ 세속을 여읜 즐거운 느낌 ⑧ 세속을 여읜 괴로운 느낌 ⑨ 세속을 여읜 괴롭지도 즐겁지도 않은 느낌

(3) 마음(citta, 心): 16가지

① 탐욕이 있는 마음 ② 탐욕을 여읜 마음

③ 성냄이 있는 마음 ④ 성냄을 여읜 마음

⑤ 미혹이 있는 마음 ⑥ 미혹을 여읜 마음

⑦ 위축된 마음 ⑧ 산란한 마음

⑨ 고귀한 마음 ⑩ 고귀하지 않은 마음

⑪ 위가 남아있는 마음 ⑫ [더 이상] 위가 없는 마음

⑬ 삼매에 든 마음 ⑭ 삼매에 들지 않은 마음

⑮ 해탈한 마음 ⑯ 해탈하지 않은 마음

(4) 심리현상(dhamma, 法): 5가지

① 장애(蓋)를 파악함

② 무더기(蘊)를 파악함

③ 감각장소(處)를 파악함

④ 깨달음의 구성요소(覺支)를 파악함

⑤ 진리(諦)를 파악함

「대념처경」은 이렇게 모두 44가지로[34] 마음챙김의 대상을 구분하여 밝히고 있다. 이 각각에 대한 자세한 설명은 해당 본문에 대한 주석을 참조하기 바란다.

---

[34] 본서 288-89에서는 느낌과 마음을 각각 하나의 대상으로 간주하여 21가지로 분류하기도 한다. 한편 『청정도론』 XXII.39에서도 44가지로 분류하고 있다.

10. 「대념처경」에 나타나는 마음챙기는 공부의 요점

첫째, 마음챙김의 대상은 '나' 자신이다. 내안에서(ajjhattaṁ) 벌어지는 현상을 챙기는 것이 중요하다. 내 밖은 큰 의미가 없다. 왜? 해탈열반은 내가 성취하기 때문이다. 그래서 『장부』제1경인 「범망경」 등에서도 부처님께서는 '바로 내 안에서(paccattaṁ eva) 완전한 평화(nibbuti)를 분명하게 안다'고 하셨다. 「대념처경」에서는 이러한 나 자신을 몸, 느낌, 마음, 심리현상들로 나누고 이를 다시 몸은 14가지 느낌은 9가지 마음은 16가지 법은 5가지로 더욱더 구체적으로 세분해서 모두 44가지 대상으로 나누어서 그 중의 하나를 챙길 것을 말씀하고 계신다. 물론 이런 바탕 하에서 때로는 밖의(bahiddhā) 즉 남의 신·수·심·법에 마음을 챙기라고도 하고 계시며 때로는 나와 남 둘 다의 신·수·심·법에도 마음챙기라고도 설하고 계신다. 그러나 그 출발은 항상 나 자신이다.

둘째, 무엇보다도 개념적 존재의 해체가 중요하다. 이것이 마음챙김의 대상을 신·수·심·법으로 해체해서 제시하시는 가장 중요한 이유라고 역자는 파악한다.

초기경과 아비담마 전체에서 가장 중요한 술어는 법(dhamma)이다. 법은 나니 남이니 산이니 강이니 컴퓨터니 자동차니 우주니 하는 개념적 존재(paññatti)를 구성하고 있는 최소단위라고 정의한다. 개념적 존재를 해체할 때 그것을 구성하고 있는 최소단위인 법이 드러난다. 개념적 존재를 해체하지 않으면 결코 법은 드러나지 않는다. 개념적 존재는 그 실체가 없다. 그러나 중생은 개념적 존재를 나니 남이니 하여 분별하고 갈애를 일으키고 집착한다. 개념적 존재를 최소단위인 법들로 해체해서 보면 거기에는 나도 남도 내 것도 남의 것도 없다. 거기에는 단지 제법의 일어남과 사라짐(samudaya-vaya, 起滅)만이 있을 뿐이다.

중요한 것은 개념적 존재를 해체해서 드러나는 법들은 결코 불변하는 존재론적인 최소단위가 아니라는 사실이다. 초기경과 아비담마에서는 결코 제법을 있다·없다는 유·무로 파악하지 않는다. 오직 제법을 일어나고 사라지는 것(samudaya-vaya)으로 파악한다. 그러므로 초기불교와 아비담마 불교는 결코 아공법유(我空法有)를 설하는 것이 아님을 역자는 강조한다. 아공법유라는 명제 자체는 대승불교가 초기와 아비담마 불교를 비하하기 위한 호구지책으로 만들어낸 명제에 지나지 않는다. 초기불교와 아비담마에 의하면 이러한 최소단위인 법들은 모두 찰나적인 것(無常)이고 그러므로 근본적으로는 괴로운 것(苦)이며 조건 따라 생긴 것(緣起)이기에 실체가 없다(無我). 초기경과 아비담마 그 어디에도 법을 실재론적으로 이해한 곳은 없다.

이처럼 개념적 존재를 법들로 해체하게 될 때 무상·고·무아라는 제법의 보편적 특징(sāmañña-lakkhaṇa, 共相)이 분명하게 드러난다. 그러면 더 이상 개념적 존재를 두고 갈애와 무명을 일으키지 않게 된다. 그래서 해체는 중요하다. 해체의 중심에는 나라는 존재가 있다. 중생들은 무언가 불변하는 참 나를 거머쥐려 한다.

이것이 모든 취착 가운데 가장 큰 취착이다. 그래서 초기경 곳곳에서 부처님께서는 오온무아를 설하셔서 나라는 존재는 오온의 일시적인 집합에 지나지 않음을 거듭 천명하고 계시며 「대념처경」에서는 실참수행의 측면에서 이런 나를 몸, 느낌, 마음, 심리현상들로 해체해서 마음챙길 것을 강조하고 계시는 것이다.

나라는 존재를 이렇게 해체해서 통찰하지 못하면 진아니 대아니 마음이니 본자청정이니 여래장이니 불성이니 주인공이니 자성청정불이니 심즉시불이니 중생즉불이니 하는 개념적 명제에 함몰되기 마련이다. 그리하여 여래장이나 불성이나 주인공이나 심지어는 자아나 대아까지 세워서 이러한 것과 합일되는 경지쯤으로 깨달음을 이해하게 되고 이런 것을 불교의 궁극으로 오해하는 어처구니없는 일을 저지르게 되니 참으로 두려운 일이다. 그러므로 「대념처경」에서 나라는 존재를 신·수·심·법으로 해체하고 다시 이를 21가지나 44가지로 더 분해해서 마음챙김의 대상으로 제시하신 것은 이렇게 중요한 의미를 가지고 있다. 해체하지 못하면 개념적 존재(paññatti)에 속한다. 해체하면 법(dhamma)을 보고 지금 여기서 해탈·열반을 실현한다.

셋째, 마음챙김은 대상이 중요하다. 이런 마음챙김의 대상을 몸(身)·느낌(受)·마음(心)·법(法)의 네 가지로 집대성한 것이 「대념처경」이다. 이것은 입만 열면 주객을 초월하는 것이 수행이라 얼버무리는 우리 불교가 깊이 새겨봐야 할 점이다. 「대념처경」은 거친 대상으로부터 시작해서 점점 미세한 대상으로 나열하여 들어

간다. 그러나 「대념처경」에서 나타난 순서대로 21가지 혹은 44가지 대상을 모두 다 챙기고 관찰하는 것은 아니다.

그런데 『청정도론』 18장에 의하면 먼저 물질적 현상 즉 몸을 챙겨서 몸이 무상하고 괴로움이고 무아인줄 살피고 다시 이것을 바탕으로 이런 물질을 보는 마음과 심리현상들도 역시 무상이요 고요 무아라고 통찰하는 과정으로 수행을 설명하고 있다.35) 그러므로 몸에 대한 마음챙김이 항상 선행한다고 봐야 한다. 그래서 「몸에 마음챙기는 경」(念身經, M119)이 따로 설해졌으며 그 가운데서도 다시 들숨날숨에 마음챙기는 공부는 모든 수행법의 기초가 된다. 그래서 「들숨날숨에 마음챙기는 경」(出入息念經, M118)이 따로 독립되어 설해졌다고 본다.36)

그리고 『청정도론』에 의하면37) 스승은 수행자에게 그의 기질에 따라서 특정 명상주제를 정해준다. 그러므로 「대념처경」에 나타나는 이들 21가지 대상 가운데 어느 하나를 대상으로 해서 집중적으로 챙기면 될 것이고 그런 과정에서 스승의 지시에 따라 대상을 바꿀 수 있을 것이다. 실참수행에서 스승의 지도는 아주 중요하다. 구체적인 수행법은 지도자를 만나서 배워야 할 것이다. 눈 밝은 지도자를 쉽게 만날 수 없는 요즘 현실을 감안할 때 옛스님들의 안목을 고스란히 간직하고 있는 주석서를 바탕으로 한 본서

---

35) 『청정도론』 XVIII.5이하 참조.
36) 이 두 경은 대림스님이 편역한 『들숨날숨에 마음챙기는 공부』에 포함되어 있다.
37) 『청정도론』 III.74이하 참조.

의 중요성은 재삼 강조할 필요가 없을 것이다.

넷째, 마음챙김으로 사마타와 위빳사나를 통합하고 있다.

불교수행법은 크게 사마타수행과 위빳사나수행으로 구분된다. 전자는 지(止)로 한역되었고 후자는 관(觀)으로 한역되었으며 지관수행은 중국불교를 지탱해온 수행법이기도 하다. 그리고 사마타는 삼매(定)수행과 동의어이고 위빳사나는 통찰지(慧)수행과 동의어이다. 『청정도론』에서도 전자는 「정품」(III장-XIII장)에서 40가지 명상주제를 통해서 익힌 표상(uggaha-nimitta)과 닮은 표상(paṭibhāga-nimitta)을 일으키고 이것에 집중하여 본삼매를 증득하는 삼매수행으로 설명하고 있으며 후자는 「혜품」(XIV-XXIII장)에서 82법의 고유성질과 연기성을 각각 찰라(khaṇika)와 조건(paccaya)으로 파악하고 이를 바탕으로 5청정을 닦아서 10가지 위빳사나의 지혜를 체득하여 해탈열반을 성취하고 성자가 되는 통찰지수행으로 설명하고 있다.

그러나 「대념처경」은 마음챙김을 통해서 이러한 사마타와 위빳사나 수행을 하나로 통합하고 있다. 사실, 그것이 집중이던 관찰이던 마음챙김이 없이는 불가능이다. 그리고 집중을 강조하는 사마타(삼매)의 경지에서는 위빳사나가 불가능하고 관찰이나 통찰을 강조하는 위빳사나(통찰지)의 경지에서는 본삼매는 불가능하다. 왜냐하면 이 둘의 대상이 다르기 때문이다. 사마타는 찰나생·찰나멸하는 법을 대상으로 하는 것이 아니라 표상(nimitta)이라는 개념적 존재(paññatti)를 대상으로 하고 위빳사나는 찰나생·찰나멸하는 법(dhamma)을 대상으로 하기 때문이다.38) 그러나 그 대상이 어떤 것이든 마음챙김이 없이는 표상에 집중하는 사마타도 법의 무상·고·무아를 통찰하는 위빳사나도 있을 수 없다. 그래서 마음챙김은 이런 두 종류의 수행에 공통적으로 중요한 심리현상이다.

그래서 실참수행의 다섯 가지 강력한 기능과 힘을 설명하고 있는 오근(五根, 다섯 가지 기능)과 오력(五力, 다섯 가지 힘)에서도 마음챙김의 기능(念根) 혹은 마음챙김의 힘(念力)은 강하면 강할수록 좋다고 강조되고 있으며 본삼매인 제4선도 평온에 기인한 마음챙김의 청정(upekkhā-satipārisuddhi, 捨念淸淨)을 그 강력한 특징으로 들고 있으며 9차제정의 법수를 열거하는 『중부』 제111경에서도 마음챙김은 강조되고 있는 것이다.

다섯째, 「대념처경」은 사성제를 관찰해서 구경의 지혜(aññā)를 증득하는 것으로 결론 맺고 있다. 다시 말하면 무상·고·무아의 삼특상 가운데서 고의 특상과 그 원인과 소멸과 소멸에 이르는 길을 꿰뚫어 아는 것으로, 해탈·열반을 성취하는 것으로 설명한다. 그리고 본문의 주석을 보면 알겠지만 21가지 각각의 대상에 대한 마음챙김의 설명을 마치면서 「대념처경」의 주석은 모두 고·집·멸·도로 마무리를 짓고 있다.

---

38) 이것도 역자가 항상 강조하는 말이다. 이것을 정확하게 이해해야 사마타와 위빳사나가 정확하게 구분된다. 그러나 아직 한국에서 이를 정확하게 구분해서 이해하려는 수행자들은 거의 없는 듯하여 유감이다.

『청정도론』에 의하면 해탈에는 세 가지 관문이 있다. 그것은 무상·고·무아이다. 무상을 꿰뚫어 알아서 체득한 해탈을 표상 없는(無相) 해탈이라 하고, 고를 꿰뚫어 알아 증득한 해탈을 원함 없는(無願) 해탈이라 하고, 무아를 꿰뚫어 알아 요달한 해탈을 공한 해탈이라 한다.「대념처경」은 그러므로 고를 통찰하는 원함 없는 무원의 해탈로 결론짓는다고 할 수 있다. 물론 사성제를 철견하는 것이야말로 초기경에서 초지일관되게 설명하고 있는 깨달음이요 열반의 실현이다.

11. 맺는 말

네 가지 마음챙김의 확립은 불교수행법의 전부라 해도 과언이 아니기 때문에 상세하게 설명하자면 끝도 없을 것이다. 그리고 보는 사람에 따라서나 보는 관점에 따라 여러 가지 설명을 늘어놓을 수도 있을 것이다. 거듭 밝히지만 역자는 상좌부의 정통견해를 담고 있는 주석서를 중시한다. 그래서 마음챙김에 대한 역자의 설명도 주석서에 의지해서 몇 가지 중요한 측면에만 초점을 맞추어 나름대로 전개하였다.

독자들의 개인적 관심과 취향에 따라서「대념처경」을 토대로 하여 좀 더 구체적인 수행방법을 제시해주기를 바라는 분들이 있을 것이다. 그러나 역자는 역자서문에서 가급적이면 이런 언급은 삼가하려 하였다. 실참수행에 대한 성급한 자기식의 이해는 오히려 바른 길을 막아버릴 가능성이 크기 때문이다.

「대념처경」에서 설하고 있는 실참수행의 핵심은 주석서와 『청정도론』에서 상세하게 설명되고 있으며 본서에서 역자는 그런 주석서들을 취합해서 나름대로 상세하게 옮겼다. 그러므로 초기수행법에 관계된 상세한 설명은 이를 통해서 분명하게 파악할 수 있다고 확신한다. 그러므로 본서를 정독한다면「대념처경」과 주석서 문헌이 전하고자하는 실참수행법을 명쾌하게 파악할 수 있을 것이라고 확신하면서 역자의 관점을 가급적이면 자제하였음을 밝힌다.

　이번에 본서의 개정판을 내게 되었다. 초판을 점검해보면서 역자가 누락하였거나 잘못 옮긴 부분을 상당수 발견하였다. 너무 성급하게 출판을 하였다는 자책감이 많았다. 다행히 여러 사람들이 애정 어린 지적을 해주신 바에 힘입어서 이번에 완전개정판을 출간하게 되었다. 이제 그분들께 감사의 말씀을 전하면서 글을 맺고자 한다.

　먼저 대림스님께 깊은 감사의 말씀을 전해야 할 것이다. 오역, 누락, 오자, 탈자 어느 하나에 대림스님의 안목과 날카로운 지적이 들어가지 않은 곳이 없다. 거기다가 편집과 교정까지 많은 정성이 들어갔다. 대림스님의 노고가 아니었으면 개정판 출간은 불가능하였을 것이다.

　이번 개정판을 내면서 누린 역자의 가장 큰 기쁨을 들라면 일묵, 일창 두 분 스님을 만난 것이라 해야 할 것이다. 전체를 읽어내는 뛰어난 안목과 꼼꼼한 교정능력, 게다가 놀랍게도 탄탄한 빠알리

원전 독해력까지 갖추어서 누락된 부분까지 지적을 해주면서 철저한 교정을 해주었다. 두 분 스님들은 분명 한국 불교의 동량이 되리라 믿어 의심하지 않는다. 본 지면을 빌어 일묵, 일창 두 스님께도 깊은 감사의 말씀을 전한다.

아울러 〈초기불전연구원〉 홈페이지를 통해서나 전화를 통해서나 직접 찾아오셔서, 질문도 하고 오자 탈자와 잘못된 부분을 지적도 해주고 여러 제언을 아끼지 않으신 모든 분들께도 본 지면을 빌어서 감사의 말씀을 드린다. 그리고 멋진 표지 디자인으로 본서의 '얼굴'을 만들어준 황영수 불자님께도 감사드린다.

이런 선우(kalyāna-mitta)들의 도움에 힘입어 잘못된 부분들을 찾아내어 고치고 문장을 더 다듬고 역자서문을 붙여서 이제 개정판을 발간한다. 초판의 미흡한 점을 이렇게라도 회복할 수 있어서 큰 짐을 든 느낌이다.

경전번역은 하면 할수록 두렵고 어려운 일임을 절감한다. 나름대로 고치고 다듬는다고 하기는 했지만 역자의 경전에 대한 이해가 일천하고 수행이 부족하고 언어적인 소양이 모자라서 잘못 옮긴 부분이 더 있을 줄로 안다. 잘못된 부분에 대해서는 다시 한 번 독자 여러분들의 매서운 질정을 바란다.

불기 2548년 8월

화림원에서

각묵 삼가 씀

제1장
대념처경
(Mahāsatipaṭṭhāna Sutta)

♣

비구들이여,
이 도는 유일한 길이니
중생들의 청정을 위하고
근심과 탄식을 다 건너기 위한 것이며,
육체적 고통과 정신적 고통을 사라지게 하고
옳은 방법을 터득하고
열반을 실현하기 위한 것이다.
그것은 바로 '네 가지 마음챙김의 확립(四念處)'이다.

― 「대념처경」 가운데서

Namo tassa Bhagavato Arahato Sammāsambuddhassa
그분 부처님, 공양 올려 마땅한 분, 바르게 깨달으신 분께 귀의합니다

대념처경

(Mahāsatipaṭṭhāna Sutta)

I. 서언

1-1. 이와 같이 나는 들었다. 한 때 세존께서는 꾸루 지방의 깜맛사담마라는 꾸루족들의 읍에 머무셨다. 그곳에서 세존께서는 "비구들이여"라고 비구들을 부르셨다. "세존이시여"라고 비구들은 세존께 응답했다. 세존께서는 이렇게 말씀하셨다.

1-2. "비구들이여, 이 도는 유일한 길이니 중생들의 청정을 위하고 근심과 탄식을 다 건너기 위한 것이며, 육체적 고통과 정신적 고통을 사라지게 하고 옳은 방법을 터득하고 열반을 실현하기 위한 것이다. 그것은 바로 '네 가지 마음챙김의 확립(四念處)'이다."

1-3. "무엇이 네 가지인가? 비구들이여, 여기 비구는 몸에서 몸을 관찰하며(身隨觀) 머문다. 세상에 대한 욕심과 싫어하는 마음을 버리면서 근면하게, 분명히 알아차리고 마음챙기는 자 되

어 머문다. 느낌에서 느낌을 관찰하며(受隨觀) 머문다. 세상에 대한 욕심과 싫어하는 마음을 버리면서 근면하게, 분명히 알아차리고 마음챙기는 자 되어 머문다. 마음에서 마음을 관찰하며(心隨觀) 머문다. 세상에 대한 욕심과 싫어하는 마음을 버리면서 근면하게, 분명히 알아차리고 마음챙기는 자 되어 머문다. 법에서 법을 관찰하며(法隨觀) 머문다. 세상에 대한 욕심과 싫어하는 마음을 버리면서 근면하게, 분명히 알아차리고 마음챙기는 자 되어 머문다."

II. 몸의 관찰(身隨觀)

II-1. 들숨날숨에 대한 마음챙김

2-1. "비구들이여, 어떻게 비구는 몸에서 몸을 관찰하며 머무는가? 비구들이여, 여기 비구는 숲 속에 가거나 나무 아래에 가거나 외진 처소에 가서 가부좌를 틀고 몸을 곧추세우고 전면에 마음챙김을 확립하여 앉는다. 그는 마음챙겨 숨을 들이쉬고 마음챙겨 숨을 내쉰다. 길게 들이쉬면서 '길게 들이쉰다'고 꿰뚫어 알고(pajānāti), 길게 내쉬면서 '길게 내쉰다'고 꿰뚫어 안다. 짧게 들이쉬면서 '짧게 들이쉰다'고 꿰뚫어 알고, 짧게 내쉬면서 '짧게 내쉰다'고 꿰뚫어 안다. '온 몸을 경험하면서 들이쉬리라'며 공부짓고(sikkhati) 온 몸을 경험하면서 내쉬리라'며 공부짓는다. '신행(身行)을 편안히 하면서 들이쉬리라'며 공부짓고 '신행

을 편안히 하면서 내쉬리라'며 공부짓는다."

2-2. "비구들이여, 마치 숙련된 도공이나 도공의 도제가 길게 돌리면서 '길게 돌린다'고 꿰뚫어 알고 짧게 돌리면서 '짧게 돌린다'고 꿰뚫어 아는 것처럼, 그와 같이 비구는 길게 들이쉬면서는 '길게 들이쉰다'고 꿰뚫어 알고 … '신행을 편안히 하면서 내쉬리라'며 공부짓는다."

"이와 같이 안으로 몸에서 몸을 관찰하며(身隨觀) 머문다. 혹은 밖으로 몸에서 몸을 관찰하며 머문다. 혹은 안팎으로 몸에서 몸을 관찰하며 머문다. 혹은 몸에서 일어나는 현상(法)을 관찰하며 머문다. 혹은 몸에서 사라지는 현상을 관찰하며 머문다. 혹은 몸에서 일어나기도 하고 사라지기도 하는 현상을 관찰하며 머문다. 혹은 그는 '몸이 있구나'라고 마음챙김을 잘 확립하나니 지혜만이 있고 마음챙김만이 현전할 때까지. 이제 그는 [갈애와 사견에] 의지하지 않고 머문다. 그는 세상에서 아무 것도 움켜쥐지 않는다. 비구들이여, 이와 같이 비구는 몸에서 몸을 관찰하며 머문다."

II-2. 네 가지 자세 (四威儀)

3. "다시 비구들이여, 비구는 걸어가면서 '걷고 있다'고 꿰뚫어 알고, 서있으면서 '서있다'고 꿰뚫어 알며, 앉아있으면서 '앉아있다'고 꿰뚫어 알고, 누워있으면서 '누워있다'고 꿰뚫어 안

다. 또 그의 몸이 다른 어떤 자세를 취하고 있든 그 자세대로 꿰뚫어 안다."

"이와 같이 안으로 몸에서 몸을 관찰하며(身隨觀) 머문다. … 그는 세상에서 아무 것도 움켜쥐지 않는다. 비구들이여, 이와 같이 비구는 몸에서 몸을 관찰하며 머문다."

II-3. 분명하게 알아차림

4. "다시 비구들이여, 비구는 나아갈 때도 물러날 때도 [자신의 거동을] 분명히 알면서(正知) 행한다(sampajāna-kāri). 앞을 볼 때도 돌아 볼 때도 분명히 알면서 행한다. 구부릴 때도 펼 때도 분명히 알면서 행한다. 가사·발우·의복을 지닐 때도 분명히 알면서 행한다. 먹을 때도 마실 때도 씹을 때도 맛볼 때도 분명히 알면서 행한다. 대소변을 볼 때도 분명히 알면서 행한다. 걸으면서·서면서·앉으면서·잠들면서·잠을 깨면서·말하면서·침묵하면서도 분명히 알면서 행한다."

"이와 같이 안으로 몸에서 몸을 관찰하며(身隨觀) 머문다. … 그는 세상에 대해서 아무 것도 움켜쥐지 않는다. 비구들이여, 이와 같이 비구는 몸에서 몸을 관찰하며 머문다."

II-4. 몸의 32가지 부위에 대한 혐오

5-1. "다시 비구들이여, 비구는 발바닥에서부터 위로 올라가

며 그리고 머리털에서부터 아래로 내려가며 이 몸은 살갗으로 둘러싸여있고 여러 가지 부정(不淨)한 것으로 가득 차 있음을 반조한다. 즉 '이 몸에는 머리털·몸털·손발톱·이빨·살갗·살·힘줄·뼈·골수·콩팥·염통·간·근막·지라·허파·큰창자·작은창자·위·똥·쓸개즙·가래·고름·피·땀·굳기름·눈물·[피부의] 기름기·침·콧물·관절활액·오줌 등이 있다'고."

5-2. "비구들이여, 이는 마치 양쪽에 주둥이가 있는 가마니에 여러 가지 곡물, 즉 밭벼·보리·녹두·완두·참깨·논벼 등이 가득 담겨 있는데 어떤 눈밝은 사람이 그 자루를 풀고 반조할 것이다. '이것은 밭벼, 이것은 보리, 이것은 녹두, 이것은 완두, 이것은 참깨, 이것은 논벼'다고.

비구들이여, 이와 같이 비구는 발바닥에서부터 위로 올라가며 그리고 머리털에서부터 아래로 내려가며 이 몸은 살갗으로 둘러싸여있고 여러 가지 부정(不淨)한 것으로 가득 차 있음을 반조한다. 즉 '이 몸에는 머리털·몸털·손발톱·이·살갗·살·힘줄·뼈·골수·콩팥·염통·간·근막·지라·허파·큰창자·작은창자·위·똥·쓸개즙·가래·고름·피·땀·굳기름·눈물·[피부의] 기름기·침·콧물·관절활액·오줌 등이 있다'고."

"이와 같이 안으로 몸에서 몸을 관찰하며(身隨觀) 머문다. … 그는 세상에 대해서 아무 것도 움켜쥐지 않는다. 비구들이여, 이와 같이 비구는 몸에서 몸을 관찰하며 머문다."

II-5. 네 가지 근본물질(四大)

6. "다시 비구들이여, 비구는 이 몸을 처해진 대로 놓여진 대로 요소(界)별로 고찰한다. '이 몸에는 땅(地)의 요소, 물(水)의 요소, 불(火)의 요소, 바람(風)의 요소가 있다'고.

비구들이여, 마치 솜씨 좋은 백정이나 그 조수가 소를 잡아서 각을 뜬 다음 큰길 네 거리에 이를 벌려놓고 앉아있는 것과 같다. 비구들이여, 이와 같이 비구는 이 몸을 처해진 대로 놓여진 대로 요소(界)별로 고찰한다. '이 몸에는 땅의 요소, 물의 요소, 불의 요소, 바람의 요소가 있다'고."

"이와 같이 안으로 몸에서 몸을 관찰하며(身隨觀) 머문다. … 그는 세상에 대해서 아무 것도 움켜쥐지 않는다. 비구들이여, 이와 같이 비구는 몸에서 몸을 관찰하며 머문다."

II-6. 아홉 가지 공동묘지의 관찰

7. "다시 비구들이여, ① 비구는 마치 묘지에 버려진 시체가 죽은 지 하루나 이틀 또는 사흘이 지나 부풀고 검푸르게 되고 문드러지는 것을 보게 될 것이다. 그는 바로 자신의 몸을 그에 비추어 바라본다(upasamharati). '이 몸 또한 그와 같고, 그와 같이 될 것이며, 그에서 벗어나지 못하리라'고."

"이와 같이 안으로 몸에서 몸을 관찰하며(身隨觀) 머문다. … 그는 세상에 대해서 아무 것도 움켜쥐지 않는다. 비구들이여, 이와 같이 비구는 몸에서 몸을 관찰하며 머문다."

8. "다시 비구들이여, ② 비구는 마치 묘지에 버려진 시체를 까마귀 떼가 달려들어 마구 쪼아먹고, 솔개무리가 쪼아먹고, 독수리 떼가 쪼아먹고, 개떼가 뜯어먹고, 자칼들이 뜯어먹고, 별의별 벌레들이 다 달려들어 파먹는 것을 보게 될 것이다. 그는 자신의 몸을 그에 비추어 바라본다. '이 몸 또한 그와 같고, 그와 같이 될 것이며, 그에서 벗어나지 못하리라'고."

"이와 같이 안으로 몸에서 몸을 관찰하며(身隨觀) 머문다. … 그는 세상에 대해서 아무 것도 움켜쥐지 않는다. 비구들이여, 이와 같이 비구는 몸에서 몸을 관찰하며 머문다."

9. "다시 비구들이여, ③ 비구는 마치 묘지에 버려진 시체가 해골이 되어 살과 피가 묻은 채 힘줄에 얽혀 서로 이어져 있는 것을 보게 될 것이다 … ④ 해골이 되어 살은 없고 아직 피는 남아있는 채로 힘줄에 얽혀 서로 이어져 있는 것을 보게 될 것이다 … ⑤ 해골이 되어 살도 피도 없이 힘줄만 남아 서로 이어져 있는 것을 보게 될 것이다 … ⑥ 백골이 되어 뼈들이 흩어져서 여기에는 손뼈, 저기에는 발뼈, 또 저기에는 정강이뼈, 저기에는 넓적다리뼈, 저기에는 엉덩이뼈, 저기에는 등뼈, 저기에는 갈빗대, 저기에는 가슴뼈, 저기에는 팔뼈, 저기에는 어깨뼈, 저기에는 목뼈, 저기에는 턱뼈, 저기에는 치골, 저기에는 두개골 등이 사방에 널려있는 것을 보게 될 것이다. 그는 자신의 몸을 그에 비

추어 바라본다. '이 몸도 또한 그와 같고, 그와 같이 될 것이며, 그에서 벗어나지 못하리라'고."

"이와 같이 안으로 몸에서 몸을 관찰하며(身隨觀) 머문다. … 그는 세상에 대해서 아무 것도 움켜쥐지 않는다. 비구들이여, 이와 같이 비구는 몸에서 몸을 관찰하며 머문다."

10-1. "다시 비구들이여, ⑦ 비구는 마치 묘지에 버려진 시체가 백골이 되어 뼈가 하얗게 변하여 조개껍질 색깔처럼 된 것을 보게 될 것이다 … ⑧ 백골이 되어 단지 뼈무더기가 되어 있는 보게 될 것이다 … ⑨ 그 백골이 해를 넘기면서 삭아 가루가 된 것을 보게 될 것이다. 그는 자신의 몸을 그에 비추어 바라본다. '이 몸도 또한 그와 같고, 그와 같이 될 것이며, 그에서 벗어나지 못하리라'고."

10-2. "이와 같이 안으로 몸에서 몸을 관찰하며(身隨觀) 머문다. 혹은 밖으로 몸에서 몸을 관찰하며 머문다. 혹은 안팎으로 몸에서 몸을 관찰하며 머문다. 혹은 몸에서 일어나는 현상(法)을 관찰하며 머문다. 혹은 몸에서 사라지는 현상을 관찰하며 머문다. 혹은 몸에서 일어나기도 하고 사라지기도 하는 현상을 관찰하며 머문다. 혹은 그는 '몸이 있구나'라고 마음챙김을 잘 확립하나니 지혜만이 있고 마음챙김만이 현전할 때까지. 이제 그는 [갈애와 사견에] 의지하지 않고 머문다. 그는 세상에 대해서 아무 것도 움켜쥐지 않는다. 비구들이여, 이와 같이 비구는 몸에서 몸을 관

찰하며 머문다."

III. 느낌의 관찰(受隨觀)

11-1. "비구들이여, 어떻게 비구가 느낌에서 느낌을 관찰하며 (受隨觀) 머무는가? 비구들이여, 여기 비구는 즐거운 느낌을 느끼면서 '즐거운 느낌을 느낀다'고 꿰뚫어 안다. 괴로운 느낌을 느끼면서 '괴로운 느낌을 느낀다'고 꿰뚫어 안다. 괴롭지도 즐겁지도 않은 느낌을 느끼면서 '괴롭지도 즐겁지도 않은 느낌을 느낀다'고 꿰뚫어 안다."

"세속적인 즐거운 느낌을 느끼면서 '세속적인 즐거운 느낌을 느낀다'고 꿰뚫어 안다. 비세속적인 즐거운 느낌을 … 세속적인 괴로운 느낌을 … 비세속적인 괴로운 느낌을 … 세속적인 괴롭지도 즐겁지도 않은 느낌을 … 비세속적인 괴롭지도 즐겁지도 않은 느낌을 느끼면서 '비세속적인 괴롭지도 즐겁지도 않은 느낌을 느낀다'고 꿰뚫어 안다."

11-2. "이와 같이 안으로 느낌에서 느낌을 관찰하며(受隨觀) 머문다. 혹은 밖으로 느낌에서 느낌을 관찰하며 머문다. 혹은 안팎으로 느낌에서 느낌을 관찰하며 머문다. 혹은 느낌에서 일어나는 현상(法)을 관찰하며 머문다. 혹은 느낌에서 사라지는 현상을 관찰하며 머문다. 혹은 느낌에서 일어나기도 하고 사라지기도 하는 현상을 관찰하며 머문다. 혹은 그는 '느낌이 있구나'라고

마음챙김을 잘 확립하나니 지혜만이 있고 마음챙김만이 현전할 때까지. 이제 그는 [갈애와 사견에] 의지하지 않고 머문다. 그는 세상에 대해서 아무 것도 움켜쥐지 않는다. 비구들이여, 이와 같이 비구는 느낌에서 느낌을 관찰하며 머문다."

IV. 마음의 관찰(心隨觀)

12-1. "비구들이여, 어떻게 비구가 마음에서 마음을 관찰하며 (心隨觀) 머무는가? 비구들이여, 여기 비구는 ① 탐욕이 있는 마음을 탐욕이 있는 마음이라 꿰뚫어 안다. 탐욕을 여읜 마음을 탐욕이 없는 마음이라 꿰뚫어 안다. ② 성냄이 있는 … 성냄을 여읜 … ③ 미혹이 있는 … 미혹을 여읜 … ④ 위축된 … 산란한 … ⑤ 고귀한 … 고귀하지 않은 … ⑥ [아직도] 위가 남아있는 … [더 이상] 위가 없는(無上心) … ⑦ 삼매에 든 … 삼매에 들지 않은 … ⑧ 해탈한 마음을 해탈한 마음이라 꿰뚫어 안다. 해탈하지 않은 마음을 해탈하지 않은 마음이라 꿰뚫어 안다."

12-2. "이와 같이 안으로 마음에서 마음을 관찰하며(心隨觀) 머문다. 혹은 밖으로 마음에서 마음을 관찰하며 머문다. 혹은 안팎으로 마음에서 마음을 관찰하며 머문다. 혹은 마음에서 일어나는 현상(法)을 관찰하며 머문다. 혹은 마음에서 사라지는 현상을 관찰하며 머문다. 혹은 마음에서 일어나기도 하고 사라지기도 하는 현상을 관찰하며 머문다. 혹은 그는 '마음이 있구나'라고

마음챙김을 잘 확립하나니 지혜만이 있고 마음챙김만이 현전할 때까지. 이제 그는 [갈애와 사견에] 의지하지 않고 머문다. 그는 세상에 대해서 아무 것도 움켜쥐지 않는다. 비구들이여, 이와 같이 비구는 마음에서 마음을 관찰하며 머문다."

V. 법의 관찰(法隨觀)

V-1. 다섯 가지 장애(五蓋)

13-1. "비구들이여, 어떻게 비구가 법에서 법을 관찰하며(法隨觀) 머무는가?

비구들이여, 여기 비구는 다섯 가지 장애(五蓋)의 법에서 법을 관찰하며 머문다. 비구들이여, 어떻게 비구가 다섯 가지 장애의 법에서 법을 관찰하며 머무는가? 비구들이여, 여기 비구는 자기에게 감각적 욕망이 있을 때 '내게 감각적 욕망이 있다'고 꿰뚫어 알고, 감각적 욕망이 없을 때 '내게 감각적 욕망이 없다'고 꿰뚫어 안다. 비구는 전에 없던 감각적 욕망이 어떻게 일어나는지 꿰뚫어 알고, 일어난 감각적 욕망을 어떻게 제거하는지 꿰뚫어 알며, 어떻게 하면 제거한 감각적 욕망이 앞으로 다시 일어나지 않는지 꿰뚫어 안다."

13-2. "자기에게 악의가 있을 때 '내게 악의가 있다'고 꿰뚫어 알고, 악의가 없을 때 '내게 악의가 없다'고 꿰뚫어 안다. 비구는

전에 없던 악의가 어떻게 일어나는지 꿰뚫어 알고, 일어난 악의를 어떻게 제거하는지 꿰뚫어 알며, 어떻게 하면 제거 한 악의가 앞으로 다시 일어나지 않는지 꿰뚫어 안다."

13-3 "자기에게 해태와 혼침이 있을 때 '내게 **해태와 혼침이** 있다'고 꿰뚫어 알고, 해태와 혼침이 없을 때 '내게 **해태와** 혼침이 없다'고 꿰뚫어 안다. 비구는 전에 없던 해태와 혼침이 어떻게 일어나는지 꿰뚫어 알고, 일어난 해태와 혼침을 어떻게 제거하는지 꿰뚫어 알며, 어떻게 하면 제거한 해태와 혼침이 앞으로 다시 일어나지 않는지 꿰뚫어 안다.".

13-4 "자기에게 들뜸과 후회가 있을 때 '내게 들뜸과 후회가 있다'고 꿰뚫어 알고, 들뜸과 후회가 없을 때 '내게 들뜸 과 후회가 없다'고 꿰뚫어 안다. 비구는 전에 없던 들뜸과 후회가 어떻게 일어나는지 꿰뚫어 알고, 일어난 들뜸과 후회를 어떻게 제거하는지 꿰뚫어 알며, 어떻게 하면 제거한 들뜸과 후회가 앞으로 다시 일어나지 않는지 꿰뚫어 안다."

13-5 ' "자기에게 회의적 의심이 있을 때 '내게 의심이 있다'고 꿰뚫어 알고, 의심이 없을 때 '내게 의심이 없다'고 꿰뚫어 안다. 비구는 전에 없던 의심이 어떻게 일어나는지 꿰뚫어 알고, 일어난 의심을 어떻게 제거하는지 꿰뚫어 알며, 어떻게 하면 제거한 의심이 앞으로 다시 일어나지 않는지 꿰뚫어 안다."

13-6. "이와 같이 안으로 법에서 법을 관찰하며(法隨觀) 머문다. 혹은 밖으로 법에서 법을 관찰하며 머문다. 혹은 안팎으로 법에서 법을 관찰하며 머문다. 혹은 법에서 일어나는 현상(法)을 관찰하며 머문다. 혹은 법에서 사라지는 현상을 관찰하며 머문다. 혹은 법에서 일어나기도 하고 사라지기도 하는 현상을 관찰하며 머문다. 혹은 그는 '법이 있구나'라고 마음챙김을 잘 확립하나니 지혜만이 있고 마음챙김만이 현전할 때까지. 이제 그는 [갈애와 사견에] 의지하지 않고 머문다. 그는 세상에 대해서 아무 것도 움켜쥐지 않는다. 비구들이여, 이와 같이 비구는 다섯 가지 장애의 법에서 법을 관찰하며 머문다."

V-2. 다섯 가지 무더기(五蘊)

14. "다시 비구들이여, 여기 비구는 다섯 가지 취착하는 무더기(五取蘊)들의 법에서 법을 관찰하며(法隨觀) 머문다. 비구들이여, 어떻게 비구가 다섯 가지 취착하는 무더기들의 법에서 법을 관찰하며 머무는가? 비구들이여, 여기 비구는 '이것이 물질이다. 이것이 물질의 일어남이다. 이것이 물질의 사라짐이다. 이것이 느낌이다. 이것이 느낌의 일어남이다. 이것이 느낌의 사라짐이다. 이것이 인식이다. 이것이 인식의 일어남이다. 이것이 인식의 사라짐이다. 이것이 상카라(行)들이다. 이것이 상카라의 일어남이다. 이것이 상카라들의 사라짐이다. 이것이 알음알이다.

이것이 알음알이의 일어남이다. 이것이 알음알이의 사라짐이다'
라고 [관찰하며 머문다.]"

"이와 같이 안으로 법에서 법을 관찰하며(法隨觀) 머문다. …
그는 세상에 대해서 아무 것도 움켜쥐지 않는다. 비구들이여, 이
와 같이 비구는 다섯 가지 취착하는 무더기들의 법에서 법을 관
찰하며 머문다.

V-3. 여섯 가지 감각장소(六處)

15. "다시 비구들이여, 여기 비구는 여섯 가지 안팎의 감각
장소(六內外處)의 법에서 법을 관찰하며(法隨觀) 머문다. 비구들
이여, 어떻게 비구가 여섯 가지 안팎의 감각장소의 법에서 법을
관찰하며 머무는가? 비구들이여, 여기 비구는 눈을 꿰뚫어 안다.
형상을 꿰뚫어 안다. 이 둘을 조건으로(緣) 일어난 족쇄도 꿰뚫
어 안다. 전에 없던 족쇄가 어떻게 일어나는지 꿰뚫어 알고, 일
어난 족쇄를 어떻게 제거하는지 꿰뚫어 알며, 어떻게 하면 제거
한 족쇄가 앞으로 다시 일어나지 않는지 꿰뚫어 안다."

"귀를 꿰뚫어 안다. 소리를 꿰뚫어 안다. … 코를 꿰뚫어 안다.
냄새를 꿰뚫어 안다. … 혀를 꿰뚫어 안다. 맛을 꿰뚫어 안다. …
몸을 꿰뚫어 안다. 감촉을 꿰뚫어 안다. … 마노를 꿰뚫어 안다.
법을 꿰뚫어 안다. 이 둘을 조건으로 일어난 족쇄도 꿰뚫어 안다.
전에 없던 족쇄가 어떻게 일어나는지 꿰뚫어 알고, 일어난 족쇄

를 어떻게 제거하는지 꿰뚫어 알며, 어떻게 하면 제거한 족쇄가 앞으로 다시 일어나지 않는지 꿰뚫어 안다."

"이와 같이 안으로 법에서 법을 관찰하며(法隨觀) 머문다. … 그는 세상에 대해서 아무 것도 움켜쥐지 않는다. 비구들이여, 이와 같이 비구는 여섯 가지 안팎의 감각장소의 법에서 법을 관찰하며 머문다."

V-4. 일곱 가지 깨달음의 구성요소(七覺支)

16-1. "다시 비구들이여, 비구는 일곱 가지 깨달음의 구성요소(七覺支)들의 법에서 법을 관찰하며 머문다. 비구들이여, 어떻게 비구가 일곱 가지 깨달음의 구성요소들의 법에서 법을 관찰하며 머무는가? 비구들이여, 여기 비구는 자기에게 마음챙김의 깨달음의 구성요소(念覺支)가 있을 때 '내게 마음챙김의 깨달음의 구성요소가 있다'고 꿰뚫어 알고, 마음챙김의 깨달음의 구성요소가 없을 때 '내게 마음챙김의 깨달음의 구성요소가 없다'고 꿰뚫어 안다. 비구는 전에 없던 마음챙김의 깨달음의 구성요소가 어떻게 일어나는지 꿰뚫어 알고, 일어난 마음챙김의 깨달음의 구성요소를 어떻게 닦아서 성취하는지 꿰뚫어 안다."

16-2. "자기에게 법을 간택하는 깨달음의 구성요소(擇法覺支)가 있을 때 … 정진의 깨달음의 구성요소(精進覺支)가 있을 때 … 희열의 깨달음의 구성요소(喜覺支)가 있을 때 … 편안함의 깨달

음의 구성요소(輕安覺支)가 있을 때 … 삼매의 깨달음의 구성요소(定覺支)가 있을 때 … 평온의 깨달음의 구성요소(捨覺支)가 있을 때 '내게 평온의 깨달음의 구성요소가 있다'고 꿰뚫어 알고, 평온의 깨달음의 구성요소가 없을 때 '내게 평온의 깨달음의 구성요소가 없다'고 꿰뚫어 안다. 비구는 전에 없던 평온의 깨달음의 구성요소가 어떻게 일어나는지 꿰뚫어 알고, 일어난 평온의 깨달음의 구성요소를 어떻게 닦아서 성취하는지 꿰뚫어 안다."

16-3. "이와 같이 안으로 법에서 법을 관찰하며(法隨觀) 머문다. … 그는 세상에 대해서 아무 것도 움켜쥐지 않는다. 비구들이여, 이와 같이 비구는 일곱 가지 깨달음의 구성요소들의 법에서 법을 관찰하며 머문다."

V-5. 네 가지 성스러운 진리(四聖諦)

17. "다시 비구들이여, 여기 비구는 네 가지 성스러운 진리(四聖諦)의 법에서 법을 관찰하며(法隨觀) 머문다. 비구들이여, 어떻게 비구가 네 가지 성스러운 진리의 법에서 법을 관찰하며 머무는가? 여기 비구는 '이것이 괴로움이다'라고 있는 그대로 꿰뚫어 안다. '이것이 괴로움의 일어남이다'라고 있는 그대로 꿰뚫어 안다. '이것이 괴로움의 소멸이다'라고 있는 그대로 꿰뚫어 안다. '이것이 괴로움의 소멸로 인도하는 도닦음이다'라고 있는 그대로 꿰뚫어 안다."

V-5-1. 괴로움의 성스러운 진리(苦聖諦)

18-1. "비구들이여, 그러면 무엇이 괴로움인가? 태어남도 괴로움이다. 늙음도 괴로움이다. 병도 괴로움이다. 죽음도 괴로움이다. 근심·탄식·육체적 고통·정신적 고통·절망도 괴로움이다. 원하는 것을 얻지 못하는 것도 괴로움이다. 요컨대 다섯 가지 취착하는 무더기(五取蘊)들 자체가 괴로움이다."

18-2. "비구들이여, 그러면 어떤 것이 태어남인가? 이런 저런 중생들의 무리로부터 이런 저런 중생들의 태어남, 출생, 도래함, 생김, 탄생, 오온의 나타남, 감각장소(處)를 획득함 — 비구들이여, 이를 일러 태어남이라 한다."

18-3. "비구들이여, 그러면 어떤 것이 늙음인가? 이런 저런 중생들의 무리 가운데서 이런 저런 중생들의 늙음, 노쇠함, 부서진 [이빨], 희어진 [머리털], 주름진 피부, 수명의 감소, 감각기능(根)의 허약함 — 이를 일러 늙음이라 한다."

18-4. "비구들이여, 그러면 어떤 것이 죽음인가? 이런 저런 중생들의 무리로부터 이런 저런 중생들의 종말, 제거됨, 부서짐, 사라짐, 사망, 죽음, 서거, 오온의 부서짐, 시체를 안치함, 생명기능(命根)의 끊어짐 — 이를 일러 죽음이라 한다."

18-5. "비구들이여, 그러면 어떤 것이 근심인가? 비구들이여, 이런 저런 불행을 만나고 이런 저런 괴로운 현상에 맞닿은 사람

의 근심, 근심함, 근심스러움, 내면의 근심, 내면의 슬픔 — 이를 일러 근심이라 한다."

18-6. "비구들이여, 그러면 어떤 것이 탄식인가? 비구들이여, 이런 저런 불행을 만나고 이런 저런 괴로운 법에 맞닿은 사람의 한탄, 비탄, 한탄함, 비탄함, 한탄스러움, 비탄스러움 — 이를 일러 탄식이라 한다."

18-7. "비구들이여, 그러면 어떤 것이 육체적 고통인가? 비구들이여, 몸의 고통, 몸의 불편함, 몸에 맞닿아 생긴 고통스럽고 불편한 느낌 — 이를 일러 육체적 고통이라 한다."

18-8. "비구들이여, 그러면 어떤 것이 정신적 고통인가? 비구들이여, 정신적인 불편함, 마음에 맞닿아 생긴 고통스럽고 불편한 느낌 — 이를 일러 정신적 고통이라 한다."

18-9. "비구들이여, 그러면 어떤 것이 절망인가? 비구들이여, 이런 저런 불행을 만나고 이런 저런 괴로운 법에 맞닿은 사람의 실망, 절망, 실망함, 절망함 — 이를 일러 절망이라 한다."

18-10 "비구들이여, 그러면 어떤 것이 원하는 것을 얻지 못하는 괴로움인가? 비구들이여, 태어나기 마련인 중생들에게 이런 바람이 일어난다. '오 참으로 우리에게 태어나는 법이 있지 않기를! 참으로 그 태어남이 우리에게 오지 않기를!'이라고. 그러나 이것은 원한다 해서 얻어지지 않는다. 원하는 것을 얻지 못하는

이것도 괴로움이다. 비구들이여, 늙기 마련인 중생들에게 … 병들기 마련인 중생들에게 … 죽기 마련인 중생들에게 … 근심·탄식·육체적 고통·정신적 고통·절망을 하기 마련인 중생들에게 이런 바람이 일어난다. '오 참으로 우리에게 근심·탄식·육체적 고통·정신적 고통·절망하는 법이 있지 않기를! 참으로 그 근심·탄식·육체적 고통·정신적 고통·절망이 우리에게 오지 않기를!'이라고. 그러나 이것은 원한다 해서 얻어지지 않는다. 원하는 것을 얻지 못하는 이것도 역시 괴로움이다."

18-11 "비구들이여, 그러면 요컨대 다섯 가지 취착하는 무더기(五取蘊)들 자체가 괴로움이라는 것은 어떤 것인가? 그것은 취착하는 물질의 무더기(色取蘊), 취착하는 느낌의 무더기(受取蘊), 취착하는 인식의 무더기(想取蘊), 취착하는 상카라들의 무더기(行取蘊), 취착하는 알음알이의 무더기(識取蘊)이다. 비구들이여, 요컨대 이 취착하는 다섯 가지 무더기들 자체가 괴로움이다. 비구들이여, 이를 일러 괴로움의 성스러운 진리라 한다."

V-5-2. 괴로움의 일어남의 성스러운 진리(集聖諦)

19-1. "비구들이여, 그러면 무엇이 괴로움의 일어남의 성스러운 진리(苦集聖諦)인가? 그것은 갈애이니, 다시 태어남을 가져오고 환희와 탐욕이 함께 하며 여기저기서 즐기는 것이다. 즉 감각적 욕망에 대한 갈애(慾愛), 존재에 대한 갈애(有愛), 존재하지 않

는 것에 대한 갈애(無有愛)가 그것이다."

19-2. "다시 비구들이여, 이런 갈애는 어디서 일어나서 어디서 자리 잡는가? 세상에서 즐겁고 기분 좋은 것이 있으면 거기서 이 갈애는 일어나서 거기서 자리 잡는다. 그러면 세상에서 어떤 것이 즐겁고 기분 좋은 것인가? 눈은 세상에서 즐겁고 기분 좋은 것이다. 귀는 … 코는 … 혀는 … 몸은 … 마노는 세상에서 즐겁고 기분 좋은 것이다. 여기서 이 갈애는 일어나서 여기서 자리 잡는다. 형상은 … 소리는 … 냄새는 … 맛은 … 감촉은 … 〔마노의 대상인〕 법(法)은 세상에서 즐겁고 기분 좋은 것이다. 여기서 이 갈애는 일어나서 여기서 자리 잡는다. 눈의 알음알이는 … 귀의 알음알이는 … 코의 알음알이는 … 혀의 알음알이는 … 몸의 알음알이는 … 마노의 알음알이는 세상에서 즐겁고 기분 좋은 것이다. 여기서 이 갈애는 일어나서 여기서 자리 잡는다."

19-3. "눈의 감각접촉(觸)은 … 귀의 감각접촉은 … 코의 감각접촉은 … 혀의 감각접촉은 … 몸의 감각접촉은 … 마노의 감각접촉은 세상에서 즐겁고 기분 좋은 것이다. 여기서 이 갈애는 일어나서 여기서 자리 잡는다. 눈의 감각접촉에서 생긴 느낌은 … 귀의 감각접촉에서 생긴 느낌은 … 코의 감각접촉에서 생긴 느낌은 … 혀의 감각접촉에서 생긴 느낌은 … 몸의 감각접촉에서 생긴 느낌은 … 마노의 감각접촉에서 생긴 느낌은 세상에서 즐겁고 기분 좋은 것이다. 여기서 이 갈애는 일어나서 여기서 자리

잡는다. 눈의 인식은 … 귀의 인식은 … 코의 인식은 … 혀의 인식은 … 몸의 인식은 … 마노의 인식은 세상에서 즐겁고 기분 좋은 것이다. 여기서 이 갈애는 일어나서 여기서 자리 잡는다."

19-4. "눈의 의도는 … 귀의 의도는 … 코의 의도는 … 혀의 의도는 … 몸의 의도는 … 마노의 의도는 세상에서 즐겁고 기분 좋은 것이다. 여기서 이 갈애는 일어나서 여기서 자리 잡는다. 눈의 갈애는 … 귀의 갈애는 … 코의 갈애는 … 혀의 갈애는 … 몸의 갈애는 … 마노의 갈애는 세상에서 즐겁고 기분 좋은 것이다. 여기서 이 갈애는 일어나서 여기서 자리 잡는다. 눈의 일으킨 생각(尋)은 … 귀의 일으킨 생각은 … 코의 일으킨 생각은 … 혀의 일으킨 생각은 … 몸의 일으킨 생각은 … 마노의 일으킨 생각은 세상에서 즐겁고 기분 좋은 것이다. 여기서 이 갈애는 일어나서 여기서 자리 잡는다. 눈의 지속적인 고찰(伺)은 … 귀의 지속적인 고찰은 … 코의 지속적인 고찰은 … 혀의 지속적인 고찰은 … 몸의 지속적인 고찰은 … 마노의 지속적인 고찰은 세상에서 즐겁고 기분 좋은 것이다. 여기서 이 갈애는 일어나서 여기서 자리 잡는다. 비구들이여, 이를 일러 괴로움의 일어남의 성스러운 진리라 한다."

V-5-3. **괴로움의 소멸의 성스러운 진리**(滅聖諦)

20-1. "비구들이여, 그러면 무엇이 괴로움의 소멸의 성스러운

진리(苦滅聖諦)인가? 갈애가 남김없이 빛바래어 소멸함, 버림, 놓아버림, 벗어남, 집착 없음이다. 비구들이여, 이를 일러 괴로움의 소멸의 성스러운 진리라 한다."

20-2. "다시 비구들이여, 그런 이 갈애는 어디서 없어지고 어디서 소멸되는가? 세상에서 즐겁고 기분 좋은 것이 있으면 거기서 이 갈애는 없어지고 거기서 소멸된다. 그러면 세상에서 어떤 것이 즐겁고 기분 좋은 것인가? 눈은 세상에서 즐겁고 기분 좋은 것이다. 귀는 … 코는 … 혀는 … 몸은 … 마음은 세상에서 즐겁고 기분 좋은 것이다. 여기서 이 갈애는 없어지고 여기서 소멸된다. 형상은 … 소리는 … 냄새는 … 맛은 … 감촉은 … [마노의 대상인] 법(法)은 세상에서 즐겁고 기분 좋은 것이다. 여기서 이 갈애는 없어지고 여기서 소멸된다. 눈의 알음알이는 … 귀의 알음알이는 … 코의 알음알이는 … 혀의 알음알이는 … 몸의 알음알이는 … 마노의 알음알이는 세상에서 즐겁고 기분 좋은 것이다. 여기서 이 갈애는 없어지고 여기서 소멸된다."

20-3. "눈의 감각접촉은 … 귀의 감각접촉은 … 코의 감각접촉은 … 혀의 감각접촉은 … 몸의 감각접촉은 … 마노의 감각접촉은 세상에서 즐겁고 기분 좋은 것이다. 여기서 이 갈애는 없어지고 여기서 소멸된다. 눈의 감각접촉에서 생긴 느낌은 … 귀의 감각접촉에서 생긴 느낌은 … 코의 감각접촉에서 생긴 느낌은 … 혀의 감각접촉에서 생긴 느낌은 … 몸의 감각접촉에서 생긴 느낌은 … 마노의 감

각 접촉에서 생긴 느낌은 세상에서 즐겁고 기분 좋은 것이다. 여기서 이 갈애는 없어지고 여기서 소멸된다. 눈의 인식은 … 귀의 인식은 … 코의 인식은 … 혀의 인식은 … 몸의 인식은 … 마노의 인식은 세상에서 즐겁고 기분 좋은 것이다. 여기서 이 갈애는 없어지고 여기서 소멸된다."

20-4. "눈의 의도는 … 귀의 의도는 … 코의 의도는 … 혀의 의도는 … 몸의 의도는 … 마노의 의도는 세상에서 즐겁고 기분 좋은 것이다. 여기서 이 갈애는 없어지고 여기서 소멸된다. 눈의 갈애는 … 귀의 갈애는 … 코의 갈애는 … 혀의 갈애는 … 몸의 갈애는 … 마노의 갈애는 세상에서 즐겁고 기분 좋은 것이다. 여기서 이 갈애는 없어지고 여기서 소멸된다. 눈의 일으킨 생각은 … 귀의 일으킨 생각은 … 코의 일으킨 생각은 … 혀의 일으킨 생각은 … 몸의 일으킨 생각은 … 마노의 일으킨 생각은 세상에서 즐겁고 기분 좋은 것이다. 여기서 이 갈애는 없어지고 여기서 소멸된다. 눈의 지속적인 고찰은 … 귀의 지속적인 고찰은 … 코의 지속적인 고찰은 … 혀의 지속적인 고찰은 … 몸의 지속적인 고찰은 … 마노의 지속적인 고찰은 세상에서 즐겁고 기분 좋은 것이다. 여기서 이 갈애는 없어지고 여기서 소멸된다. 비구들이여, 이를 일러 괴로움의 소멸의 성스러운 진리라 한다."

V-5-4. 도닦음의 성스러운 진리(道聖諦)

21-1. "비구들이여, 그러면 무엇이 괴로움의 소멸로 인도하는 도닦음의 성스러운 진리(苦滅道聖諦)인가? 그것은 바로 여덟 가지 구성요소를 가진 성스러운 도(八支聖道)이니, 즉 바른 견해(正見), 바른 사유(正思惟), 바른 말(正語), 바른 행위(正業), 바른 생계(正命), 바른 정진(正精進), 바른 마음챙김(正念), 바른 삼매(正定)이다."

21-2. "비구들이여, 그러면 무엇이 바른 견해(正見)인가? 비구들이여, 괴로움에 대한 지혜, 괴로움의 일어남에 대한 지혜, 괴로움의 소멸에 대한 지혜, 괴로움의 소멸로 인도하는 도닦음에 대한 지혜 — 이를 일러 바른 견해라 한다."

21-3. "비구들이여, 그러면 무엇이 바른 사유(正思惟)인가? 비구들이여, 출리에 대한 사유, 악의 없음에 대한 사유, 해코지 않음(不害)에 대한 사유 — 이를 일러 바른 사유라 한다."

21-4. "비구들이여, 그러면 무엇이 바른 말(正語)인가? 비구들이여, 거짓말을 삼가하고 중상모략을 삼가하고 욕설을 삼가하고 잡담을 삼가하는 것 — 이를 일러 바른 말이라 한다."

21-5. "비구들이여, 그러면 무엇이 바른 행위(正業)인가? 비구들이여, 살생을 삼가하고 도둑질을 삼가하고 삿된 음행을 삼가하는 것 — 이를 일러 바른 행위라 한다."

21-6. "비구들이여, 그러면 무엇이 바른 생계(正命)인가? 비구들이여, 성스러운 제자는 삿된 생계를 제거하고 바른 생계로 생명을 영위한다. — 비구들이여, 이를 일러 바른 생계라 한다."

21-7. "비구들이여, 그러면 무엇이 바른 정진(正精進)인가? 비구들이여, 여기 비구는 아직 일어나지 않은 사악하고 해로운 법(不善法)들을 일어나지 못하게 하기 위해서 의욕을 생기게 하고 정진하고 힘을 내고 마음을 다잡고 애를 쓴다. 이미 일어난 사악하고 해로운 법들을 제거하기 위하여 의욕을 생기게 하고 정진하고 힘을 내고 마음을 다잡고 애를 쓴다. 아직 일어나지 않은 유익한 법(善法)들을 일어나도록 하기 위해서 의욕을 생기게 하고 정진하고 힘을 내고 마음을 다잡고 애를 쓴다. 이미 일어난 유익한 법들을 지속시키고 사라지지 않게 하고 증장시키고 충만하게 하고 개발하기 위해서 의욕을 생기게 하고 정진하고 힘을 내고 마음을 다잡고 애를 쓴다. 비구들이여, 이를 일러 바른 정진이라 한다."

21-8. "비구들이여, 그러면 무엇이 바른 마음챙김(正念)인가? 비구들이여, 여기 비구는 몸에서 몸을 관찰하며(身隨觀) 머문다. 세상에 대한 욕심과 싫어하는 마음을 버리면서 근면하게, 분명히 알아차리고 마음챙기며 머문다. 느낌들에서 … 마음에서 … 법에서 법을 관찰하며(法隨觀) 머문다. 세상에 대한 욕심과 싫어하는 마음을 버리면서 근면하게, 분명히 알아차리고 마음챙기며

머문다. 비구들이여, 이를 일러 바른 마음챙김이라 한다."

21-9. "비구들이여, 그러면 무엇이 바른 삼매(正定)인가? 비구들이여, 여기 비구는 감각적 욕망을 완전히 떨쳐버리고 해로운 법(不善法)들을 떨쳐버린 뒤, 일으킨 생각(尋)과 지속적인 고찰(伺)이 있고 떨쳐버렸음에서 생겼고, 희열(喜, pīti)과 행복(樂, sukha)이 있는 초선(初禪)에 들어 머문다."

"일으킨 생각과 지속적인 고찰을 가라앉혔기 때문에 [더 이상 존재하지 않으며], 자기 내면의 것이고, 확신(sampasādana)이 있으며, 마음의 단일한 상태이고, 일으킨 생각과 지속적인 고찰이 없고, 삼매에서 생긴 희열과 행복이 있는 제2선(二禪)에 들어 머문다."

"희열이 빛바랬기 때문에 평온하게 머물고, 마음챙기고 분명하게 알아차리며(正念正知) 몸으로 행복을 경험한다. 이를 두고 성자들이 '평온하게 마음챙기며 행복하게 머문다'고 묘사하는 제3선(三禪)에 들어 머문다."

"행복도 버리고 괴로움도 버리고, 아울러 그 이전에 이미 기쁨과 슬픔을 없앴으므로 괴롭지도 즐겁지도 않으며, 평온으로 인해 마음챙김이 청정한(捨念淸淨) 제4선(四禪)에 들어 머문다. 비구들이여, 이를 일러 바른 삼매라 한다."

21-10. "이와 같이 안으로 법에서 법을 관찰하며(法隨觀) 머문다. 혹은 밖으로 법에서 법을 관찰하며 머문다. 혹은 안팎으로 법에

서 법을 관찰하며 머문다. 혹은 법들에서 일어나는 현상을 관찰하며 머문다. 혹은 법들에서 사라지는 현상을 관찰하며 머문다. 혹은 법들에서 일어나기도 하고 사라지기도 하는 현상을 관찰하며 머문다. 혹은 그는 '법이 있구나'라고 마음챙김을 잘 확립하나니 지혜만이 있고 마음챙김만이 현전할 때까지. 이제 그는 [갈애와 사견에] 의지하지 않고 머문다. 그는 세상에 대해서 아무 것도 움켜쥐지 않는다. 비구들이여, 이와 같이 비구는 네 가지 성스러운 진리의 법에서 법을 관찰하며 머문다."

VI. 결어

22. "비구들이여, 누구든지 이 네 가지 마음챙김의 확립(四念處)을 이와 같이 칠 년을 닦으면 두 가지 결과 중의 하나를 기대할 수 있다. 지금 여기서 구경의 지혜(aññā)를 얻거나, 취착의 자취가 남아 있으면 다시는 돌아오지 않는 경지(不還果)를 기대할 수 있다."

"비구들이여, 칠 년까진 아니더라도 누구든지 이 네 가지 마음챙김의 확립을 이와 같이 육 년을 닦으면 … 오 년을 … 사 년을 … 삼 년을 … 이 년을 … 일 년까진 아니더라도 누구든지 이 네 가지 마음챙김의 확립을 이와 같이 일곱 달을 닦으면 두 가지 결과 중의 하나를 기대할 수 있다. 지금 여기서 구경의 지혜를 얻거나, 취착의 자취가 남아 있으면 다시는 돌아오지 않는 경지를 기대할 수 있다."

"일곱 달까진 아니더라도 누구든지 여섯 달을 … 다섯 달을 … 네 달을 … 세 달을 … 두 달을 … 한 달을 … 반달을 … 반달까진 아니더라도 누구든지 이 네 가지 마음챙김의 확립을 이와 같이 칠 일을 닦으면 두 가지 결과 중의 하나를 기대할 수 있다. 지금 여기서 구경의 지혜를 얻거나, 취착의 자취가 남아 있으면 다시는 돌아오지 않는 경지를 기대할 수 있다."

"'비구들이여, 이 도는 유일한 길이니 중생들의 청정을 위하고 근심과 탄식을 다 건너기 위한 것이며, 육체적 고통과 정신적 고통을 사라지게 하고 옳은 방법을 터득하고 열반을 실현하기 위한 것이다. 그것은 바로 네 가지 마음챙김의 확립(四念處)이다.'라고 설한 것은 이것을 반연하여 설하였다."

세존께서는 이와 같이 설하셨다. 비구들은 마음이 흡족해져서 세존의 말씀을 크게 기뻐하였다. (대념처경 끝)

제2장
대념처경과 그 주석서
(Mahāsatipaṭṭhāna Sutta & Aṭṭhakathā)

♣

집합이라는 것을 떠나 몸이라거나 여자라거나 남자라거나 다른 어떤 것으로 보지 않는다. 그러나 중생들은 단지 여러 법들이 모인 집합에 대해서 그릇된 천착을 하게 된다. 그래서 옛 스승들은 말씀하셨다.

　　[개념적으로] 보는 것은 본 것이 아니고
　　[개념적으로] 본 것은 [여실히] 보지 못한 것이다.
　　어리석은 자는 [여실히] 보지 못해 묶이고
　　묶여서는 벗어나지 못하누나.

— 본문 가운데서

Namo tassa Bhagavato Arahato Sammāsambuddhassa
그분 부처님, 공양 올려 마땅한 분, 바르게 깨달으신 분께 귀의합니다

대념처경과 그 주석서

(Mahāsatipaṭṭhāna Sutta & Aṭṭhakathā)

I. 서언

1-1. 이와 같이 나는 들었다. 한 때 세존께서는 꾸루 지방의 깜맛사담마라는 꾸루족들의 읍에 머무셨다. 그곳에서 세존께서는 "비구들이여"라고 비구들을 부르셨다. "세존이시여"라고 비구들은 세존께 응답했다. 세존께서는 이렇게 말씀하셨다.

여기서 **이와 같이 나는 들었다**는 것은 「대념처경」을 말한다. 이제 이것이 첫 구절의 해설이다. 세존께서는 왜 [꾸루 지방에서] **비구들이여, 이 도는 유일한 길이니**(ekāyano ayaṁ bhikkhave maggo)라고 이 경을 설하셨는가?

꾸루(Kuru) 지방 주민들은 심오한 가르침을 이해하는 능력을

갖추었기 때문이다. 꾸루 지방의 비구와 비구니, 청신사와 청신녀들은 아주 좋은 기후 등의 조건을 갖추어 살고 있었다 한다. 적당한 기후 조건 등으로 인해 그곳 사람들은 몸과 마음이 항상 건전했다고 한다. 그들은 몸과 마음이 건전하고 통찰지(慧, 반야)의 힘을 갖추었기 때문에 심오한 법문을 파악할 능력이 있었다. 세존께서는 그들이 심오한 법문을 파악할 능력을 가졌음을 보시고 아라한과를 얻는 것에 대해서 21가지39)로 명상주제를 담아 이 심오한 법문인 「대념처경」을 설하셨던 것이다.

마치 세상 사람들이 황금으로 만든 화병을 얻어 거기에 여러 가지 꽃들을 담거나, 황금으로 만든 상자를 얻어 칠보를 담는 것처럼, 세존께서는 꾸루 지방에 거주하는 사부대중을 얻어 이 심오한 법문을 가르치셨던 것이다. 그래서 다른 심오한 뜻을 가진 『장부』의 「대연경」(D15), 『중부』의 「염처경」(M10), 「고갱이 비유경」(M29; M30)40), 「나무 비유경」, 「랏타빨라경」(M82), 「마간디야경」(M75), 「아넨자사빠야경」(M106) 등의 다른 경들

---

39) 본 주석서는 「대념처경」에서 설해진 명상주제를 (1) 들숨날숨 (2) 네 가지 자세 (3) 네 가지 분명하게 알아차림 (4) 32가지 몸의 형태 (5) 근본물질(四大)의 분석 (6)-(14) 아홉 가지 공동묘지의 관찰 (15) 느낌의 관찰 (16) 마음의 관찰 (17) 장애(蓋)를 파악함 (18) 무더기(蘊)를 파악함 (19) 감각장소(處)를 파악함 (20) 깨달음의 구성요소(覺支)를 파악함 (21) 진리(諦)를 파악함의 21가지로 분류하고 있다.(본서 288쪽을 참조할 것)

40) 현존하는 『중부』 29경(Mahāsāropamasutta)은 라자가하에서, 30경(Cūlasāropamasutta)은 사왓티에서 설한 것으로 나타난다.

도 이곳에서 설하셨다.

더욱이 그 지방 사부대중들에게 마음챙김을 확립하는 수행은 자연스런 일이었다. 남의 일을 시중드는 하인들 또한 마음챙김의 확립과 관계된 이야기를 했다. 물 긷는 곳과 물레를 젓는 곳 등에서도 쓸데없는 이야기는 하지 않았다. 만일 어떤 아낙이,

"아주머니, 아주머니는 어떤 것을 마음에 잡도리하면서 마음챙기는 공부를 하세요?"라고 물었을 때,

"나는 아무 공부도 하지 않아요"라고 대답하면,

"너무나 안타깝게 살아가시는군요. 그렇게 사시면 살아있지만 죽은 것과 같아요"라고 그를 질책한다.

그녀는 "지금부터라도 그렇게 살지 마세요"라고 다시 경책한 뒤 어떤 것이든 마음챙김의 확립을 익히도록 그를 도와준다. 만일 누구든,

"나는 이런 것을 마음에 잡도리하면서 마음챙기는 공부를 하고 있지요"라고 대답하면,

"좋은 일입니다. 참으로 장하십니다."라고 치사한 뒤,

"정말 가치 있는 삶이로군요. 아주머니는 진정 인간으로 태어난 보람이 있습니다. 아주머니 같은 분을 위해 정등각께서 〔이 세상에〕 오신 것입니다."라는 등으로 칭송했다.

이곳에서는 사람들만 마음챙기는 공부에 몰두하는 것이 아니라 그들을 의지하여 사는 축생들도 그러하였다. 이에 관한 일화

가 있다.41)

어떤 광대가 앵무새 새끼를 길들이면서 유랑하고 있었다고 한다. 한 번은 비구니 처소에 의지해 머물다가 그곳을 떠날 때 앵무새 새끼를 날려 보내 주었다. 사미니들이 그것을 다시 잡아 붓다락키따 띳사(Buddharakkhita Tissa)라는 이름을 지어주었다. 어느 날 대장로니는 그 앵무새가 앞에 앉아있는 것을 보고 말했다.

"붓다락키따야"
"왜요, 스님"
"너는 도닦기를 늘 마음에 잡도리하고 있느냐?"
"아니요, 스님"
"락키따야, 출가자들 곁에 살면서 나태하면 안되느니라. 무엇인가를 마음에 잡도리하도록 발원해야 하느니라. 너는 다른 것은 할 수 없을 터이니 '뼈(aṭṭhi), 뼈'라고 [암송하는] 것을 네 공부로 삼도록 하여라."

장로니의 경책을 받은 앵무새는 '뼈, 뼈'라고 자신의 공부를 지어나갔다.

어느 날 아침 앵무새가 현관 앞에 앉아 ['뼈, 뼈'하면서] 용맹

---

41) 소마 스님(Soma Thera)의 영역본에는 이 일화가 빠져있다. 이런 신비적인 이야기가 냉철한 마음챙기는 공부와는 어울리지 않는다고 판단했기 때문일 것이다.

정진을 하고 있을 때 어떤 큰 새가 발톱으로 그를 낚아챘다. 그는 '끽끽' 소리를 내었다. 그 소리를 들은 사미니들이,

"이런, 붓다락키따가 새한테 잡혔구나. 구해주어야겠다."라고 생각하고 막대기 등을 들고 쫓아가 구해주었다. 그를 데려와 앞에 앉혀놓고 장로니가 물었다.

"붓다락키따야, 새한테 잡혔을 때 무엇을 생각했느냐?"

"스님, 아무것도 생각하지 않았습니다. 다만 '뼈 무더기(aṭṭhi-puñja)가 뼈 무더기를 가지고 갈 뿐인데 왜 당황하겠는가'라고 뼈 무더기만을 생각했습니다."[42]

"장하구나 붓다락키따야. 앞으로 삶이 끝날 때도 너는 그렇게 닦을 것이다."라고 말해주었다.

이와 같이 그곳에서는 축생들도 늘 마음챙기는 공부에 몰두하였다. 그러므로 세존께서는 그들에게 마음챙기는 공부를 바르게 알게 하시려고 이 경을 설하셨다.

1-2. "비구들이여, 이 도는 유일한 길이니 중생들의 청정을 위하고 근심과 탄식을 다 건너기 위한 것이며, 육체적 고통과 정신적 고통을 사라지게 하고 옳은 방법을 터득하고 열반을 실현하기 위한 것이다. 그것은 바로 '네 가지 마음챙김의 확립(四念處)'이다."

---

42) 이 뼈 무더기로 관(觀)하는 수행은 『청정도론』 I.5에 나타나는 마하띳사 장로의 일화를 예로 들 수 있다. 세존 입멸로부터 이런 수행법은 불자들 사이에서 잘 알려져 있었던 것 같다.

여기서 **유일한 길**(ekāyanā)이라는 것은 '유일한 도(ekamagga)'이다. 길에는 '막가(magga), 빤타(pantha), 빠타(patha), 빳자(pajja), 안자사(añjasa), 와뚜(vaṭu), 아야나(ayana), 나와(nāvā), 웃따라세뚜(uttarasetū), 꿀라(kulla), 비시상까마(bhisisaṅkama)' 등의 많은 이름들이 있다. 이들 가운데서 여기서는 아야나(ayana, 길)라는 이름을 사용했다.

그러므로 **비구들이여, 이 도는 유일한 길이니**(ekāyano ayaṁ bhikkhave maggo)라는 것은,

(1) '비구들이여, 이것은 유일한 길이어서 두 갈래로 갈라지지 않았다'고 그 뜻을 보아야 한다.

(2) 혹은, '혼자서 가야 한다(ekena ayitabbo)'고 해서 **유일한 길**(ekāyano)이다. '혼자서'라는 것은 무리(gaṇa)짓는 것을 버리고 은둔하는 한적한 마음으로라는 말이며, '가야 한다'라는 것은 '도를 따라가야 한다' 혹은 '이 길을 따라서 간다'는 말로서 윤회로부터 열반으로 간다는 뜻이다.

(3) 한 사람의(ekassa) 길이 **유일한 길**이다. '한 사람의'라는 것은 '최고로 수승한 분의'라는 말로 모든 존재들 가운데 최고로 수승하신 세존이시다. 그러므로 '세존의 [길]'이라고 말한 것이다. 비록 다른 사람들이 이 [길을] 따라 간다하더라도 이것은 세존의 길이다. 그분께서 일으키셨기 때문이다. 그래서 "바라문이여, 그분 세존께서는 아직 일어나지 않은 도를 일어나게 하는 분

이십니다.(M108/iii.8)"는 등으로 말씀하셨다.

(4) 혹은, '간다'고 해서 '길'이다. '가다, 나아가다'라는 뜻이다. 하나에 있는 길이라고 해서 **유일한 길**이다. '이 법과 율에 존재하는 것이며 다른 곳에 있는 것이 아니다'라고 말한 것이다. 그래서 "수밧다여, 참으로 이 법과 율에서 성스러운 팔정도를 얻게 된다.(D16/ii.151)"라고 말씀하셨다. 이것은 설명방법만 다를 뿐 뜻으로는 같다.

(5) 하나를 향해서 간다(ekaṁ ayati)고 해서 **유일한 길**이다. 처음에는 여러 방면으로 수행하는 방법이 존재하지만 결국은 하나인 열반으로 간다라는 말이다. 그래서 사함빠띠 범천이 말했다.

> 태어남의 소멸을 보고 [중생의] 이익을 위하고
> 연민심을 가진 분께서는 유일한 길인 이 길을 아시나니
> 이 길을 따라 저 격류를 이전에 건너셨고
> 건널 것이며 건너십니다.(S47/v.168)[43]

그러나 어떤 자들은 "저 언덕으로 두 번 가지 않는다(Sn.714)"는 게송을 빌어 '단 한번 열반으로 간다. 그러므로 유일한 길이다'라고 설한다. 이것은 옳지 않다. 이 뜻이 되기 위해서는 '단 한번(sakiṁ)의 길'이라는 식의 단어가 사용되어야 한다. 그러나

---

[43] 『상응부』의 47번째 상응(S47)은 「염처상응」으로 마음챙김에 관한 것이다. 이 「염처상응」에는 마음챙김에 관한 중요한 경들이 많이 나타나므로 관심있는 분들의 일독을 권한다.

혹시 '하나의 길이 그에게는 하나의 이를 곳(gati)이 된다'는 등의 뜻을 적용해 설명하려 한다면 단어는 적용할 수도 있다. 그러나 이 두 가지는 모두 그 뜻을 적용할 수 없다. 왜? 여기서는 도의 예비 단계를 가리키기 때문이다. 여기서 나타내고자 하는 것은 몸 등의 네 가지 대상에서 일어난 예비단계인 마음챙김의 도이지 출세간 [도]44)를 의미하는 것이 아니며 그런 예비단계의 마음챙김은 여러 번 밟아야 하고 여러 번 [거듭해야 할] 길이기 때문이다.

이 구절에 대해서는 예전에도 큰스님들 사이에 논쟁이 있었다. 삼장법사인 쭐라나가(Cūlanāga) 장로는 이것이 예비단계의 마음챙김을 확립하는 도라고 말했고 그의 스승인 삼장법사 쭐라소마(Cūlasoma) 장로는 혼합된 도45)라고 했다.

"스승님, 예비단계가 아닙니까?"

"여보게,46) 혼합된 것이라네."

---

44) 이 마음챙기는 공부를 짓는 것은 팔정도를 완성한 성자의 경지에 들어가기 위한 예비단계의 수행이지 팔정도가 완성된 성자의 경지, 즉 출세간도는 아니라는 의미이다.
45) 즉 출세간도(예류도, 일래도, 불환도, 아라한도)에 이르기 전인 예비단계의 도에도 포함되고 완성된 출세간의 도에도 포함된다는 뜻이다.
46) 원어는 흔히 '벗이여'라고 옮기기도 하는 avusso(아붓소)이다. 경에서는 주로 스님들끼리 부를 때 사용하거나 외도 수행자들을 부를 때도 사용하는 호격으로 나타나지만 주석서에서는 은사나 법사, 장로 스님들이 상좌나 제자, 젊은 스님들을 부를 때도 모두 이 단어를 쓰고 있다. 이런 경우 역자는 '여보게'로 우리 식으로 의역해서 옮긴다.

이렇게 스승이 계속 주장하자 그는 더 이상 대꾸하지 않고 침묵했다. 그들은 결국 질문을 해결하지 못한 채 일어났다. 스승인 장로는 목욕하는 곳으로 가다가 생각했다. "나는 혼합된 도라 했고 쭐라나가는 예비단계의 도라고 받아들인다. 누가 맞는가?"

그는 경을 처음부터 시작해 외워서 "비구들이여, 누구든지 이 네 가지 마음챙김의 확립(四念處)을 이와 같이 칠 년을 닦는 사람은"이라는 곳에 이르렀다. "출세간도를 증득하고 칠년을 [범부로] 머무른다는 것은 있을 수 없다. 내가 혼합된 도라고 하는 것은 옳지 않다. 쭐라나가가 예비단계의 도라고 본 것이 옳다."라고 깨닫고 [음력] 초여드레 법회가 열리는 날 대중이 운집한 곳으로 갔다.

옛적의 장로들은 법문 듣기를 좋아하였다. [법회가 있다는] 소리를 들으면 "내가 먼저 가리라, 내가 먼저 가리라"고 금세 운집했다. 그 날은 쭐라나가 장로가 [법문 할] 차례였다. 그가 법상에 앉아 부채를 들고 첫 번째 게송을 읊었을 때 스승은 그의 법상 뒤에 서서 '외진 곳에서 따로 앉아 말해서는 안 된다'고 생각했다. 옛적의 장로들에게는 질투심이 없었다. 사탕수수 다발을 끌어안듯 자신이 좋아하는 것만을 거머쥐고 다니지 않았다. 합당한 것은 받아들이고 합당하지 않은 것은 버렸다. 그래서 장로는,

"여보게, 쭐라나가여."라고 불렀다.

그는 "스승님의 목소리가 아닌가."라고 알아차리고는 법문을 멈추고,

"왜 그러시옵니까, 스승님이시여."라고 대답했다.

"여보게 쭐라나가여. 내가 혼합된 도라고 한 것은 옳지 않다. 그대가 말한 예비단계의 마음챙김을 확립하는 도라는 것이 옳다."

쭐라나가 장로는 생각했다. '우리 스승님은 모든 교학에 통달하신 분인데다 삼장을 섭렵하셨으며 많이 배운 분이시다. 이 문장은 실로 이런 분에게도 혼란을 일으키는데 미래의 수행자들에게는 얼마나 큰 혼란을 일어나게 할 것인가. 그러니 나는 경을 두루 섭렵하여 이런 질문에 대해 동요가 없도록 해야겠다.'라고 『무애해도』(Paṭisambhidamagga)에서도 "유일한 길인 도는 예비단계인 마음챙김의 도를 말한다."라고 나타난다.

    진리는 네 가지이고, 팔정도는 최고로 수승하며
    법들 가운데서는 탐욕을 여읨이
    인간들 중에는 눈 있는 분이 최고로 수승하다.
    견해의 청정을 위해서는
    이것만이 유일한 길이요 다른 것은 없다.
    그대들은 이 도를 닦아라.
    마라의 군대를 쳐부술 것이다.
    이 도를 닦아 그대들은 괴로움을 종식시킬 것이다.(Dhp.77)

라는 경을 인용하여 그는 그 뜻을 확실하게 했다.

도(magga)라는 것은 어떤 뜻에서 도인가? 열반으로 간다는 뜻에서, 열반을 원하는 자들이 가야 한다는 뜻에서 [도이다].

중생들의 청정을 위하고(sattānaṁ visuddhiyā)라는 것은 애욕(rāga) 등의 더러움과 욕심(abhijjhā)이라는 곧지 못한 탐욕 등의 오염원(kilesa)들로 인해 더럽혀진 중생들의 마음을 청정하게 하기 위해서라는 말이다. 이처럼 이 도로써 백천 겁을 넘은 네 아승지겁 이전의 어떤 겁에 출현하신 딴항까라, 메당까라, 사라낭까라, 디빵까라(燃燈佛)라는 부처님들을 시작으로 석가모니 부처님에 이르기까지 많은 정등각들과 수백의 벽지불들과 헤아릴 수 없이 많은 성제자들은 모두 마음의 더러움을 제거하여 최상의 청정을 얻으셨다. 육체적인 때로 인한 오염을 맑힌다는 세속적인 개념은 여기에 적용되지 않는다. 그래서 다음과 같이 설하셨다.

육신이 오염되었다고 해서 인간들이 오염된다거나
육신이 깨끗함으로써 청정하다고 대선인은 설하지 않는다.
마음이 오염될 때 인간들이 오염되고
마음이 깨끗할 때 청정하다고 대선인은 설하신다.

이처럼 말씀하셨다. "비구들이여, 마음이 오염될 때 중생들은 오염되고 마음이 정화될 때 청정하게 된다." 이 '마음의 정화'는 바로 이 마음챙김을 확립하는 도로써 성취된다. 그래서 '중생들의 청정을 위하고'라고 말씀하셨다.

근심과 탄식을 다 건너기 위한 것이며(sokaparidevānaṁ samatikkamāya)라는 것은 근심과 탄식을 다 건너기 위해서, 제거하기 위해서(pahānāya)라는 뜻이다. 이 도를 닦으면 산따띠(Santati) 대신 등과 같이 근심을 다 건너게 되고 빠따짜라(Paṭācāra) 등과 같이 탄식을 다 건너게 된다. 그래서 '근심과 탄식을 다 건너기 위한 것이며'라고 말씀하셨다. 산따띠는 다음의 게송을 듣고 무애해[47]를 갖춘 아라한이 되었다.

>과거에 속하는 것을 깨끗이 하라.
>미래에 다시 일어나지 않게 하라.
>중간에 대해서도 거머쥐지 않으면
>고요하게 유행할 것이다.(Sn.949)

빠따짜라는 다음의 게송을 듣고 예류과에 확고히 서게 되었다.

>아들도 의지처가 되지 못하고
>아버지도 친척들도 또한 그러하다.
>죽음의 압박에 시달리는 자에게
>혈육은 의지처가 되지 못한다.(Dhp.81)

그러나 몸과 느낌과 마음과 법들 가운데서 어느 것도 닦지 않으면 수행(bhāvanā)이란 있을 수가 없다. 그러므로 그들도 이 도로써 근심과 탄식을 다 건넜다고 알아야 한다.

---

47) 무애해(無碍解, paṭisambhidā)에 대해서는 『청정도론』 XIII.21을 참조할 것.

육체적 고통과 정신적 고통을 사라지게 하고(dukkhadomana-ssānaṁ atthaṅgamāya)라는 것은 육체적 고통과 정신적 고통 두 가지를 사라지게 하기 위해서, 소멸시키기 위해서라는 뜻이다. 이 도를 닦으면 띳사(Tissa) 장로 등과 같이 육체적 고통을, 제석천(Sakka) 등과 같이 정신적 고통을 사라지게 한다.

여기에 대한 보기가 있다. 사왓티에 띳사라는 대갓집 아들이 있었다. 그는 4천만의 황금을 버리고 출가하여 마을 없는 숲에 머물렀다. 그의 동생의 아내(弟嫂)가 "가서 그를 죽이라"면서 오백 명의 도적들을 보냈다. 그들은 가서 장로를 포위하고 앉았다. 장로가 물었다.

"청신사들이여, 왜 왔는가?"

"당신을 죽이기 위해서 왔소"

"청신사들이여, 나를 믿고 하루 밤만 지난 뒤 죽이시오"

"사문이여, 이런 곳에서 어떻게 당신을 믿을 수 있겠소?"

장로는 큰 돌을 들어 자신의 두 무릎을 잘라버리고는 "청신사들이여, 이제 믿을 수 있겠소?"라고 물었다. 그들은 물러나 경행처의 끝에 가서 불을 피우고 앉아있었다. 장로는 고통스런 느낌을 누그러뜨리고 [자신의] 계행을 반조하고 청정한 계행에 의지하여 희열과 기쁨을 일으켰다. 그런 다음 순서대로 위빳사나를 증장시켜 삼경에 사문의 법을 성취하여 여명이 틀 무렵에 아라한과를 얻고선 다음의 감흥어를 읊었다.

'두 다리를 잘라 그대들에게 보여주리라.

애욕을 가진 채 죽는 것이 실로 걱정스럽고 부끄럽구나.'

이렇게 생각하면서 있는 그대로를 통찰(內觀)하여

여명이 틀 무렵 마침내 아라한과를 증득하였노라.

또 다른 [이야기도] 있다. 30명의 비구들이 세존께 명상주제를 받아 숲속의 승원으로 우안거를 갔다. 그들은,

"도반들이여, 밤의 삼경을 모두 사문의 법도48)를 행합시다. 서로의 곁으로 다가가지 맙시다."라고 말하고서 머물렀다.

그들이 사문의 법도를 행하며 이른 아침에 졸고 있는 동안 어떤 호랑이가 와서 비구들을 한 명씩 물고 가버렸다. 누구도 [다른 비구들의 수행에 방해될까봐] "호랑이가 나를 물고 간다."는 말을 하지 않았다. 이와 같이 [보름 동안] 열다섯 명의 비구들이 잡아먹히었다. [보름 후 포살 때],

"도반들이여, 다른 비구들은 어디 있소?"라고 물었을 때 [이 사실을] 알았다. 그들은,

"이제부터는 [호랑이에게] 물려가면 '물려간다'고 말합시다"라고 말하고서 머물렀다. 그러던 어느 날 어떤 젊은 비구가 같은 방법으로 호랑이에게 잡혔다. 그는,

"호랑이입니다, 스님"이라고 말했다.

비구들은 몽둥이와 횃불을 들고 그 비구를 구하려고 쫓아갔

---

48)   『증지부 복주석서』(AAT)에 의하면 사마타와 위빳사나를 닦고 팔정도를 행하는 것을 사문의 법도(samaṇadhamma)라고 말하고 있다.

다. 호랑이는 비구들이 오를 수 없는 깎아지른 절벽으로 가서 발가락부터 그 비구를 먹기 시작했다. 다른 비구들은,

"선남자여, 이제 우리가 할 수 있는 것은 아무 것도 없소. 그런 상황에서는 비구들의 특별함만이 통할뿐이오."라고 말했다.

그는 호랑이의 입에 들어가면서 고통스런 느낌을 누그러뜨리고 위빳사나를 증장시켜 발목이 먹힐 때 예류자가 되었고 무릎이 먹힐 때 일래자가 되었으며 배꼽이 먹힐 때 불환자가 되었고 심장이 먹힐 때 무애해를 갖춘 아라한이 되어 다음의 감흥어를 읊었다.

> 계행을 갖추고 서계를 구족하였고
> 지혜를 갖추고 삼매에 깊이 들었다.
> 잠시 방일한 틈에 호랑이가 사로잡아
> 몸통을 낚아채어 바위산위로 물고 갔다.
> 호랑이는 뼈다귀와 근육까지 나를 먹어들어 갔지만
> 오염원들을 버리고 나는 해탈에 도달할 것이다.[49]

또 다른 [이야기가] 있다. 삐따말라(Pītamalla)라는 장로는 재

---

49) 『중부 주석서』(MA)의 「염처경 주석」에는 다음과 같이 나타남.
kāmaṁ khādatu maṁ byaggho bhakkho kāyo amittānaṁ
paṭiladdhe kammaṭṭhāne maraṇaṁ hehiti bhaddaknti.
(호랑이는 나를 먹기 시작했나니
몸은 적들에게 먹을거리이지만
명상주제를 얻었기 때문에
죽음은 경사스러운 것이 될 것이다.)

가자였을 때 세 나라에서 [투사로] 깃발을 높이 세웠다. 그는 땀바빤니 섬50)으로 와서 왕을 알현하고 왕의 일을 돌보게 되었다. 어느 날 칸막이가 쳐진 강당의 문을 지나다가, "비구들이여, 물질은 그대들의 것이 아니다. 그것을 버려라. 그대들이 그것을 버리면 오랜 세월 이익과 행복이 있을 것이다.(M22/i.140)"라는 경의 '그대들 것이 아니다'라는 구절을 듣고 "참으로 물질은 나의 것이 아니다. 느낌도 나의 것이 아니다."라고 생각했다. 그는 이 [생각을] 갈퀴로 삼아 세속을 떠나 대사(Mahāvihāra)로 가서 출가를 청하였다.

출가해서는 구족계를 받아서 두 가지 계본(dvemātikā)51)에 능통하고 다른 30명의 비구들과 함께 가발라왈리야 탑전으로 가서 사문의 법도를 행했다. 그는 발로 걷지 않고 무릎으로 포행했다. 이런 그를 밤에 어떤 사냥꾼이 사슴이라고 생각하여 창을 던졌다. 창은 몸 속 깊이 박혔다. 그는 그 창을 뽑아내어 상처 부위를 풀 무더기로 막고 편편한 돌 위에 몸을 앉혔다. 이것을 기회로 삼아 위빳사나를 증장시키고 무애해를 갖춘 아라한과를 얻은 뒤 목청을 가다듬고 같이 온 비구들을 불러 이 감흥어를 읊었다.

온 세상 제일의 견해를 가지신
최상의 부처님께서 말씀하셨네.

---

50) 스리랑카를 주석서에서는 이렇게 부르고 있다.
51) 『비구계본』과 『비구니계본』을 뜻한다.(AAṬ.ii.89)

'이 몸뚱이는 그대들 것이 아니니
비구들이여, 그것을 버려라.
모든 형성된 것들(諸行)은 무상하여
일어났다가는 사라지는 법이라,
일어났다가는 소멸하나니
그들을 가라앉힘이 행복이라네' 라고.

이와 같이 우선 이 도는 띳사(Tissa) 장로 등의 경우처럼 육체적 고통을 종식시킨다.

한편, 신들의 왕 제석은 자신의 다섯 가지 쇠퇴[52] 가운데 첫 번째 표상을 보고는 죽음의 두려움에 떨면서 정신적 고통이 생겼다. 그는 세존을 뵈러가서 여쭈었다. 평온에 관한 질문이 해결된 후 그는 8만의 천신들과 함께 예류과에 확고히 서게 되었으며, [그의 권세는] 다시 본래상태대로 되었다.

수브라흐마(Subrahma)라는 천신도 천명의 압사라(요정)에 둘러싸여 천상의 영화를 누리고 있었다. 그 중 오백 명의 압사라들이 나무에서 꽃을 따다 죽어서 지옥에 태어났다. 그는 그들이 지옥에 태어난 것을 꿰뚫어 알고 '이 [영화로움이] 얼마나 오래간

---

52) 『중부 주석서』(MA.iv.170)에는 (1) 화환이 시들고 (2) 옷이 낡고 (3) 겨드랑이에서 땀이 나고 (4) 몸에 나쁜 색깔이 나타나고 (5) 신이면서 신의 자리에 앉아있지 못하는 것(mālā milāyanti, vatthāni kilissanti, kacchehi sedā muccanti, kāye dubbaṇṇiyaṁ okkamati, devo devāsane na saṇṭhāti.)의 다섯을 들고 있다.

단 말인가'라고 절감했다. '내 수명도 얼마 남지 않았을 것이다' 라고 깊이 생각해 본 그는 자신의 수명이 다해 가는 것을 알았다. 그는 자신도 죽어서는 그 지옥에 태어날 것을 보고 두려워서 정신적 고통이 크게 일었다. '나의 이 정신적 고통은 스승님만이 해결해주실 뿐 다른 누구도 해결할 수 없다'고 생각하며 남은 오백 명의 압사라들을 데리고 세존을 뵈러 가 여쭈었다.

　　이 마음은 항상 두려움에 떨고
　　이 마음은 항상 동요하고 있습니다.
　　아직 일어나지 않았거나 이미 일어난 어려움들에 대해
　　두려움 없음이 있다면 그것을 여쭙나니 대답해주소서.

세존께서는 이렇게 대답하셨다.

　　깨달음의 구성요소(覺支)와 금욕 이외에는
　　감각기능(根)을 단속하는 것 이외에는
　　모든 것을 놓아버리는 것 이외에는
　　생명들의 안전을 나는 보지 못하노라.

그는 설법이 끝나자 오백 명의 압사라들과 함께 예류과를 얻고 그 이전의 영화를 굳게 다진 뒤 천상세계로 돌아갔다. 이와 같이 이 도를 닦으면 신들의 왕 제석 등과 같이 정신적 고통의 끝으로 인도한다고 알아야 한다.

옳은 방법을 터득하고(ñāyassa adhigamāya)에서 옳은 방법이란 성스러운 팔정도를 말한다. 그것을 터득하기 위해서, 증득하기 위해서라는 말이다. 예비단계요 세간적인 마음챙김의 확립인 이 도를 닦으면 출세간도를 터득하게 된다. 그래서 '옳은 방법을 터득하고'라고 말씀하셨다.

열반을 실현하기 위한 것이다(nibbānassa sacchikiriyāya)라는 것은 갈애라는 욕망(vāna)이 없기 때문에 열반(nirvāna)이라는 이름을 얻은 불사(不死)를 실현하기 위해서, 그것을 자신의 눈앞에 현전하게 하기 위해서라는 말이다. 이 도를 닦으면 순차적으로 열반을 실현한다. 그래서 '열반을 실현하기 위한 것이다'라고 말씀하셨다.

(1) 여기서 비록 '중생들의 청정을 위하고'라고 하신 말씀 안에 뜻으로는 '근심을 다 건너기 위한 것이며' 등이 여기에 모두 포함되지만 교법의 적용(yutti)에 능통한 자들을 제외한 다른 사람들에게는 분명하지 않다. 세존께서는 사람들로 하여금 먼저 교법의 적용에 능통하게 만들고 나중에 법을 설하신 것이 아니다. 그와는 달리 여러 경에서 다양한 뜻을 알게 하셨다. 그러므로 여기서도 유일한 길인 도를 성취하는 각각의 뜻을 확실하게 보여주시면서 '근심과 탄식을 다 건너기 위한 것이며'라는 등을 [덧붙이고 열거하여] 말씀하셨다.

(2) 혹은 중생들의 청정은 유일한 길인 도로써 얻어지기 때문에 그 [청정]은 근심과 탄식을 다 건넘을 통해서 있게 된다. 그리고 근심과 탄식을 다 건너는 것은 육체적 고통과 정신적 고통

을 사라지게 함을 통해서 있게 된다. 육체적 고통과 정신적 고통의 사라짐은 옳은 방법을 터득함을 통해서 있게 되고, 옳은 방법을 터득함은 열반을 실현하기 위한 것이다. 그러므로 이런 순서를 보이시면서 '중생들의 청정을 위하고'라고 설하신 뒤 다시 '근심과 탄식을 다 건너기 위한 것이며'라는 등으로 [부연해서] 말씀하셨다.

(3) 나아가서 이것은 유일한 길인 도를 칭송하신 말씀이다. 세존께서는 "비구들이여, 나는 그대들에게 법을 설하리라. 나는 시작도 훌륭하고 중간도 훌륭하고 끝도 훌륭하며, 의미와 표현을 구족하여 법을 설하여 더할 나위 없이 완벽하고 지극히 청정한 범행(梵行)을 드러낼 것이니 그것은 여섯 조로 된 여섯이다.(M148/iii.280)"라고 '여섯 조로 된 여섯'의 가르침(Chachakka-sutta, 六六經, M148)에서 여덟 가지 구절로 칭송하셨고, '성스러운 가문'의 가르침(Ariyavaṁsasutta)에서 "비구들이여, 네 가지 성스러운 가문이 있나니 … (A.ii.27)"라고 아홉 가지 구절로 칭송하셨다. 그와 같이 이 유일한 길인 도를 '중생들의 청정을 위하고'라는 등의 일곱 가지 구절로 칭송하신 것이다. 그 이유가 무엇인가라고 물으면 그 비구들에게 용맹심(ussāha)을 생기게 하기 위해서이다.

칭송하는 말씀을 듣고 비구들은 "① 이 도는 가슴을 태우는 데서 비롯된 근심 ② 말을 제대로 못함에서 비롯된 탄식 ③ 몸의 불편함에서 비롯된 육체적 고통 ④ 정신적인 불편함에서 비롯된 정신적 고통이라는 네 가지 재난들을 없애버리고, 대신에 청정과 옳은 방법과 열반이라는 세 가지 특별함을 가져온다."라고 용맹심이 생겨 '이 법을 배우리라, 터득하리라, 호지하리라, 말로써 외우리라, 이 도를 닦으리라'고 생각할 것이다. 이와 같이 그 비구들에게 용맹심을 생기게 하기 위해서 칭송하셨다. 마치 모직물 상인 등이 모직물 등을 칭송하는 것처럼.

마치 수십만 개의 [털 오라기로] 짠 붉은 양탄자를 파는 상인이 "양탄자 사시오"라고 목청 돋워 외쳐대지만 사람들은 어느 지방의 양탄자인지 알지 못한다. 머리털로 짠 모직과 동물의 털로 짠 모직은 참으로 냄새가 고약하고 촉감도 거칠다고 사람들은 말하기 때문이다. 그러나 그가 간다라 지방에서 만든 붉은 양탄자는 부드럽고 밝으며 촉감이 아주 좋다고 목청을 높일 때 살 형편이 되는 사람은 사고 형편이 안 되는 사람들일지라도 보고 싶어 한다.

그와 같이 '비구들이여, 이 길은 유일한 길이니'라고만 말씀하시면 이런 도는 분명하지가 않다. 출리로 인도하지 못하는 여러 가지 도(道)도 역시 도라고 말하기 때문이다. 그러나 '중생들의 청정을 위하고'라는 등을 말씀하시면 '사람들이 이 도는 참으로 네 가지 재난들을 없애버리고 세 가지 특별함을 가져온다고 용맹심이 생겨서 이 설법을 배우고, 터득하고, 호지하고, 말로써 외우고, 이 도를 닦으리라고 생각할 것이다'라고 여기시면서 '중생들의 청정을 위하고'라는 등을 말씀하셨다. 마치 수십만 개의 [털 오라기로] 짠 붉은 양탄자를 파는 상인의 비유처럼.

그것은 바로(yad idaṁ)라는 것은 불변화사이다. '즉 이들(ye ime)'이라는 뜻이다. **네 가지**(cattāro)라는 것은 숫자를 한정하는 것이다. 이것으로써 이보다 적지도 많지도 않게 마음챙김의 확립을 제한함을 밝히셨다. **마음챙김의 확립**(satipaṭṭhāna)에는 세 가지가 있다. 그것은 (1) 마음챙김의 영역(gocara) (2) 세 부류의 도를 닦는 제자들에 대해 적의와 찬사를 초월한 스승들 (3) 마음챙김이다.

(1) "비구들이여, 네 가지 마음챙김의 확립의 일어남과 사라짐을 설하리라. 그것을 잘 들어라. … 비구들이여, 어떤 것이 몸의 일어남인가? 음식이 일어남으로써 몸의 일어남이 있다.(S.v. 184)"라는 등에서 마음챙김의 영역이 마음챙김의 확립이라고 설하셨다. "몸은 확립(upaṭṭhāna, 토대, 영역)이지만 [그 자체는] 마음챙김이 아니다. 마음챙김은 확립(토대, 영역)이면서 마음챙김이다.(Ps.ii.232)"라는 등에서도 그와 같다.

이 뜻은 다음과 같다. ① 그곳에 확립되기 때문에 확립이라 한다. 무엇이 확립되었는가? 마음챙김이다. 마음챙김의 확립(satiyā paṭṭhānaṁ)이 마음챙김의 확립(satipaṭṭhānaṁ)이다. ② 혹은, 중요한(padhāna)53) 장소(ṭhāna)라고 해서 확립이다. 마음챙김의 중

요한 장소라고 해서 마음챙김의 확립이다. 마치 코끼리의 중요한 장소나 말의 중요한 장소처럼.54)

(2) "성자가 [제자들에 대해서] 가지는 세 가지 마음챙김의 확립이 있나니 이것을 닦아서 성자는 스승이 되어 무리를 지도할 수 있게 된다.(M137/iii.216)"라는 구절에서 도를 닦는 세 가지 부류의 제자들에 대해서 스승들은 적의와 찬사를 넘어섰기 때문에 '마음챙김의 확립'이라 한다.55) 이 뜻은 다음과 같다. '확고하게 해야 한다'라고 해서(paṭṭhapetabbato) 확립이다. 일어나게 해야 한다(pavattayitabbato)라는 뜻이다. 무엇에 의해서 확고하게 해야 하는가? 마음챙김에 의해서이다. 마음챙김에 의한 확립이 마

---

53) 경에서 padhāna는 두 가지 뜻으로 쓰인다. 형용사로는 '주요한'의 뜻이고 중성명사로는 '정진, 노력'의 뜻으로 쓰여 특히 '네 가지 바른 노력(四正勤)'으로 나타난다. 본문에서도 두 가지 뜻을 다 적용시킬 수 있다. 역자는 일단 '주요한'으로 옮겼다.

54) 여기서 보듯이 sati-paṭṭhāna는 두 가지로 분해 될 수 있는데 첫째는 sati+upaṭṭhāna(확립)요 둘째는 sati+paṭṭhāna(장소)이다. 남방전통에서는 항상 첫 번째로 이해한다. 이 경우에 사념처는 '몸, 느낌, 마음, 심리현상의 넷에 의해서 마음챙김을 확립하는 것'을 의미한다. 북방에서 念處로 한역한 것은 두 번째를 중시했기 때문이다. 이 경우에 사념처는 '마음챙김을 일어나게 하는 주요한 장소로서의 몸, 느낌, 마음, 심리현상'을 뜻한다. 본 주석서는 남방전통에 속하기 때문에 역자는 이를 존중하여 '마음챙김의 확립'으로 옮기고 있으며 이를 다시 '마음챙기는 공부'로 의역해서 본서의 제목으로 사용하고 있다.

55) 중부 137경의 해당 부분은 수행법으로서의 마음챙김을 설하신 것이 아니라 스승이 제자들을 가르칠 때 제자들이 그 가르침을 제대로 이해하거나 실천하지 못하더라도 그것에 대해서 평온과 마음챙김과 분명하게 알아차림을 놓치지 않아야한다는 것을 설하고 계신다.

음챙김의 확립이다.

(3) "네 가지 마음챙김을 닦고 많이 [공부]지으면 일곱 가지 깨달음의 구성요소(七覺支)들을 성취한다.(출입식념경, M118/iii.82)" 라는 등에서 마음챙김이 바로 마음챙김의 확립이라고 설하셨다.

이 뜻은 다음과 같다. ① 일으켜 세운다(paṭṭhāti)라고 해서 확립이다. '일으킨다, 건넌다, 앞으로 간다, 펼친다'는 뜻이다. 마음챙김이 바로 확립이다. ② 혹은 [대상을] 억념(기억, saraṇa)한다는 뜻에서 마음챙김이고 확립한다는 뜻에서 확립이다. 이처럼 마음챙김과 확립이기 때문에도 마음챙김의 확립이다.

이 [세 번째가] 여기서 나타내고자 하는 것이다.

만일 이와 같다면 왜 '마음챙김의 확립들'이라는 복수를 사용하는가? 마음챙김이 많기 때문이다. 대상이 다르기 때문에 이 마음챙김은 복수이다. 그러면 도(magga)는 왜 단수인가? '도'라는 뜻에서 하나이기 때문이다. 이 네 가지 마음챙김도 도라는 뜻에서는 하나가 된다.

그래서 "도라는 것은 어떤 뜻에서 도인가? 열반으로 간다는 뜻에서, 열반을 원하는 자들이 가야 한다는 뜻에서 [도이다]."56)라고 설하였다. 이들은 넷이지만 그때부터 몸 등의 대상들에 대해서 역할을 성취하면서 열반으로 가기 때문에, 또 열반을 원하는 자들이 처음부터 가기 때문에, 넷이지만 하나의 도라고

---

56) 본서 85쪽 참조

말하는 것이다. 이런 경우 문법의 수의 결정에 의해 가르침도 결정된다.

이것은 다음의 경우와 같다. "비구들이여, 마라의 군대를 쳐부수는 도를 그대들에게 설하리라. … 그것을 잘 들으라. 무엇이 마라의 군대를 쳐부수는 도인가? 바로 이 일곱 가지 깨달음의 구성요소(七覺支)들이다.(S.v.99)"라고 설하셨다. 즉, 마라의 군대를 쳐부수는 것과 일곱 가지 깨달음의 구성요소들은 뜻으로는 하나이지만 [단수와 복수의] 숫자만 다른 것처럼 '유일한 길인 도'라는 것과 '네 가지 마음챙김의 확립'이라는 것도 뜻으로는 하나이고 [단수와 복수의] 숫자만 다르다. 그러므로 도라는 뜻에서 하나이기 때문에 단수이고 대상에 따라서 마음챙김은 많기 때문에 복수라고 알아야 한다.

그런데 왜 세존께서는 많지도 적지도 않게 네 가지만으로 마음챙김의 확립을 설하셨는가?

(1) 제도될 사람들의 이익을 위해서이다. [세존께서는] ① 갈애의 기질을 가진 자 ② 사견의 기질을 가진 자 ③ 사마타의 길을 가는 자 ④ 위빳사나의 길을 가는 자 등 제도될 사람들에 대해 둔하고 예리함을 기준으로 두 부류씩 나누셨다.

① 갈애의 기질을 가진 둔한 자에게는 조대한 몸(身)을 관찰하는 마음챙김의 확립이, 예리한 자에게는 미세한 느낌(受)을 관찰하는 마음챙김의 확립이 청정에 이르는 도(visuddhimagga)라고

설하셨다.

② 사견의 기질을 가진 둔한 자에게는 지나치게 세분되지 않은 마음(心)을 관찰하는 마음챙김의 확립이, 예리한 자에게는 아주 세분된 심리현상(法)을 관찰하는 마음챙김의 확립이 청정에 이르는 도라고 하셨다.

③ 사마타의 길을 가는 둔한 자에게는 별 어려움 없이 표상을 얻는 첫 번째인 [몸을] 관찰하는 마음챙김의 확립이, 예리한 자에게는 거친 대상에 머무르지 않기 때문에 두 번째인 [느낌을] 관찰하는 마음챙김의 확립이 청정에 이르는 도라고 하셨다.

④ 위빳사나의 길을 가는 자도 둔한 자에게는 지나치게 세분되지 않은 대상인 세 번째인 [마음을] 관찰하는 마음챙김의 확립이, 예리한 자에게는 아주 세분된 대상인 네 번째인 [법이 청정에 이르는 도라고 설하셨다]. 이처럼 많지도 적지도 않게 네 가지만을 설하셨다.

(2) 혹은, 깨끗하고(淨) 즐겁고(樂) 항상하고(常) 자아(我)라는 전도된 생각을 제거하기 위해서 [네 가지로 설하셨다]. 몸은 부정하다. 거기에 대해서 깨끗하다는 전도된 생각으로 헤매는 것이 중생들이다. 그들에게 여기에 대한 부정함을 보여줌으로써 그 전도된 생각을 버리게 하기 위해서 첫 번째인 몸에 대한 마음챙김의 확립을 설하셨다. 비록 느낌과 마음과 법을 각각 즐겁고 항상하고 자아라고 움켜쥐더라도 느낌은 괴로움이고 마음은 무

상하고 법들은 무아이다. 그러나 중생들은 이들에 대해서 즐겁고 항상하고 자아라는 전도된 생각으로 헤맨다. 그들에게 괴로운 상태 등을 보여줌으로써 그 전도된 생각을 버리게 하기 위해서 나머지 세 가지를 설하셨다.

이와 같이 깨끗하고 즐겁고 항상하고 자아라는 전도된 생각을 제거하기 위해서 많지도 적지도 않게 네 가지만을 설하셨다고 알아야 한다.

⑶ 전도된 생각을 제거하기 위해서 뿐만 아니라 사실은 네 가지 폭류, 속박, 번뇌, 매듭, 취착, 태어날 곳을 제거하고 네 가지 음식을 철저하게 알게 하기 위해서 네 가지만을 설하셨다고 알아야 한다. 이것은 『넷띠빠까라나(Nettippakaraṇa, 指道論)』에서 설명하는 방법이다.

그런데 [옛 싱할리] 주석서에서는 '억념(saraṇa)으로서 마음챙김의 확립은 하나이고, 또 하나의 상태로 들어감(ekatta-samosaraṇa)에 따라서도 마음챙김의 확립은 하나이지만 대상에 따라서는 네 가지이다'라고 설했다. 마치 네 개의 대문을 가진 도시로 동쪽에서 오는 자는 동쪽 지방에서 생산된 물품을 가지고 동쪽 문을 통해서, 남쪽, 서쪽, 북쪽에서 오는 자는 각각의 지방에서 생산된 물품을 가지고 각각의 문을 통해서 도시에 들어오는 것처럼 이것도 그와 같다고 알아야 한다. 여기서 도시란 열반이라는 대도시이며 대문은 출세간의 팔정도이며 동, 남, 서,

북쪽은 몸, 느낌, 마음, 법과 같다.

① 마치 동쪽에서 오는 자는 동쪽 지방에서 생산된 물품을 가지고 동쪽 문을 통해서 도시에 들어오는 것처럼 몸을 관찰하는 입구를 통해서 [열반의 도시로] 들어가는 자는 14가지 방법으로 몸의 관찰을 닦고, 몸의 관찰을 닦는 그 힘으로 인해 생긴 성스러운 도로써 하나인 열반에 도달한다.

② 마치 남쪽에서 오는 자는 남쪽 지방에서 생산된 물품을 가지고 남쪽 문을 통해서 도시에 들어가는 것처럼 느낌을 관찰하는 입구를 통해서 들어가는 자는 9가지 방법으로 느낌의 관찰을 닦고, 느낌의 관찰을 닦는 그 힘으로 인해 생긴 성스러운 도로써 하나인 열반에 도달한다.

③ 마치 서쪽에서 오는 자는 서쪽 지방에서 생산된 물품을 가지고 서쪽 문을 통해서 도시에 들어가는 것처럼 마음을 관찰하는 입구를 통해서 들어가는 자는 16가지 방법으로 마음의 관찰을 닦고, 마음의 관찰을 닦는 그 힘으로 인해 생긴 성스러운 도로써 하나인 열반에 도달한다.

④ 마치 북쪽에서 오는 자는 북쪽 지방에서 생산된 물품을 가지고 북쪽 문을 통해서 도시에 들어가는 것처럼 법을 관찰하는 입구를 통해서 들어가는 자는 5가지 방법으로 법의 관찰을 닦고, 법의 관찰을 닦는 그 힘으로 인해 생긴 성스러운 도로써 하나인 열반에 도달한다.

이와 같이 억념으로서 마음챙김의 확립은 하나이고, 또 하나의 상태로 들어감에 따라서도 마음챙김의 확립은 하나이지만 대상에 따라서는 네 가지라고 알아야 한다.

1-3. "무엇이 네 가지인가? 비구들이여, 여기 비구는 몸에서 몸을 관찰하며(身隨觀) 머문다. 세상에 대한 욕심과 싫어하는 마음을 버리면서 근면하게, 분명히 알아차리고 마음챙기는 자 되어 머문다. 느낌들에서 느낌을 관찰하며(受隨觀) 머문다. 세상에 대한 욕심과 싫어하는 마음을 버리면서 근면하게, 분명히 알아차리고 마음챙기는 자 되어 머문다. 마음에서 마음을 관찰하며(心隨觀) 머문다. 세상에 대한 욕심과 싫어하는 마음을 버리면서 근면하게, 분명히 알아차리고 마음챙기는 자 되어 머문다. 법에서 법을 관찰하며(法隨觀) 머문다. 세상에 대한 욕심과 싫어하는 마음을 버리면서 근면하게, 분명히 알아차리고 마음챙기는 자 되어 머문다."

무엇이 네 가지인가(katame cattāro)라는 것은 설명을 하기 위해 던진 질문이다.

여기서(idha)라는 것은 이 교법(sāsana)에서라는 말이다.

비구들이여(bhikkhave)라는 것은 법을 배울 사람을 지칭한다. **비구는**(bhikkhu)이라는 것은 도닦음(paṭipatti)을 성취할 사람을 나타내는 술어이다. 물론 신들이나 인간들도 도를 이룰 수 있지만 비구가 되는 것이 도를 닦는데 가장 수승하다고 보기 때문에 '비구가'라고 말씀하신 것이다. 세존의 교계(anusāsani)를 받아들임에 있어서 비구들이 최상이니, 모든 측면을 가진 교계를 받아들일 그릇(bhājana)이 되기 때문이다. 그러므로 최고로 수승하기 때문에 '비구'라고 말씀하셨다. 이렇게 받아들이면 나머지도 인정하는 것이다. 마치 왕이 행차할 때에 왕을 인정하면 나머지 수행원들도 인정하는 것과 같다.

그리고 도를 닦는 자는 누구나 비구라고 이름한다. 그러므로 도닦음을 통해서도 비구의 신분을 보기 때문에 '비구가'라고 말씀하셨다. 도를 닦는 자는 신이든 인간이든 모두 비구라는 명칭을 가지게 된다. 그래서 말씀하셨다.

장엄을 하건 않건 평등하게 유행하고
만 생명에 대해 몽둥이를 내려놓고
고요하고 절제하며 분명하여 청정범행을 닦는 자,
그가 바라문이고 사문이고 비구이다.(Dhp.40)

몸에서(kāye)라는 것은 '물질로 된 몸에서(色身)'라는 뜻이다. 여기서 물질로 된 몸을 머리털, 몸털, 손발톱, 이빨 등 신체의 각 부분들의 집합(samūha)이라는 뜻에서 '까야(kāya, 몸)'라고 지칭한다. 마치 코끼리 떼(hatthikāya)나 마차의 무리(rathakāya) 등에서 [까야라는 단어가 사용되는] 것처럼.

그리고 집합의 뜻에서 몸이라고 하는 것처럼 혐오스런 것(kucchita)들의 출생지(āya)라는 뜻에서 몸(kāya)이라 지칭한다. 즉 가장 넌더리나는 혐오스러운 것들의 출생지라고 해서 몸

(kāya)이라 한다. 출생지란 생긴 곳이다. 이것은 문자적인 뜻이다. 그곳으로부터 왔다고 해서 출생지이다. 무엇이 출생하는가? 혐오스러운 머리털 등이다. 이처럼 혐오스런 것들의 출생지라고 해서 몸이라 한다.

몸을 관찰하며(身隨觀)(kāyānupassī)라는 것은 몸에 대해서 관찰하는 습관이 배었거나 몸을 관찰하는 자를 말한다. '몸에 대해서'라고 말하고 또 다시 '몸을 관찰하며'라고 몸 [이라는 단어]를 취한 것은—

(1) [대상이] 섞이지 않도록 확정 짓는 것과 단단하게 덩어리진 것을 분해하는 것 등을 보이기 위해서라고 알아야 한다. 즉,

① 몸에서 느낌(受)이나 마음(心)이나 법(法)을 관찰하는 것이 아니라 오직 몸만을 관찰한다. 그러므로 몸이라는 대상에서 몸을 관찰하는 형태를 보여줌으로써 [대상이] 섞이지 않도록 확정 짓는 것을 보이신 것이다.

② 아울러 몸에서 사지나 부분을 떠나서 [전체로] 하나의 상태(ekadhamma)로도 관찰하지 않고, 머리털·몸털 등을 떠나서 여자와 남자로도 관찰하지 않는다. 여기서 머리털·몸털 등은 사대와 사대에서 파생된 [물질]의 덩어리라 불리는 몸이다. 여기에 대해서도 근본물질(四大)과 파생된 물질57)을 떠나서 [전체

---

57) 근본물질과 파생된 물질에 대해서는 『아비담마 길라잡이』 526-27을 참조할 것.

로] 하나의 상태라고 관찰하지 않는다.

마치 마차의 구성요소를 관찰하듯이 사지나 부분들의 집합으로 관찰한다. 마치 도시를 구획별로 관찰하는 것처럼 머리털과 몸털 등의 집합으로 관찰한다. 마치 파초의 줄기와 잎과 껍질을 분리하듯이, 빈주먹을 펴듯이, [몸을] 오직 근본물질과 파생된 물질의 덩어리로 관찰한다. 이처럼 여러 가지 측면에서 몸이라 불리는 대상을 [여러 요소들의] 집합된 덩어리라고 보임으로써 단단하게 덩어리진 것을 분해하는 것을 보이셨다. 앞에서 설한 대로 집합이라는 것을 떠나 몸이라거나 여자라거나 남자라거나 다른 어떤 법(dhamma)으로 보지 않는다. 그러나 중생들은 앞서 설한 단지 여러 법(法)들이 모인 집합에 대해서 그릇된 천착을 하게 된다. 그래서 옛 스승들은 말씀하셨다.

[개념적으로]58) 보는 것은 본 것이 아니고

[개념적으로] 본 것은 [여실히] 보지 못한 것이다.

어리석은 자는 [여실히] 보지 못해 묶이고

묶여서는 벗어나지 못하누나.

③ '단단하게 덩어리진 것을 분해하는 것 등을 보이기 위해서' 라고 설한 데서 '등(ādi)'이라는 단어로는 다음의 뜻을 알아야 한다. 이 사람은 이 몸에서 오직 몸을 관찰(隨觀)할뿐 다른 어떤 법도 관찰하지 않는다는 뜻이다. 마치 물이 아닌 신기루를 보고 물

---

58) 괄호 안의 단어들은 복주서(DAṬ) 해당부분을 참조하여 넣었다.

을 찾는 사람들처럼 무상이요 괴로움이요 무아요 부정한 이 몸에 대해 항상하다거나 즐겁다거나 자아라거나 깨끗함을 관찰하지 않는다. 참으로 몸을 관찰하는 자는 무상이요 괴로움이요 무아요 부정한 형태의 집합을 관찰하는 자라는 뜻이다.

혹은 "비구들이여, 여기 비구는 숲으로 가서 … 마음챙겨 들이쉰다."는 등의 방법으로 들숨과 날숨 등의 미세한 것에서부터 뼈에 이르기까지의 몸이 설해졌으며 "여기 어떤 자들은 땅의 요소로 된 몸을, 물의 요소로 된 몸을, 불의 요소로 된 몸을, 바람의 요소로 된 몸을, 머리털이라는 몸을, 몸털이라는 몸을, 피부라는 몸을, 내피라는 몸을, 살점이라는 몸을, 피라는 몸을, 근육이라는 몸을, 뼈라는 몸을, 골수라는 몸을 무상하다고 관찰한다.(Ps.ii.232)"라고 『무애해도』에서 몸을 설하셨다. 이 모든 것을 오직 이 몸에서 관찰하기 때문에 몸에서 몸을 관찰한다고 이와 같은 [방법으로도] 그 뜻을 알아야 한다.

(2) 혹은 몸에 대해서 '나'라거나 '내 것'이라고 거머쥘 만한 그 어떤 것도 보지 않고 오히려 머리털, 몸털 등 여러 것의 집합이라고 관찰하기 때문에 몸에서 머리털 등의 현상의 집합이라 불리는 몸을 관찰한다고 그 뜻을 알아야 한다.

(3) 나아가서 "이 몸에서 무상함을 관찰하고 항상함을 관찰하지 않는다"는 등의 순서대로 『무애해도』에 전해오는 방법인 무상의 특징에서부터 시작하여 모든 특징들을 가진 집합이라는 몸

을 관찰하기 때문에 몸에서 몸을 관찰한다고 그 뜻을 보아야 한다. 이처럼 참으로 몸에서 몸을 관찰하는 수행을 하는 비구는 이 몸을 무상하다고 관찰하는 등의 다음 일곱 가지 관찰을 닦는다.

① 무상하다고 관찰하며 항상하다고 관찰하지 않는다. ② 괴로움이라고 관찰하며 행복이라고 관찰하지 않는다. ③ 무아라고 관찰하며 자아가 있다고 관찰하지 않는다. ④ 역겨워하지(nibbindati) 즐거워 않는다. ⑤ 탐욕을 빛바래게 하지(virajjati) 탐욕에 물들지 않는다. ⑥ 소멸시키지(nirodheti) 일어나게 하지 않는다. ⑦ 완전히 놓아버리지(paṭinissajjati) 움켜쥐지 않는다.

그는 '무상하다고 관찰하며 항상하다는 인식(saññā)을 버린다. 괴로움이라고 관찰하며 즐거움이라는 인식을 버린다. 무아라고 관찰하며 자아라는 인식을 버린다. 역겨워하면서 즐거워함을 버린다. 탐욕을 빛바래게 하면서 탐욕을 버린다. 소멸시키면서 일어남을 버린다. 완전히 놓아버리면서 움켜쥠을 버린다.'라고 알아야 한다.

머문다(viharati)는 것은 자세를 취한다(iriyati)는 말이다.

근면하게(ātāpī, 근면한 자)라는 것은 삼계에서 오염원들을 태워버리기 때문에 근면함이며 이것은 정진의 다른 이름이다. 근면함이 그에게 있기 때문에 '근면한 자'이다.

분명히 알아차리고(sampajāna)란 분명하게 알아차림(sampajañña)이라는 지혜(ñāṇa)를 구족한 것이다.

마음챙기는 자(satimā)라는 것은 몸을 철저하게 파악하는 (pariggāhika, 把持, 把握) 마음챙김을 구족한 자라는 뜻이다. 그는 이 마음챙김으로 대상을 철저하게 거머쥐고 통찰지(반야)로써 관찰한다. 왜냐하면 마음챙김이 없는 자에게 관찰이 있을 수 없기 때문이다. 그래서 말씀하셨다. "비구들이여, 마음챙김은 모든 곳에 유익하다고 나는 말한다.(S.v.115)" 그러므로 '몸에서 몸을 관찰하며 머문다'고 여기서 몸을 관찰하는 마음챙김의 확립을 말씀하셨다.

혹은, 근면하지 않은 사람은 안으로 위축되는 장애가 있다. 분명하게 알아차리지 못하는 자는 바른 방법을 취하는 것에도 또한 바르지 못한 방법을 멀리하는 것에도 미혹하게 된다. 마음챙김을 잊어버린 자는 바른 방법을 버리지 않는 것과 바르지 않은 방법을 놓아버리는 것에 능숙하지 못하다. 하여 그는 그 명상주제를 성취하지 못한다. 그러나 특정한 법들의 도움으로 그것을 성취하는바, 그 법들을 보여주기 위해서 '근면하게, 분명히 알아차리고 마음챙기는 자 되어'라고 설하셨다고 알아야 한다.

이처럼 몸을 관찰하는 마음챙김의 확립과 관련된 부분을 보여준 뒤 이제 버려야 할 부분을 보여주기 위해 **세상에 대한 욕심과 싫어하는 마음**59)**을 버리면서**(vineyya loke abhijjhā-domanassaṁ)

---

59) 여기서 싫어하는 마음으로 옮긴 원어는 domanassa이다. 「대념처경」에서 domanassa는 크게 두 가지 문맥에서 나타난다. 하나는 dukkha-domanassa이고 다른 하나는 여기서 나타나는 abhijjhā-

라고 설하셨다. 여기서 **버리면서**(vineyya)라는 것은 반대되는 법으로 대처함에 의한 버림과 억압함에 의한 버림으로써 버린다는 뜻이다.

세상에 대한(loke)이란 '바로 그 몸에 대한'이란 뜻이다. 왜냐하면 여기서 몸은 무너진다는 뜻에서(lujjana-palujjanaṭṭhena) 세상을 의미한다. 그런데 단지 몸에 대한 욕심과 싫어하는 마음만을 버린다는 것이 아니라 느낌 등에 대해서도 버린다. 그러므로 "다섯 가지 취착하는 무더기(五取蘊)들도 또한 세상이다.(Vbh.195 등)"라고 『위방가』(分別論)에서 설하셨다.

혹은 세상이라 부르기 때문에 그 법들을 주석하는 방법에 따라 이것을 설하셨다. 그러나 "여기서 무엇이 세상인가? 이 몸이 바로 세상이다.(Vbh.195)"라고 설한 이것이 여기서 뜻하는 것이다. [몸이라는] 이 세상에 대한 욕심과 싫어하는 마음을 버리면서라고 이처럼 문구를 결합하여 사용해야 한다.

그런데 여기서 **욕심**(abhijjhā)은 감각적 욕망을 포함하고 **싫어하는 마음**(domanassa)은 악의를 포함한다. 그러므로 여기서 [다섯 가지] 장애(五蓋)에 포함된 이 두 가지 강한 법을 보여줌으로써 장애를 버리는 것을 설하신 것이라고 알아야 한다.

개별적으로는 여기서 ① 욕심을 버림으로써 몸의 안락함에 바탕한 만족을 버림을 설하셨고, 싫어하는 마음을 버림으로써 몸

---

domanassa이다. 역자는 본서에서 전자를 '육체적 고통과 정신적 고통'으로 후자를 '욕심과 싫어하는 마음'으로 구분해서 옮겼다.

의 불편함에 바탕한 불만족을 버림을 설하셨다. 같이하여 ② 욕심을 버림으로써 몸을 기뻐함을 버림을, 싫어하는 마음을 버림으로써 몸을 닦음에서 오는 기뻐하지 않음을 버림을 ③ 욕심을 버림으로써 몸에 있지도 않은 깨끗함과 행복 등을 끌어안는 것을 버림을, 싫어하는 마음을 버림으로써 몸에 실재하는 부정함과 불행 등을 밀쳐내는 것을 버림을 설하셨다.

이렇게 함으로써 수행자의 수행의 힘(yoga-anubhāva)과 수행의 능력(yoga-samatthatā)을 밝히셨다. 만족과 불만족으로부터 벗어나고, 기뻐함과 기뻐하지 않음을 견디고, 실재하지 않은 것을 끌어안음과 실재하는 것을 밀쳐냄이 없는 그것이 바로 수행의 힘이다. 만족과 불만족으로부터 벗어나고, 기뻐함과 기뻐하지 않음을 견디고, 실재하지 않은 것을 끌어안지 않고 실재하는 것을 밀쳐내지 않는 자가 수행의 능력이 있는 자다.

다른 [설명]방법은 이러하다. **몸에 대해서 몸을 관찰한다**(隨觀)는 구절에서는 관찰을 통한 명상주제를 설하셨다. **머문다**는 것은 앞서 설한대로 머묾으로써 명상주제를 챙기는 자(kammaṭṭhānika)의 몸을 보호하는 것을 설하셨다. **근면하게**라는 등에서 근면함이라는 단어로 바른 노력을, **마음챙김**과 **분명하게 알아차림**이라는 단어로 모든 경우의 명상주제나 혹은 명상주제를 챙기는 방법을 설하셨다. 혹은 마음챙기면서 몸을 관찰함으로써 사마타를 증득함을 설하셨고, 분명하게 알아차림으로써 위빳사나를 설하셨으며, 탐욕과 싫어하는 마음을 버림으로써 수행의 결과(phala)60)를 설하셨다고 알아야 한다.

한편 『위방가』(分別論)에서는 이렇게 설명하고 있다.

"**관찰하는 [자]**(anupassi)라고 했다. 여기서 어떤 것이 관찰(anupassanā, 隨觀)인가? 통찰지, 통찰함, 간별, 꿰뚫어 간별함, 법의 간택(擇法), 식별, 영민함, 능숙함, 숙달됨, 뛰어남, 사색, 자세히 관찰함, 광대한 지혜, 주도면밀함, 내관, 분명하게 알아차림, 잣대, 통찰지, 통찰지의 기능, 통찰지의 힘, 통찰지의 능력, 통찰지의 궁전, 통찰지의 빛, 통찰지의 광명, 통찰지의 광휘로움, 통찰지의 보배, 미혹 없음, 법의 간택, 바른 견해 — 이를 일러 관찰이라 한다. 이런 관찰을 얻었다, 잘 얻었다, 증득했다, 잘 증득했다, 갖추었다, 잘 갖추었다라고 해서 '관찰하는 자'라 한다."

"**머문다**(viharati)는 것은 처한다, 되어간다, 달려간다, 영위한다, 살아간다, 움직인다, 머문다라고 해서 머문다고 한다. **근면한 [자]**(ātāpi)라고 했다. 여기서 어떤 것이 근면(ātāpa)인가? 정진을 시작함, 부지런함, 노력, 애씀, 힘씀, 전력, 분발, 강인함, 강건함, 해이하지 않고 애씀, 강함을 내려놓지 않음, 용감함을 내려놓지 않음, 용감함을 움켜쥠, 정진, 정진의 기능, 정진의 힘, 정정진의 심리현상 — 이를 일러 근면이라 한다. 이런 근면함을 얻었

---

60) 『장부 주석서』의 「대념처경 주석」에는 bhāvanā-bala(수행의 힘)로 나타나고 『중부 주석서』의 「염처경 주석」에는 bhāvanā-phala(수행의 결과)로 나타나는데 수행의 결과가 문맥상 더 적합하므로 이렇게 옮겼다.

다, 잘 얻었다, 증득했다, 잘 증득했다, 갖추었다, 잘 갖추었다라고 해서 '근면한 자'라 한다."

"**분명히 알아차리는** [자](sampajāna)라 했다. 여기서 어떤 것이 분명하게 알아차림(sampajañña)인가? 통찰지, 통찰함, 간별, 꿰뚫어 간별함, 법의 간택(擇法), 식별, 영민함, 능숙함, 숙달됨, 뛰어남, 사색, 자세히 관찰함, 광대한 지혜, 주도면밀함, 내관, 분명하게 알아차림, 잣대, 통찰지, 통찰지의 기능, 통찰지의 힘, 통찰지의 능력, 통찰지의 궁전, 통찰지의 빛, 통찰지의 광명, 통찰지의 광휘로움, 통찰지의 보배, 미혹 없음, 법의 간택, 바른 견해 — 이를 일러 분명하게 알아차림이라 한다. 이런 분명하게 알아차림을 얻었다, 잘 얻었다, 증득했다, 잘 증득했다, 갖추었다, 잘 갖추었다라고 해서 '분명히 알아차리는 자'라 한다."

"**마음챙기는 자**(satimā)라고 했다. 여기서 어떤 것이 마음챙김인가? 마음챙김, 계속해서 생각함(隨念), 돌이켜 기억함, 억념, 간직함, 떠다니지 않음, 잊어버리지 않음, 마음챙김, 마음챙김의 기능, 마음챙김의 힘, 바른 마음챙김(正念) — 이를 일러 마음챙김이라 한다. 이런 마음챙김을 얻었다, 잘 얻었다, 증득했다, 잘 증득했다, 갖추었다, 잘 갖추었다라고 해서 '마음챙기는 자'라 한다."

"**세상에 대한 욕심과 싫어하는 마음을 버리면서**(vineyya loke abhijjhādomanassaṁ)라고 했다. 여기서 어떤 것이 세상(loka)인가? 바로 이 몸(kāya)이 세상이다. 다섯 가지 취착하는 무더기(五取蘊)들도 또한 세상이다. 이를 일러 세상이라 한다."

"여기서 어떤 것이 **욕심**(abhijjhā)인가? 애욕, 애정, 친밀함, 순응, 기뻐함, 욕탐, 마음의 애착 — 이를 일러 욕심이라 한다. 여기서 어떤 것이 **싫어하는 마음**(domanassa)인가? 불편한 심리현상, 고통스런 심리현상, 마음에 닿아서 생긴 불편하고 괴로운 느낌 — 이를 일러 싫어하는 마음이라 한다."

"이와 같이 이 세상에서 이런 욕심과 이런 싫어하는 마음을 길들인다, 잘 길들인다, 잔잔하게 한다, 고요하게 한다, 가라앉힌다, 사라지게 한다, 철저히 사라지게 한다, 없어지게 한다, 철저히 없어지게 한다, 마르게 한다, 깡마르게 한다고 해서 '세상에 대한 욕심과 싫어하는 마음을 버리면서'라고 했다."(Vbh.194-95)

이와 같이 이 단어들의 뜻을 설명하셨다. 본 주석서의 설명방법에도 이것은 그대로 적용된다고 알아야 한다. 이것이 먼저 몸을 관찰하는 마음챙김의 확립에 대해서 그 요점(uddesa)의 뜻을 설명한 것이다.

그 다음에 '느낌들에 대해서 … 마음에 대해서 … 법들에 대해서 법을 관찰하며 머문다. 세상에 대한 욕심과 싫어하는 마음을 버리면서 근면하게, 분명히 알아차리고 마음챙기는 자 되어 머문다.'라는 이들 문장에서 '느낌들에 대해서 느낌을 관찰하며'라는 등의 느낌과 마음과 법에 관한 것도 몸의 관찰에서 설한 방법대로 알아야 한다.

여기서 느낌(vedanā)은 [즐겁고, 괴롭고, 괴롭지도 즐겁지도 않은] 세 가지가 있다. 이것은 세간적인 것이다. 마음(citta)도 세간적인 것이고 법도 마찬가지이다. 이들의 분류는 뒤의 세부적인 설명(niddesa)에서 분명하게 밝혀질 것이다. 관찰해야 할 느낌이 그 어떤 것이든 그것을 다만 그대로 관찰하는 것이 **느낌들에 대해서 느낌을 관찰함**이라고 알아야 한다. 이 방법은 마음과 법의 관찰에도 꼭 같이 적용된다.

그러면 어떻게 느낌을 관찰해야 하는가? 즐거운 느낌은 고통이라고, 괴로운 느낌은 화살이라고, 괴롭지도 즐겁지도 않은 느낌은 무상하다고 [관찰해야 한다]. 이렇게 말씀하셨기 때문이다.

행복을 고통이라 보고
괴로움을 화살이라 여기며,
괴롭지도 즐겁지도 않은 저 평화로운 느낌을
무상이라 보는 바른 안목을 가진
그러한 비구야말로 고요하게 유행할 것이다.(S36:5/iv.207)

이 모든 [느낌들은] '괴로움'이라고 관찰되어야 한다. "느껴진 것은 모두 괴로움에 속한다고 나는 말한다.(S36:11/iv.216)"라고 말씀하셨기 때문이다. 느낌은 즐거움과 괴로움의 측면에서도 관찰되어야 한다. "즐거운 느낌은 머무르면 즐거움이요 변하면 괴로움입니다. 괴로운 느낌은 머무르면 괴로움이요 변하면 즐거움입니다. 괴롭지도 즐겁지도 않은 느낌은 지혜가 있으면 즐거움이요 지혜가 없으면 괴로움입니다.(M44/i.303)"라고 상세하게 설명되었기 때문이다. 나아가서 느낌을 무상함 등의 일곱 가지 관찰로써 관찰해야 한다. 나머지는 나중에 세부적인 설명에서 분명하게 밝혀질 것이다.

마음과 법에 대해서도, 우선 마음은 ① 대상, 지배, 함께 생김, 세계, 업, 과보, 단지 작용만 함 등의 여러 분류에 따라 ② 무상 등의 관찰에 따라 ③ 세부적인 설명에서 전해 내려오는 애욕과 함께함 등의 분류에 따라 관찰되어야 한다. 법은 ① 개별적 특징과 보편적 특징에 따라 ② 공한 성질에 따라 ③ 무상 등의 일곱 가지의 관찰에 따라 ④ 세부적인 설명에서 전해 내려오는 고요함 등의 분류에 따라 관찰되어야 한다. 나머지는 앞서 설한 방법과 같다.

물론 여기서 몸이라 불리는 세상에 대한 욕심과 싫어하는 마음을 버린 자는 그의 느낌 등에 대해서도 욕심과 싫어하는 마음을 당연히 버린다. 그러나 인간이 각양각색이고 또 마음의 매 순간(心刹那)에 마음챙김의 확립을 닦음이 다양하기 때문에 모든 곳에서 [세상에 대한 욕심과 싫어하는 마음을 버림을] 설하셨다. 혹은 한 곳에서 버리면 다른 것들에 대해서도 버린다. 그러므로 그곳에서도 버림을 보여주기 위해서 이것을 설하셨다고 알아야 한다.

II. 몸의 관찰(身隨觀)

II-1. 들숨날숨에 대한 마음챙김

2-1. "비구들이여, 어떻게 비구는 몸에서 몸을 관찰하며 머무는가? 비구들이여, 여기 비구는 숲 속에 가거나 나무 아래에 가거나 외진 처소에 가서 가부좌를 틀고 몸을 곧추세우고 전면에 마음챙김을 확립하여 앉는다. 그는 마음챙겨 숨을 들이쉬고 마음챙겨 숨을 내쉰다. 길게 들이쉬면서 '길게 들이쉰다'고 꿰뚫어 알고(pajānāti), 길게 내쉬면서 '길게 내쉰다'고 꿰뚫어 안다. 짧게 들이쉬면서 '짧게 들이쉰다'고 꿰뚫어 알고, 짧게 내쉬면서 '짧게 내쉰다'고 꿰뚫어 안다. '온 몸을 경험하면서 들이쉬리라' 며 공부짓고(sikkhati) 온 몸을 경험하면서 내쉬리라'며 공부짓는다. '신행(身行)을 편안히 하면서 들이쉬리라'며 공부짓고 '신행을 편안히 하면서 내쉬리라'며 공부짓는다."

먼저 예를 들자. 바구니 만드는 숙련공은 거친 돗자리와 섬세한 돗자리와 상자와 바구니와 자루 등의 가재도구들을 만들고자 할 때 큰 대나무 하나를 네 등분으로 자른 다음에 그 각각의 대나무 토막을 다시 쪼개어서 그런 가재도구들을 만든다. 그와 같이 세존께서도 마음챙김의 확립을 가르치시면서 중생들로 하여금 다양한 형태의 수승함을 터득하게 하시려고 하나인 바른 마음챙김(sammā-sati, 正念)을 가지고 먼저 대상에 따라 그것을 네 등분으로 자르셨다. 그래서 '네 가지 마음챙김이 있나니 무엇이 네 가지인가? 비구들이여, 여기 비구는 몸에서 몸을 관찰하며(身隨觀) 머문다.'라는 등의 방법으로 설하신 것이다.

그런 다음에 이제 그 하나하나의 마음챙김의 확립을 취해서 먼저 몸을 분석하시면서 '비구들이여, 어떻게'라는 등의 방법으로 세부적인 설명(niddesa)을 시작하신다.

여기서 **어떻게**(kathaṁ)라는 등은 상세하게 설명하기 위한 질문이다. '비구들이여, 어떤 형태로 비구는 몸에서 몸을 관찰하며 머무는가?'라는 것이 이것의 간략한 뜻이다. 이 방법은 모든 질문에 다 적용된다.

비구들이여, 여기 비구는이라는 것은 '비구들이여, 이 교법에서 비구는'이라는 말이다. **여기**(idha)라는 단어는 몸을 관찰하는 [공부를] 짓는 사람이 모든 측면에서 의지할 곳인 교법을 드러냄과 동시에 다른 교법에는 이러한 것이 없음을 보여준다. 이렇게 말씀하셨기 때문이다. "비구들이여, 오직 여기에만 사문이 있다. … 다른 교법에는 사문들이 텅 비어있다.(M11/i.64)"라고. 그러므로 '이 교법에서 비구는'이라고 말씀하신 것이다.

숲 속에 가거나 나무 아래에 가거나 외진 처소에 가서라는 것은 마음챙김의 확립을 닦기에 적절한 거처를 취하는 것을 밝히는 것이다.

비구의 마음은 [출가하기 이전에] 실로 오랜 세월을 형상 등의 대상들에 산만해져있어서 명상주제를 챙기는 과정으로 들어가려 하지 않는다. 그것은 마치 사나운 황소에 멍에를 멘 달구지가 길을 벗어나서 달려가는 것과 같다.

예를 들면, 소치기가 사나운 암소의 젖을 마음껏 마시면서 자란 사나운 송아지를 길들이려 할 때 그 암소로부터 송아지를 떼어내어 한 곁에 큰 기둥을 박고서 그곳에 고삐를 매어 묶어 놓을 것이다. 그때 그 송아지는 이리저리 날뛰어도 도망갈 수 없게 되자 그 기둥을 의지하여 앉거나 누울 것이다.

그와 같이 이 비구도 오랜 세월을 형상 등의 대상들이라는 맛난 것을 마시면서 자란 사나운 마음을 길들이고자 하면 형상 등의 대상으로부터 떨어져 나와 숲이나 나무 아래나 빈방으로 들어가서 거기서 마음챙김을 확립하는 대상이라 불리는 그 기둥에 마음챙김의 고삐를 매어 묶어야 한다. 그러면 그 마음은 이리저리 날뛰더라도 오랫동안 탐닉하던 대상을 얻지 못하게 되고 마음챙김의 고삐를 자르고 도망칠 수 없어서 이제 근접 [삼매]와 본 [삼매]를 통해서 그 [마음챙김을 확립하는] 대상을 의지하여 앉거나 눕는다. 그래서 옛 스승들은 말씀하셨다.

여기서 마치 송아지 길들이는 자가

기둥에 묶는 것처럼
자신의 마음을 마음챙김으로써
대상에 굳게 묶어야 한다.

이것이 그의 수행에 어울리는 거처이다. 그래서 마음챙김의 확립을 닦기에 적절한 거처를 취하는 것을 밝힌 것이라고 했다.

나아가서 이 들숨날숨에 대한 마음챙김의 확립(出入息念處)은 몸의 관찰 가운데서도 아주 섬세하고, 모든 부처님과 벽지불과 성문들이 특별함을 증득하여 지금 여기서 행복하게 머무는 기초가 된다. 이 들숨날숨에 대한 마음챙김의 확립은 여자나 남자나 코끼리나 말 등의 소리가 시끄러운 마을을 떠나지 않고서는 성취하기가 쉽지 않다. 소리는 선(禪)의 가시이기 때문이다. 그러나 마을이 없는 숲에서는 수행자가 쉽게 이 명상주제를 거머쥐고(把持, 把握) 들숨날숨을 통해 제4선에 이르고 그 선(禪)을 기초로 삼아 상카라(行)들을 명상하고서 가장 높은 과위인 아라한과에 이를 수 있다. 그러므로 그에게 적절한 거처를 보이기 위해 세존께서 '숲 속에 가거나'라고 시작하셨다.

세존은 마치 터를 보는 기술(宅地學)의 대가와 같다. 그 택지학의 대가는 계획도시의 땅을 본 뒤 자세히 검증하고 나서 '여기 도시를 건설하라'고 지시한다. 안전하게 도시가 만들어졌을 때 그는 왕가로부터 큰 영광을 얻는다. 이와 같이 세존은 수행자에게 적절한 거처를 검증한 뒤 '여기서 명상주제를 들어라'고 지시하신다. 나중에 그곳에서 명상주제를 든 수행자가 아라한과를 얻었을 때 "참으로 세존은 정등각이시다."라고 세존은 큰 영광을 얻는다.

이런 비구는 표범과 같다고 말한다. 마치 거대한 표범의 왕이 밀림의 풀 속 깊숙이, 숲 속 깊숙이, 바위산 속 깊숙이 숨어서 야생 물소나 야생 황소나 멧돼지 등 야수들을 잡듯이 숲 속 등에서 명상주제에 전념하는 비구는 차례대로 네 가지 도와 네 가지 성스러운 과를 얻는다. 그러므로 옛 스승들은 말씀하셨다.

> 마치 표범이 잠복하여 야수들을 잡듯이
> 부지런히 수행하고 위빳사나를 닦는
> 부처님의 아들도 숲 속에 들어가서
> 최상의 과위를 증득합니다.(Miln.369)

그러므로 그에게 수행을 촉진하기에 적절한 곳으로 숲 속의 거처를 보이면서 세존께서 '숲 속에 가거나'라고 말씀을 시작하셨다. 이후의 이 들숨날숨에서 설명해야 할 것은 『청정도론』에서 이미 설했다.(이하 『청정도론』의 해당부분(VIII.158-185) 가운데 일부를 발췌해서 옮긴다.)

[청정도론 VIII]: 158 **숲 속에 가거나**: 여기서 숲이란 "마을의 경계인 석주 밖을 나가면 모든 것은 숲이다"와 "숲 속 거처란 오백 활 길이만큼 떨어진 곳이다"로 설명하였다.61) 이런 특징을

---

61) 『청정도론』 II.49.

가진 숲들 가운데서 한적함의 즐거움을 가진 어떤 숲 속에 가서. **나무 아래에 가거나:** 나무 근처에 가서. **외진 처소에 가서:** 비었고 한적한 공간에 가서. 여기서 숲과 나무 아래를 제외하고 나머지 일곱 가지 장소62)에 간 것도 외진 처소에 간 것이라고 말할 수 있다.

159. 이와 같이 세 계절에 적절하고, 세 가지 체액과 기질에 적절하고,63) 들숨날숨에 대한 마음챙김을 닦기에 적절한 거처를 보이시고, 해이함이나 들뜸에 빠지지 않는 고요한 자세를 보이시면서 **앉는다**라고 설하셨다. 그 다음에 앉아있는 자세의 고정된 상태와 들숨날숨이 쉽게 일어남과 대상을 파악하는 방편을 보이시면서 **가부좌를 틀고**라고 시작하셨다.

160. **가부좌:** 넓적다리를 완전히 맞물리게 해서 앉는 것이다. **틀고:** 고착시키고, **몸을 곧추 세우고:** 몸을 곧바로 세우고서, 열여덟 개의 등뼈의 끝이 다른 끝에 닿도록 두고. 이와 같이 앉을 때 그의 피부와 살과 힘줄이 꼬이지 않는다. 만약 그들이 꼬이면 그것으로 인해 순간순간에 느낌들이 일어나겠지만 [바르게 앉

---

62) "바위, 낭떠러지, 동굴, 묘지, 밀림, 노지, 짚더미이다.(Pm. 218)"
63) "여름 등 세 계절과 가래 등 세 체액과 무지한 기질 등 세 기질에 적절한의 뜻이다. 왜냐하면 여름에는 숲 속이 적절하고, 겨울에는 나무 아래가, 우기에는 빈 방이 적절하다. 가래가 많은 사람에게 숲 속이, 쓸개즙이 많은 사람에게 나무 아래가, 바람이 많은 사람에게 빈 방이 적절하다. 무지한 기질의 사람에게 숲 속이, 성내는 기질의 사람에게 나무 아래가, 탐하는 기질의 사람에게 빈 방이 적절하다.(Pm. 218)"

앉기 때문에] 일어나지 않는다. 그들이 일어나지 않을 때 그의 마음은 하나가 된다. 명상주제로부터 떨어지지도 않고, 오히려 [특별함을 얻기 위해] 증장하고 강해진다.

161. 전면에 마음챙김을 확립하고: 명상주제를 향하여 마음챙김을 두고, 혹은 "접두어 pari(둘레에, 원만히)는 철저히 파악한다는 뜻이고, mukhaṁ(입, 얼굴)은 출구의 뜻이며, sati(마음챙김)는 확립한다는 뜻이다. 그러므로 parimukhaṁ satiṁ(철저히 파악하여 출구가 되는 마음챙김)이라고 설했다.(Ps.i.176)" 이와 같이 『무애해도』에서 설한 방법에 따라서도 이 뜻을 알아야 한다. 간략히 설하면 '철저히 파악하여 [반대되는 심리현상인 잊어버림으로부터] 출구인 마음챙김을 [공부] 짓고'라는 뜻이다.

162. 그는 오직 마음챙기면서 숨을 들이쉬고 마음챙기면서 숨을 내쉰다: 그 비구는 이와 같이 앉아서 이와 같이 마음챙김을 확립한 뒤 그 마음챙김을 버리지 않고 오직 마음챙기면서 숨을 들이쉬고 마음챙기면서 숨을 내쉰다.

164. 길게 들이쉬면서: 들숨을 길게 일으키면서. "앗사사(assaasa)는 밖으로 나가는 바람이고, 빳사사(passaasa)는 안으로 들어오는 바람이다"라고 율장의 주석서에서 설했다. 그러나 경장의 주석서에서는 그 반대의 뜻으로 설했다. 모든 태아들이 모태로부터 나올 때에 처음에 안의 바람이 밖으로 나온다. 그 다음에 밖의 바람이 가는 먼지와 함께 안으로 들어가면서 입천장에

닿아 멸한다. [그로 인해 유아는 재치기를 한다]. 이와 같이 우선 들숨날숨을 알아야 한다.

165. 들숨날숨의 길고 짧음은 시간으로서 알아야 한다. 일정한 공간의 범위를 채우고 있는 물이나 혹은 모래를 긴 물, 긴 모래, 짧은 물, 짧은 모래라고 한다. 코끼리와 뱀의 몸의 경우 들숨과 날숨은 미세하고 아주 미세하여 몸이라 부르는 그들의 긴 공간을 천천히 채우고 천천히 나간다. 그러므로 길다고 한다. 개와 토끼 등의 경우 몸이라 불리는 짧은 공간을 급히 채우고 급히 나간다. 그러므로 짧다고 한다.

166. 인간들의 경우 어떤 자는 코끼리와 뱀의 경우처럼 긴 시간을 통해 길게 들이쉬고 내쉰다. 어떤 자는 개나 토끼의 경우처럼 짧게 한다. 그러므로 시간에 따라 오랜 시간 동안 나가고 들어오는 것이 긴 것이고, 짧은 시간 동안 나가고 들어오는 것이 짧은 것이라고 알아야 한다.

(이상 『청정도론』 인용 끝)64)

2-2. "비구들이여, 마치 숙련된 도공이나 도공의 도제가 길게 돌리면서 '길게 돌린다'고 꿰뚫어 알고 짧게 돌리면서 '짧게 돌린다'고

---

64) 이상으로 『청정도론』 인용을 줄인다. '들숨날숨에 대한 마음챙김(出入息念)'에 관한 『청정도론』의 설명은 수행의 아주 중요한 지침이다. 〈초기불전연구원〉에서는 이미 『청정도론』(I/II/III, 대림스님 번역)과 『들숨날숨에 대한 마음챙김』(대림스님 번역)을 번역·출간하였으므로 더 자세한 내용은 이 책들을 참조하기 바란다.

꿰뚫어 아는 것처럼, 그와 같이 비구는 길게 들이쉬면서는 '길게 들이쉰다'고 꿰뚫어 알고 … '신행을 편안히 하면서 내쉬리라'며 공부짓는다."

"이와 같이 안으로 몸에서 몸을 관찰하며(身隨觀) 머문다. 혹은 밖으로 몸에서 몸을 관찰하며 머문다. 혹은 안팎으로 몸에서 몸을 관찰하며 머문다. 혹은 몸에서 일어나는 현상(法)을 관찰하며 머문다. 혹은 몸에서 사라지는 현상을 관찰하며 머문다. 혹은 몸에서 일어나기도 하고 사라지기도 하는 현상을 관찰하며 머문다. 혹은 그는 '몸이 있구나'라고 마음챙김을 잘 확립하나니 지혜만이 있고 마음챙김만이 현전할 때까지. 이제 그는 [갈애와 사견에] 의지하지 않고 머문다. 그는 세상에서 아무 것도 움켜쥐지 않는다. 비구들이여, 이와 같이 비구는 몸에서 몸을 관찰하며 머문다."

비구들이여, 마치 숙련된 도공이나라는 것은 비유일 뿐이다. 아직 증득하지 않은 것에 대해 숙련된 자가 **능숙한 자**(dakkho)이다. **길게 돌리면서**(dīghaṁ vā añchanto)라는 것은 큰북의 가죽 등에 새길 때에 손과 발을 펴서 길게 끌어당기는 것을 말한다. **짧게 돌리면서**라는 것은 상아통과 바늘통에 새길 때에 조금씩 짧게 끌어당기는 것을 말한다.

이와 같이라는 것은 이와 같이 이 비구는 길거나 짧게 일어난 들숨과 날숨을 통해서 길게 들이쉬면서는 길게 들이쉰다고 꿰뚫어 알고 … 라고 공부짓는다.

그가 이와 같이 공부지을 때 들숨과 날숨을 표상으로 하여 네 가지 禪이 일어난다. 그는 禪으로부터 출정하여 들숨과 날숨이나 혹은 禪의 구성요소들을 파악한다.

여기서 들숨과 날숨을 닦는 자는 "이 들숨과 날숨은 무엇을 의지하는가? 토대를 의지한다. 토대란 육체(karaja-kāya)이고 육체란 네 가지 근본물질과 파생물질이다."라고 이와 같이 물질(rūpa)을 파악한다. 그 다음에 동일한 대상을 가진 감각접촉(觸)을 다섯 번째로 하는65) 정신(nāma)을 파악한다.

이와 같이 정신·물질을 파악한 뒤 그것의 조건을 탐구하면서 무명으로 시작하는 연기(緣起)를 본다. "이것은 참으로 조건과 조건 따라 생긴 법일 뿐이지 중생이나 인간이라 할 어떤 것도 없다."라고 의심을 건너서 조건지워진 정신·물질에 대해 [무상·고·무아의] 삼특상을 제기하여 위빳사나를 증장시키면서 순차적으로 아라한과를 얻는다. 이것이 비구가 아라한까지 되는 출구가 된다.

---

65) phassa-pañcamaka는 문자대로 '감각접촉을 다섯 번째로 하는 것'이다. 그런데 아래 179쪽에는 감각접촉(phassa, 觸) 느낌(vedanā, 受), 인식(saññā, 想), 의도적 행위(saṅkhāra, 行, 혹은 의도, cetanā), 알음알이(viññāṇa, 識)의 순서로 나타나고 있으므로 알음알이를 다섯 번째로 하는 것이라 불러야 한다. 그러나 이렇게 부르면 오온을 뜻하는 것도 되기 때문에 오온에 포함되지 않는 촉을 강조하여 '감각접촉을 다섯 번째로 하는 것'이라는 표현을 사용하고 있다.

禪을 닦는 자도 "이 禪의 구성요소들은 무엇을 의지하는가? 토대를 의지한다. 토대란 육체이다. 禪의 구성요소는 정신이고, 육체란 물질이다."라고 정신·물질을 구분한 뒤 그것의 조건을 탐구하면서 무명으로 시작하는 연기(緣起)를 본다. "이것은 참으로 조건과 조건 따라 생긴 법일 뿐이지 중생이나 인간이라 할 어떤 것도 없다."라고 의심을 건너서 조건지워진 정신·물질에 대해〔무상·고·무아의〕삼특상을 제기하여 위빳사나를 증장시키면서 순차적으로 아라한과를 얻는다. 이것이 비구가 아라한까지 되는 출구가 된다.

이와 같이 안으로(iti ajjhattaṁ vā)라는 것은 이와 같이 자신의 들숨과 날숨이라는 몸에 대해서 몸을 관찰하며 머무는 것을 말한다.

혹은 밖으로(bahiddhā vā)라는 것은 남의 들숨과 날숨이라는 몸에 대해서이다.

혹은 안팎으로(ajjhatta-bahiddhā vā)라는 것은 때로는 자신의 들숨과 날숨을 때로는 남의 들숨과 날숨이라는 몸에 대해서이다. 이것은〔수행자의 마음이〕 아주 능숙해진 명상주제를 내려놓지 않고〔안팎으로〕거듭해서 움직이는 때를 말하는 것이다. 그러나〔안팎을 관찰하는〕이 두 가지는 같은 시간엔(ekasmiṁ kāle) 일어나지 못한다.

혹은 일어나는 현상(法)**을 관찰하며**(samudayadhammānupassī

vā)라는 것은 마치 대장장이의 자루와 풀무의 튜브와 적절한 노력을 반연하여 바람이 계속해서 움직이듯 비구의 육체와 콧구멍과 마음을 반연하여 들숨과 날숨이라는 몸이 계속해서 움직인다. 몸 등의 현상을 일어나는 현상이라 한다. 이런 현상들을 보면서 '혹은 몸에서 일어나는 현상을 관찰하며 머문다'라고 설하셨다.

혹은 사라지는 현상을 관찰하며라는 것은 마치 자루를 치워버리거나 풀무의 튜브가 부서지거나 적절한 노력이 없으면 그 바람은 생기지 않듯이 몸이 무너지고 콧구멍이 부서지거나 마음이 소멸하면 들숨과 날숨이라는 몸은 생기지 않는다. 그러므로 몸 등이 소멸할 때 들숨과 날숨도 소멸한다고 보면서 '혹은 몸에서 사라지는 현상을 관찰하며 머문다'라고 설하셨다.

혹은 일어나기도 하고 사라지기도 하는 현상을 관찰하며라는 것은 때로는 일어남을 때로는 사라짐을 관찰하며라는 말이다.

'몸이 있구나'라고(atthi kāyo ti vā pan' assa)하는 것은 '다만 몸이 있을 뿐이고 중생도 없고 인간도 없고 여자도 없고 남자도 없고 자아도 없고 자아에 속하는 것도 없고 나도 없고 내 것도 없고 어느 누구도 없고 누구의 것도 없다'라고 하는 것이다. 이와 같이 그는 마음챙김을 확립한다.

~때까지(yāvad eva)라는 것은 목적을 한정하여 설명하는 것이다. 이것은 이런 말이다. 이 마음챙김을 확립하는 것은 다른 것을 위해서가 아니다. 다만 지혜를 위하여, 계속해서 더 넓고

더 높이 지혜를 키우고 마음챙김을 크게 하기 위해서, 즉 마음챙김과 분명하게 알아차림을 증장하기 위해서라는 뜻이다.

이제 그는 의지하지 않고 머문다(anissito ca viharati): 갈애와 사견에 의지하던 것을 이제 의지하지 않고서 머문다.

그는 세상에서 아무 것도 움켜쥐지 않는다(na ca kiñci loke upādiyati): 세상에서 물질이나 느낌이나 인식이나 의도들이나 혹은 알음알이를 "이것은 나의 자아라거나 자아에 속하는 것"이라고 움켜쥐지 않는다.

이와 같이(evam pi)라는 것은 앞의 뜻을 취하여 연결하기 위해서이며 그래서 pi(역시)라는 단어를 사용했다. 이것으로 세존께서는 들숨과 날숨의 설명을 마무리 지으신다.

여기서 들숨과 날숨을 철저하게 파악하는 마음챙김은 괴로움의 진리(苦諦)이다. 그 [마음챙김을] 일어나게 한 이전의 갈애는 일어남의 진리(集諦)이다. 이 둘이 생기지 않음이 소멸의 진리(滅諦)이다. 괴로움을 철저히 알아 일어남을 버리고 소멸을 대상으로 가지는 성스러운 도가 도의 진리(道諦)이다. 이와 같이 네 가지 성스러운 진리로써 노력하여 적멸(nibbuti)을 얻는다. 이것이 들숨과 날숨을 통해서 입문한 비구가 아라한까지 되는 출구가 된다.

II-2. 네 가지 자세(四威儀)

3. "다시 비구들이여, 비구는 걸어가면서 '걷고 있다'고 꿰뚫어 알고, 서있으면서 '서있다'고 꿰뚫어 알며, 앉아있으면서 '앉아있다'고 꿰뚫어 알고, 누워있으면서 '누워있다'고 꿰뚫어 안다. 또 그의 몸이 다른 어떤 자세를 취하고 있든 그 자세대로 꿰뚫어 안다."

"이와 같이 안으로 몸에서 몸을 관찰하며(身隨觀) 머문다. … 그는 세상에서 아무 것도 움켜쥐지 않는다. 비구들이여, 이와 같이 비구는 몸에서 몸을 관찰하며 머문다."

이와 같이 들숨과 날숨을 통해서 몸을 관찰하는 법을 분석하고 이제 자세를 통해서 분석하기 위해서 **다시**(puna ca' param)라는 등을 말씀하셨다.

여기서 개와 자칼 등도 가면서 간다고 아는 것이 당연하겠지만 여기서는 이런 형태의 앎을 두고 말하지 않았다. 이런 앎은 중생이라는 소견을 버리지 못하고 자아라는 인식을 제거하지 못하기 때문에 명상주제나 마음챙김의 확립을 닦지 못한다. 그러나 이 비구의 앎은 중생이라는 소견을 버리고 자아라는 인식을 제거하기 때문에 명상주제나 마음챙김의 확립을 닦게 된다. 왜냐하면 이것은 '누가 가는가. 이 가는 것은 누구에게 속하는가. 무슨 작용으로 가는가.'라고 분명하게 알아차리는 것을 두고 설했기 때문이다. 서있는 등의 경우에도 이 방법이 적용된다.

여기서 '누가 가는가?' — 어떤 중생이나 인간이 가는 것이 아니다.

'가는 것은 누구에게 속하는가?' — 가는 것은 중생이나 인간이라 할 어떤 자에게 속하는 것이 아니다.

'무슨 작용으로 가는가?' — 마음의 작용에서 생긴 바람의 요소(風界)의 움직임에 의해서 간다. 그러므로 그는 이와 같이 꿰뚫어 안다. '가리라'고 마음이 일어나면 그것은 바람을 생기게 하고 바람은 암시(viññatti)66)를 생기게 하여 마음의 작용에서 생긴 바람의 요소의 움직임에 의해서 온 몸이 앞으로 움직이면 그것을 '가는 것'이라고 부른다.

서있는 등의 경우에도 이 방법이 적용된다.

그와 같이 '서리라'고 마음이 일어나면 그것은 바람을 생기게 하고 바람은 암시를 생기게 하여 마음의 작용에서 생긴 바람의 요소의 움직임에 의해서 온 몸이 아래로부터 곧게 서는 상태를 '서는 것'이라 부른다.

'앉으리라'고 마음이 일어나면 그것은 바람을 생기게 하고 바람은 암시를 생기게 하여 마음의 작용에서 생긴 바람의 요소의 움직임에 의해서 몸의 아랫부분은 구부리고 몸의 윗부분은 곧은 상태로 하는 것을 '앉는 것'이라 부른다.

---

66) 암시에 대해서는 『아비담마 길라잡이』 553-54를 참조할 것.

'누우리라'라고 마음이 일어나면 그것은 바람을 생기게 하고 바람은 암시를 생기게 하여 마음의 작용에서 생긴 바람의 요소의 움직임에 의해서 온 몸이 옆으로 펴지는 것을 '눕는 것'이라 부른다.

그가 이와 같이 꿰뚫어 알 때 '중생이 가고 중생이 선다고 말하지만 참뜻은 중생이라 할 어떤 이가 가거나 서는 것이 아니다'라고 일컫게 된다. 이것은 마치 '수레가 가고 수레가 선다'라고 말하지만 수레라고 이름붙일 어떤 것이 가거나 서는 것이 아니라 네 마리 소에 멍에를 매어 솜씨 좋은 마부가 몰 때 '수레가 가고 수레가 선다'라는 단지 일상생활에서 통용되는 언어(vohāra)가 있는 것과 같다. 여기서 몸은 [자신이 가고 서고 앉고 누우면서도 이를] 알지 못하기 때문에 수레에 비유된다. 마음의 작용에서 생긴 바람은 [수레를 끌고 가는] 소에 비유된다. 그리고 마음은 마부에 비유된다.

그와 같이 '가리라 서리라'는 마음이 일어날 때 바람의 요소가 암시를 일으키면서 생겨나고 마음의 작용에서 생긴 바람의 요소의 움직임에 의해서 가는 것 등이 생기며 그래서 '중생이 간다. 중생이 선다. 나는 간다. 나는 선다.'라고 한다. 이것은 단지 일상생활에서 통용되는 언어일 뿐이다. 그래서 [옛 스승이] 말씀하셨다.

    마치 배가 바람의 힘으로 가고

화살이 활줄의 힘으로 가듯이
이 몸도 그와 같이 바람에 의해서 가나니
꼭두각시가 실에 따라 가듯.
마음의 줄에 묶인 이 몸이란 꼭두각시도
그것에 따라 가고 서고 앉거늘
아무런 원인과 조건 없이
자신의 힘으로 서거나 갈 수 있는
그 무엇이 있어, 여기 그것을 일러
중생이라 하리.

그러므로 이와 같이 원인(hetu)과 조건(paccaya)에 따라 생긴 '감' 등을 주시하면서 걸어가면서는 '걷고 있다'고 꿰뚫어 알고, 서있으면서는 '서있다'고 꿰뚫어 알며, 앉아있으면서는 '앉아있다'고 꿰뚫어 알고, 누워있으면서는 '누워있다'고 꿰뚫어 안다고 알아야 한다.

또 그의 몸이 다른 어떤 자세를 취하고 있든 간에 그 자세대로 꿰뚫어 안다는 것은 [몸의 자세를] 모두 포함하는 표현이다. 이렇게 말씀하신 것이다. 어떤 형태로 몸이 놓여있더라도 각각의 형태대로 그것을 꿰뚫어 알아야 한다. 가는 형태를 통해서 '서 있다가 간다(ṭhitaṁ gacchati)'라고 꿰뚫어 알고, 서고 앉고 눕는 형태를 통해서 '서 있다가 눕는다'라고 꿰뚫어 안다.

이와 같이 안으로: 이와 같이 자신의 네 가지 자세를 파악함으

로써 몸에서 몸을 관찰하며 머문다.

혹은 밖으로: 남의 네 가지 자세를 파악함으로써 몸에서 몸을 관찰하며 머문다.

혹은 안팎으로: 때로는 자신의 때로는 남의 네 가지 자세를 파악함으로써 몸에서 몸을 관찰하며 머문다는 말이다.

혹은 일어나는 현상을 관찰하며라는 등에 대해 무명이 일어나기 때문에 물질이 일어난다는 등의 방법으로 다섯 가지 측면에서 물질의 무더기(色蘊)의 일어남과 사라짐을 분명히 이해해야 한다. 이것을 두고 **혹은 일어나는 현상을 관찰하며**라는 등으로 설하셨다.

혹은 그는 '몸이 있구나'라고 등은 앞서 설한 것과 같다.

여기서 네 가지 자세를 파악하는 마음챙김은 괴로움의 진리이다. 그 [마음챙김을] 일어나게 한 이전의 갈애는 일어남의 진리이다. 이 둘이 생기지 않음이 소멸의 진리이다. 괴로움을 철저히 알아 일어남을 버리고 소멸을 대상으로 가지는 성스러운 도가 도의 진리이다. 이와 같이 네 가지 성스러운 진리로써 노력하여 적멸을 얻는다. 이것이 네 가지 자세를 통해서 입문한 비구가 아라한까지 되는 출구가 된다.

II-3. 분명하게 알아차림

4. "다시 비구들이여, 비구는 나아갈 때도 물러날 때도 [자

신의 거동을] 분명히 알면서(正知) 행한다(sampajānakāri). 앞을 볼 때도 돌아볼 때도 분명히 알면서 행한다. 구부릴 때도 펼 때도 분명히 알면서 행한다. 가사·발우·의복을 지닐 때도 분명히 알면서 행한다. 먹을 때도 마실 때도 씹을 때도 맛볼 때도 분명히 알면서 행한다. 대소변을 볼 때도 분명히 알면서 행한다. 걸으면서·서면서·앉으면서·잠들면서·잠 깨면서·말하면서·침묵하면서도 분명히 알면서 행한다."

"이와 같이 안으로 몸에서 몸을 관찰하며(身隨觀) 머문다. … 그는 세상에 대해서 아무 것도 움켜쥐지 않는다. 비구들이여, 이와 같이 비구는 몸에서 몸을 관찰하며 머문다."

이와 같이 자세를 통해서 몸의 관찰을 분석하고 이제 네 가지 분명하게 알아차림(正知)을 통해 분석하기 위해서 **다시 비구들이여**라는 등을 말씀하셨다. 여기서 **나아갈 때도**라는 등은 「사문과경 주석」에서 이미 설명되었다.67)

나아갈 때도라는 것은 가는 것이고 **물러설 때도**라는 것은 되돌아오는 것이다. 이 둘은 네 가지 자세에서 다 얻어진다.

우선 갈 때 앞으로 몸을 옮겨가는 것을 '나아간다(abhikkama)'라고 하며 되돌아오는 것을 '물러선다(paṭikkama)'라고 한다.

---

67) 『장부 주석서』(DA)의 「대념처경 주석」은 이처럼 『장부 주석서』의 「사문과경(D2) 주석」을 참조하도록 하고 간략하게 마무리하고 있다. 이하 네 가지 분명하게 알아차림(正知)에 대한 긴 주석은 모두 『중부 주석서』(MA)의 「염처경 주석」에 나타나는 것이다.

서있을 때 서있는 자가 몸을 앞으로 기울이는 것을 '나아간다'고 하며 뒤로 기울이는 것을 '물러선다'고 한다.

앉아있을 때 앉은 자가 자리의 앞부분으로 향하여 움직이는 것을 '나아간다'라고 하며 뒷부분을 향해서 뒤로 움직이는 것을 '물러선다'라고 한다.

누워 있는 경우에도 이 방법이 적용된다.

분명하게 알아차리면서 행한다는 것은 분명하게 알면서 모든 행위를 하거나 분명하게 아는 것만을 오직 행하는 것을 말한다. 그는 나아가는 것 등에 대해서 분명하게 알아차림을 행하며 어디서든 분명하게 알아차림이 없지 않기 때문이다. 여기서 분명하게 알아차림에는 (1) 이익됨을 분명하게 알아차림(sātthaka-sampajañña) (2) 적당함을 분명하게 알아차림(sappāyasampajañña) (3) 영역을 분명하게 알아차림(gocara-sampajañña) (4) 미혹하지 않음을 분명하게 알아차림(asammoha-sampajañña)의 네 가지 분명하게 알아차림이 있다. 이제 이들 각각을 살펴보자.

(1) [이익됨을 분명하게 알아차림(sātthaka-sampajañña)]: 먼저, 나아가는 마음이 일어날 때에 그 마음만을 통해서 가지 않고 '내가 여기에 가서 무슨 이익이 있는가? 아니면 없는가?'라고 이익이 있음과 없음을 잘 파악한다. 이처럼 이익을 분명히 파악하는 것을 '이익됨을 분명하게 알아차림'이라고 한다.

여기서 이익이란 탑을 참배하고 보리수를 참배하고 승가대중을 친견하고 장로를 친견하고 부정함을 관찰하는 등을 통해서 법을 증장시키는 것이다. 탑이나 보리수를 참배한 것으로도 부처님을 대상으로 하는 희열을 일으키고, 승가대중을 친견하여 승가를 대상으로 하는 희열을 일으킨 뒤 그것에 대해 부서지는 것이고 사라지는 것이라고 명상하면서 아라한과를 얻는다.

장로들을 친견한 뒤 그들의 경책을 받고, 부정함을 관찰하여 거기서 초선을 일으킨 뒤 그것에 대해 부서지는 것이고 사라지는 것이라고 명상하면서 아라한과를 얻는다. 그러므로 이들을 친견하는 것은 이익이 있는 것이다. 그런데 어떤 자들은 '물질적인 소득도 이익이 있는 것이다. 그것을 의지하여 청정범행을 돕는 도를 닦기 때문이다.'라고 말하기도 한다.

(2) [적당함을 분명하게 알아차림(sappāya-sampajañña)]: 그가 갈 때에 적당함과 적당하지 않음을 식별한 뒤 적당함을 취하는 것이 '적당함을 분명하게 알아차림'이다.

즉 탑을 참배하는 것은 이익이 있다. 그러나 만일 탑에 예배드리는 큰 행사가 열려 10유순이나 12유순까지 대중들이 운집해 있는데 남녀 모두가 각자 자기의 부유함에 걸맞게 화려하게 치장하고 화장한 채 움직이고 있어 거기서 그가 원하는 대상에 탐욕이 일어나거나, 원하지 않는 대상에 대해서 적대감이 일어나거나, 예기치 못했던 것에 대해서 어리석음이 일어나게 되거나, 혹은 직접적으로 속인과 교제를 하게 되거나, 생계유지와 청정범행에 장애가 된다면 그런 장소는 적당하지 않다. 이런 종류의 장애가 없을 땐 적당하다. 보리수를 참배하는 것 등에도 이 방법은 적용된다.

승가대중을 친견하는 것은 이익이 있다. 그러나 만일 마을 안에서 사람들이 큰 천막을 치고 밤새도록 설법을 듣고 있을 때 앞서 말한 형태로 사람들이 운집하는 것은 장애가 된다. 이와 같은 장소는 적당하지 못하다. 장애가 없다면 적당하다. 많은 신도들에 둘러싸인 장로들을 친견하는 것에도 이 방법이 적용된다.

부정함을 관찰(asubhadassana, 不淨觀)하는 것도 이익이 있다. 그 뜻을 명확하게 해주는 일화가 있다. 한 젊은 비구가 사미를 데리고 양치목을 구하러 갔다. 사미는 길을 질러 앞서 가다가 부정한 것을 보고 초선에 들었다. 이것을 기초로 삼아 그는 형성된 것(상카라, 行)들에 대해서 명상하여 세 가지 과를 실현하고 나머지 과(아라한과)를 얻기 위해 명상주제를 들고 서있었다. 젊은 비구는 사미가 보이지 않자,

"사미여"라고 불렀다.

그는 '내가 출가한 날로부터 비구스님이 나를 두 번 부르도록 한 적이 없었다. 그러니 나는 다른 날에 특별함이 생기도록 하리라.'고 생각하고,

"왜 그러십니까, 존자시여"라고 대답했다.

"이리 오너라"고 말하는 한 마디가 떨어지자마자 사미는 그에

게 가서,

"존자시여, 이 길로 가서서 제가 서있었던 곳에서 잠시 북쪽을 향해 서서 쳐다보십시오."라고 말했다.

비구는 그렇게 하고서 특별함을 증득했다. 이와 같이 하나의 부정한 것이 두 사람에게 이익을 주었다. 그러나 이와 같이 이익이 있다 하더라도 남자에게 여자의 부정한 것은 적당하지 못하고 여자에게는 남자의 부정한 것이 적당하지 못하다. 같은 성에 속하는 것이 적당하다. 이와 같이 적당함을 식별하는 것을 '적당함을 분명하게 알아차림'이라 한다.

(3) [영역을 분명하게 알아차림(gocara-sampajañña)]: 이와 같이 이익됨과 적당함을 식별한 자가 38가지 명상주제들에 대해 자신의 마음에 맞는 명상주제라 불리는 영역을 취하여 그것을 들고 걸식할 곳을 가는 것을 '영역을 분명하게 알아차림'이라 한다.

이것을 분명하게 하기 위해서 다음의 네 개조를 알아야 한다. ① 여기 어떤 비구는 [걸식을 갈 때는 명상주제를] 들고 돌아올 때는 들지 않는다. ② 어떤 비구는 갈 때는 들지 않고 돌아올 때는 든다. ③ 어떤 비구는 갈 때도 들지 않고 돌아올 때도 들지 않는다. ④ 어떤 비구는 갈 때도 들고 돌아올 때도 든다.

① 이 가운데 어떤 비구는 낮 동안에는 포행도 하고 앉기도 하면서 장애가 되는 법들로부터 마음을 깨끗하게 하며 밤의 초경

도 이처럼 보내고 중경에 누웠다가 후경에 다시 앉기도 하고 포행을 하기도 하면서 보낸다. 아침 일찍 탑전의 마당과 보리수나무 마당 쓰는 일 등의 소임을 보고, 보리수에 물을 주고, 마실 물과 씻을 물을 가득 채우고, 스승과 은사 스님께 해야 할 소임 등 『율장』의 「칸다까」(Khandhaka, 健度部)에 언급된 모든 소임을 행한다. 그는 몸을 씻고 처소에 들어가 두 번이나 세 번 가부좌를 하여 몸에 온기를 불어넣으면서 명상주제에 전념하고 걸식을 갈 시간에 일어나 명상주제에 전념한 채 발우와 가사를 수하고 거처로부터 나가서 명상주제를 마음에 잡도리하면서 탑전에 간다.

만일 그가 부처님을 계속해서 생각함을 명상주제로 들고 있으면 그것을 내려놓지 않고 탑전으로 들어간다. 만일 다른 명상주제를 들고 있다면 마치 [탑전으로 올라갈 때] 손에 든 물건을 계단 아래에 놓고서 올라가듯이 그것을 그곳에 내려놓고 부처님을 대상으로 생긴 희열을 가지고 탑전으로 올라간다. 만일 그 탑이 크면 세 번 오른쪽으로 돌고 네 곳에서 절을 올린다. 만일 작은 탑이라면 그처럼 오른 쪽으로 돌면서 여덟 곳에서 절을 올린다.

탑에 절을 올리고 보리수 마당으로 들어가서 마치 부처님 세존을 면전에서 뵙듯이 마음을 낮추고 보리수를 참배한다. 그는 이와 같이 탑과 보리수를 참배하고 [명상주제를] 내려놓았던 곳에 가서 마치 내려놓았던 물건을 손으로 드는 것처럼 내려놓았던 명상주제를 들고 마을 근처에서 명상주제에 전념한 채 가사를 정장으로 수하고 걸식을 위해 마을로 들어간다.

그러면 사람들이 그를 보고 "우리 스님이 오셨다"고 마중 나와서 발우를 받아들고 공양하는 누각이나 집에 앉도록 하고 죽을 올리고 밥이 나올 때까지 발을 씻게 하고 기름을 바르게 하고 앞에 앉아서 질문을 하거나 법문을 듣고자 한다. 법문을 청하지 않더라도 사람들에게 호의를 베풀기 위해서 법문을 해야 한다고 주석가들은 설한다. 명상주제를 벗어난 법문이란 없기 때문이다. 그러므로 명상주제를 주 내용으로 법을 설하고 명상주제에 마음을 두면서 음식을 먹은 뒤 덕담을 하고 배웅 나온 사람들에 둘러싸여 마을을 나와서 거기서 사람들을 돌려보내고 왔던 길을 따라 온다. 그러면 그 보다 먼저 떠나서 마을 밖에서 공양을 마친 사미와 젊은 비구들이 그를 보고 따라와서 그의 발우와 가사를 받아든다.

옛날의 스님들은 '이분은 우리 은사 스님이고 법사 스님이시다'라고 생각하면서 절대로 얼굴을 빤히 쳐다보지 않고 공경의 예를 올렸다. 누구를 만나더라도 그렇게 했다. 그 젊은 스님들은 그에게 물었다.

"존자시여, 아까 그 사람들은 외가의 친척들입니까, 아니면 친가의 친척들입니까?"

"무엇을 보고 그렇게 묻는가?"

"그 사람들이 존자님을 크게 존경하고 친밀하게 대해서입니다."

그러자 그는 [우쭐대며], "여보게들, 그들은 부모도 하기 어려운 것을 우리들에게 하고 있다네. 그것은 우리가 발우를 지니고 가사를 수하고 있기 때문이지. 이 [발우와 가사의] 위신력 때문에 우리는 두려운 곳에서도 두려워하지 않고 기근이 와도 굶주리지 않는다네. 참으로 이분들만큼이나 우리에게 도움 줄 분들이 어디 있겠는가?"라고 [명상주제를 놓아버리고] 그들의 공덕을 설하면서 간다.

이것을 일러 [걸식을 갈 때는 명상주제를] 들고 돌아올 때는 들지 않는다고 한다.

② 그런데 아침에 위에서 설한대로 소임을 행하자 업에서 생긴 [배고픔의] 열기가 업에서 생기지 않은 [음식의 영양분을] 다 써버리고 업에서 생긴 [물질을] 섭취하면서부터 몸에서 나는 땀으로 인해 명상주제의 과정에 들지 못한다.

그는 아침에 일찍 발우와 가사를 수하고 빠르게 탑을 참배하고 소들이 풀을 뜯으러 나가는 시간에 죽을 걸식하러 마을에 들어가 죽을 얻어 공양하는 곳에 가서 마신다. 그가 두 세 모금을 들이키면 업에서 생긴 열기가 업에서 생긴 [물질을] 섭취하지 않고 업에서 생기지 않은 [영양분을] 섭취한다. 마치 바가지로 백번이나 물을 끼얹어 목욕한 사람처럼 불의 요소에서 생긴 성가심을 가라앉히고 명상주제에 마음을 두면서 죽을 마저 다 먹고 발우와 입을 씻는다.

[죽]공양을 마치고 명상주제를 마음에 잡도리하고는 나머지 장소에서 마저 탁발을 한 뒤 명상주제에 마음을 둔 채 음식을 먹고 그때부터 [먼저 쏜 화살의] 화살 깃을 따라 다시 화살을 적중시키듯 확립된 명상주제를 들고서 돌아온다. 이것을 일러 '갈 때는 [명상주제를] 들지 않고 돌아올 때는 든다'고 한다.

죽을 마시고 위빳사나를 시작하여 부처님 교법에서 아라한과를 얻은 이런 비구들은 수로 헤아릴 수가 없이 많다. 스리랑카에만도 매 마을마다 공양하는 곳에 자리하고 앉아서 죽을 마시고 아라한과를 얻은 비구가 없는 곳이 없다.

③ 그러나 방일하여 [정진의] 멍에를 내팽개쳐버리고 모든 소임을 소홀히 한 채 다섯 가지의 마음의 굴레에 묶여 머물면서 명상주제라는 것이 있다는 인식조차도 못하고 마을로 걸식을 하러 들어가서는 부적절하게 재가자들과 섞여 쏘다니며 먹고서 헛되이 돌아온다. 이것을 일러 '갈 때도 [명상주제를] 들지 않고 돌아올 때도 들지 않는다'고 한다.

④ 그러나 '어떤 비구는 갈 때도 [명상주제를] 들고 돌아올 때도 든다'고 설한 것은 가고 올 때에 모두 다 [명상주제를 드는] 의무를 [충실히 하는 것이라고] 알아야 한다. 자신의 [향상을] 위하는 선남자들은 교법에 출가하여 열, 스물, 서른, 마흔, 쉰,

백 명과 한 곳에 살면서 정해진 의무를 다하고 지낸다.

'도반들이여, 그대들은 빚 때문에, 두려움 때문에, 생계를 꾸리기 위해 출가한 것이 아니다. 괴로움으로부터 벗어나기 위해 출가하였다. 그러므로 가면서 일어난 오염원들은 가면서 제어하라. 서면서 … 앉으면서 … 누우면서 일어난 오염원들은 누우면서 제어하라.' 그들은 이와 같이 의무를 다하고서 걸식을 가는 도중에 반 우사바(68), 한 우사바, 반 가우따(69), 한 가우따 안에 돌이나 바위들이 있으면 그것을 인식하면서 명상주제를 마음에 잡도리하면서 간다.

만일 가는 도중에 어떤 오염원이 일어나면 거기서 그것을 제어한다. 그처럼 할 수 없으면 멈춘다. 그러면 그의 뒤에 따라오는 비구도 멈춘다. 그는 '이제 [그대가 멈추어 섰으니 뒤따라오는] 비구는 그대에게서 일어난 생각을 알 것이다. 이것은 그대에게 어울리지 않는다'라고 자신을 훈계하고 위빳사나를 증장시키고 성스러운 경지로 들어간다. 이렇게 해서도 안되면 거기서 앉는다. 그러면 뒤따라오는 비구도 앉는다. 이처럼 같은 방법이 적용된다.

그가 비록 성스러운 경지에 들어가지 못하더라도 그 오염원을 억압하고 명상주제를 마음에 잡도리하며 간다. 명상주제를 여읜

---

68) 1 우사바(usabha)는 140 큐빗(cubit, 50㎝ 정도)의 길이임.
69) 1 가우따(gāvuta)는 80 우사바 혹은 1/4 요자나(yojana)의 거리며 대략 2마일정도의 거리임.

마음으로는 발걸음을 옮기지 않는다. 만일 명상주제를 들지 않고 발걸음을 옮기면 다시 이전의 발자국으로 되돌아가서 다시 온다. 마치 마하풋사데와(Mahāphussadeva) 장로처럼.

마하풋사데와 장로는 19년을 [명상주제를 챙기면서 탁발을] 가고 오는 서원을 실천하면서 머물렀다. 길옆에서 쟁기질하고 씨 뿌리고 거두어들이는 일을 하는 사람들도 장로가 그처럼 가는 것을 보고서는 "이 스님은 계속해서 뒤로 돌아와서는 다시 간다. 길을 잃어 버리셨나, 아니면 다른 무엇을 잃어버리셨나?"라고 말하였다. 그는 그것에 상관하지 않고 명상주제에 몰입된 마음으로 사문의 법도를 행하면서 20년째에 아라한과를 얻었다.

그가 아라한과를 증득하던 그 날 경행처의 끝에 사는 신이 손가락으로 불을 밝히면서 서있었다. 사대천왕과 신들의 왕인 제석과 사함빠띠 범천도 시봉을 하러 왔다. 그런 광명을 보고 숲에 사는 마하띳사 장로가 그 다음날 물었다.

"어제 밤에 존자의 곁에서 광명이 나타났습니다. 그것은 무슨 광명인가요?"

장로는 딴청을 부리며 "광명이란 것은 불빛도 있고 보석에서 나는 빛도 있지요."라는 식의 말을 했다.

그가 "숨기시는군요."라고 계속 묻자,

"그렇습니다."라고 인정하고 사실을 말하였다. 검은 넝쿨로 만든 움막에 사는 마하나가 장로처럼.

마하나가(Mahānāga) 장로도 [명상주제를 챙기면서 탁발을] 가고 오는 서원을 실천하면서 처음에는 "세존의 용맹정진을 예경하리라"라고 칠 년을 서서 있거나 경행하는 결심을 실행하였다. 다시 16년을 가고 오는 서원을 실천하고는 아라한과를 얻었다. 그는 명상주제에 전념한 마음으로 발걸음을 옮겼다. 명상주제를 들지 않고 걸음을 옮기면 되돌아가기를 계속하면서 마을로 갔다. "저 자가 소인가, 출가사문인가"라는 의심이 들 정도의 떨어진 곳에 서서 가사를 정장하고 겨드랑이 안에서 물통을 꺼내어 발우를 씻고 물을 입에 머금었다.

무엇 때문인가? 그에게 음식을 올리거나 인사를 하기 위해 사람들이 다가오면 "만수무강하세요"라고 덕담할 때도 명상주제가 흩어지지 않도록 하기 위해서였다.

"큰스님, 오늘이 며칠입니까?"라고 날짜를 묻거나 비구들의 숫자를 묻는 질문을 받기라도 하면 물을 삼키고서 대답했다. 만일 날짜 등을 묻는 질문이 없으면 되돌아 올 때에 마을 어귀에서 뱉어버리고 갔다. 깔람바땟타(Kalambatittha) 승원에 머무는 50명의 비구들도 그렇게 했다.

그들은 칠월 보름에 "아라한과를 얻지 못하면 서로서로 말하지 않으리라"고 서원을 세웠다. 그들은 마을로 탁발을 가면서 물을 한 입 채우고 들어갔다. 날짜 등을 물으면 위에서 말한 대로 대처했다.

그러자 사람들은 그들이 서로 말을 하지 않는 것을 보고 '오늘은 혼자 오셨구나. 오늘은 두 분이 오셨구나.'라고 알아챘다. 그래서 '이분들은 우리와 함께 대화를 하지 않고 서로서로도 이야기를 하지 않는다. 서로서로 말을 하지 않는 것은 분쟁이 생겼기 때문일 것이다. 우리가 화해시켜드려야겠다.'고 생각하고 모두 승원으로 갔다. 그들은 50명의 비구들 가운데 단 두 명의 비구도 한 곳에 있는 것을 보지 못했다. 그러자 그들 중 안목이 있는 사람이 말했다.

"이것 보시오. 분쟁이 생긴 사람들에게 이런 경우는 없소. 탑전과 보리수 뜨락은 빗질이 잘 되었고 빗자루들은 정돈이 잘 되어 있으며 마실 물과 씻을 물도 가득 채워져 있소."

그들은 거기서 물러났다. 그 비구들은 석 달 안에 모두 아라한과를 얻었고 청정한 해제의 자자(自恣)를 거행하였다.

이와 같이 검은 넝쿨로 만든 움막에 사는 마하나가 장로와 깔람바땃타 승원에서 안거를 보낸 비구들처럼 명상주제에 전념한 마음으로 발걸음을 내디디면서 마을근처에 이르러서 물을 한 입 채운다. 길을 잘 관찰하고 술주정뱅이나 노름꾼 등의 시비꾼들이나 사나운 코끼리나 말 등이 없는 길로 들어간다. 거기서 탁발하며 성급하게 서둘러 가지 않는다. 서둘러 탁발하는 두타행이란 결코 없기 때문이다.

마치 물이 울퉁불퉁하게 패인 곳을 만나더라도 동요하지 않고 흘러가듯이 두타행을 하는 자도 동요하지 않으며 간다. 집집마다 순서대로 들어가 베풀 의향이 있는지 없는지를 관찰하기에 적합한 시간을 보내면서 걸식하고 마을 안이나 마을 밖이나 혹은 승원으로 돌아와서 편안하고 적당한 곳에 앉아 명상주제를 마음에 잡도리하면서 음식에 대해 혐오하는 인식70)을 확립한다.

[차주가] 차축을 위해 기름칠을 하는 것과 상처에 연고를 바르는 것과 자기 자식의 살점을 뜯어먹는 비유를 통해 그것을 반조하면서 여덟 가지 조건을 구족한 음식71)을 먹는다. 즐기기 위해서도 아니요 취하기 위해서도 아니요 장엄을 하기 위해서도 아니요 치장을 위해서도 아니다. 다 먹고 나서는 물로 씻고 잠시 식곤증을 누그러뜨린다. 밥 먹기 전처럼 먹고 나서도 명상주제를 마음에 잡도리하며 오전처럼 오후에도 명상주제를 마음에 잡도리한다. 이를 일러 '갈 때도 [명상주제를] 들고 돌아올 때도 든다'고 한다.

'갈 때도 [명상주제를] 들고 돌아올 때도 든다'는 가고 오는 서원을 실천하여 튼튼한 기초를 구족한다면 어린 나이에도 아라

---

70) 음식에 대해 혐오하는 인식은 『아비담마 길라잡이』 753-54를 참조할 것.
71) 경에서는 다음 여덟을 들고 있다.
"그는 숙고하기 때문에 근원적으로 음식을 수용하나니 ① 즐기기 위해서가 아니며 ② 취하기 위해서가 아니며 ③ 치장을 하기 위해서도 아니며 ④ 장식을 위해서도 아니며 ⑤ 단지 이 몸을 지탱하고 ⑥ 유지하고 ⑦ 잔인함을 쉬고 ⑧ 청정범행(梵行)을 잘 지키기 위해서이다.(M2 등)"

한과를 얻게 된다. 만일 초년에 아라한과를 얻지 못하면 중년에, 중년에 얻지 못하면 노년에, 노년에 얻지 못하면 임종시에, 임종시에 얻지 못하면 신이 되어, 신이 되어서도 얻지 못하면 부처님이 계시지 않는 때에 태어나 독각(獨覺, paccekabodhi)을 실현한다.

독각을 실현하지 못하면 부처님들의 회상에 태어나 바히야 다루찌리야 장로처럼 즉시에 초월지(abhiññā)72)를 얻게 되거나 사리뿟따 장로처럼 큰 지혜를 갖게 되거나 마하목갈라나 장로처럼 큰 신통을 갖거나 마하깟사빠 장로처럼 두타행을 하거나 아누룻다 장로처럼 천안을 갖거나 우빨리 장로처럼 율을 호지하거나 뿐나 만따니뿟따 장로처럼 설법하는 자가 되거나 레와따 장로처럼 숲속 거주자가 되거나 아난다 장로처럼 다문이 되거나 부처님의 아들 라훌라 장로처럼 공부짓기를 좋아하게 된다. 이처럼 이 네 가지 가운데에서 갈 때도 [명상주제를] 들고 돌아올 때도 드는 자의 '영역을 분명하게 알아차림'은 최고봉에 이른 것이다.

(4) 나아가고 물러가는 것 등에 대해 미혹하지 않음이 '미혹하지 않음을 분명하게 알아차림(asammoha-sampajañña)'이다. 이

---

72) 초월지 혹은 신통지로 옮긴 'abhiññā'는 'chaḷ-abhiññā(여섯 가지 초월지'라는 술어로 나타나기도 하며 중국에서 六神通으로 옮겼다. 이 가운데서 번뇌 다한 경지(khiṇāsava)인 누진통을 제외한 다섯 가지에 대해서는 『청정도론』 XII와 XIII에 자세히 설명되어있으며 『길라잡이』 9장 §21에 잘 정리되어있으니 참조할 것.

와 같이 알아야 한다. 안목 없는 범부는 나아가는 등에 대해서 '자아가 나아간다. 자아에 의해서 나아감이 생겼다.'라거나 '내가 나아간다. 나에 의해서 나아감이 생겼다.'고 미혹한다. 그러나 여기 비구는 나아가거나 물러날 때에 안목 없는 범부처럼 미혹하지 않는다.

'나아가리라'는 마음이 일어날 때 그 마음과 더불어 마음에서 생겨난 바람의 요소가 암시를 생기게 하면서 일어난다. 이처럼 마음의 작용에서 생긴 바람의 요소의 움직임에 의해서 몸이라 불리는 뼈 무더기가 나아가는 것이다.

그가 이렇게 나아갈 때에 매번 ① 발을 들어올릴 때는(uddharaṇe) 땅의 요소(응고성)와 물의 요소(점착성)라는 두 가지 요소는 낮고 약하며 나머지 두 [요소는] 높고 강하다. 그와 같이 ② 발을 뺄고(atiharaṇe) ③ 옮길 때도(vītiharaṇe) 마찬가지이다. 그러나 ④ [들어올린 발을] 내려놓을 때에는(vossajjane) 불(뜨거움)과 바람(팽창성)의 요소들이 낮고 약하며 나머지 둘은 높고 강하며 ⑤ 발이 땅에 닿고(sannikkhepane) ⑥ 발로 땅을 누를 때도(sannirumbhane) 마찬가지이다.

여기서 들어올릴 때 일어난 정신·물질의 현상(法)들은 뺄 때는 존재하지 않는다. 그처럼 뺄 때 일어난 [정신·물질의 현상들은] 옮길 때는 존재하지 않는다. 옮길 때 일어난 현상들은 내려놓을 때는 존재하지 않는다. 내려놓을 때 일어난 현상들은 땅에 닿을 때는 존재하지 않는다. 닿을 때 일어난 현상들은 누를 때는 존재하지 않는다. 이처럼 계속해서 부분과 부분마다 마디와 마디마다 조각과 조각마다 달구어진 냄비 위에 던져진 참깨처럼 따닥따닥 소리를 내며 빠르게 부서진다. 이럴진대 누가 나아가는 자인가? 이 가는 것은 누구에게 속하는가? 궁극적 의미(paramattha, 구경법)에서 보면 오직 요소(dhātu, 界)들이 가고 요소들이 서고 요소들이 앉고 요소들이 눕는다. 그 각각의 부분에서 물질과 더불어 —

　　일어날 때의 마음은 다른 것이고
　　소멸할 때의 마음은 또 다른 것이어서
　　서로 서로 연속적으로
　　마치 강물의 흐름처럼 일어난다

이와 같이 나아감 등에 대해서 미혹하지 않음을 '미혹하지 않음을 분명하게 알아차림'이라 한다.

앞을 볼 때도 돌아 볼 때도(ālokite vilokite)라는 구절에서 '앞을 봄'이라는 것은 앞을 쳐다보는 것이고 '돌아 봄'이란 다른 방향을 쳐다보는 것이다. 그리고 아래로 위로 뒤로 쳐다봄도 있기 때문에 아래로 봄, 위로 봄, 뒤로 봄이라 부르는 다른 것도 있지만 여기서는 취하지 않는다. 여기에서는 이 두 가지만이 적절하며 혹은 이 둘을 통해서 모든 처다보는 행위가 포함된다.

여기서 '앞을 보리라'는 마음이 일어날 때에 마음을 집중하여 쳐다보면서 뜻을 파악하는 것이 (1) 이익됨을 분명하게 알아차림이다. 이것은 난다(Nanda) 존자를 분명한 증인(kāya-sakkhi)으로 알아야 한다. 세존께서는 말씀하셨다.

"비구들이여, 만일 난다가 동쪽 방향을 보게 되면 마음을 완전히 집중한 채 난다는 동쪽 방향을 본다. '내가 이와 같이 동쪽 방향을 볼 때에 탐욕과 싫어하는 마음의 사악하고 해로운 법들이 흐르지 않기를'이라고 생각하면서 본다. 이처럼 여기서 그는 분명하게 알아차린다. 비구들이여, 만일 난다가 서쪽 방향을 … 북쪽 방향을 … 남쪽 방향을 … 위를 … 아래를 … 간방향을 보게 되면 마음을 완전히 집중한 채 난다는 간방향을 본다. '내가 이와 같이 … 해로운 법들이 흐르지 않기를'이라고 생각하면서 본다. 이처럼 그는 분명하게 알아차린다.(A.iv.167)"

아울러 여기서도 앞에서 언급한 탑을 참배함 등을 통해 (1) 이익됨을 [분명하게 알아차림]과 (2) 적당함을 [분명하게 알아차림을] 알아야 한다. 여기서는 명상주제를 버리지 않음이 바로 (3) 영역을 분명하게 알아차림이다. 그러므로 무더기(蘊), 요소(界), 감각장소(處)를 명상주제로 삼는 자들은 이것을 자신의 명상주제로 하고, 까시나 등의 명상주제를 갖는 자들은 그 명상주제를 상수로 하여 앞으로 보고 돌아보는 것을 행해야 한다.

이 가운데 자아라고 이름붙일 만한 앞으로 보는 자라거나 혹은 돌아보는 자라는 것이 없다. '앞으로 보리라'라고 마음이 일어날 때 그 마음과 더불어 마음에서 일어난 바람의 요소가 생긴다. 바람의 요소는 암시를 생기게 한다. 이처럼 마음의 작용에서 생긴 바람의 요소의 움직임에 의해서 아래의 눈까풀이 아래로 내려가고 위의 눈까풀은 위로 올라갈 뿐이지 여는 행위자가 있지 않다. 이렇게 되면 눈의 알음알이가 보는 역할을 실행하면서 일어난다. 이와 같이 분명하게 알아차리는 것을 여기서는 (4) 미혹하지 않음을 분명하게 알아차림이라 한다.

나아가서 ㉠ 근원을 철저하게 앎과 ㉡ 손님의 상태와 ㉢ 일시적인 상태를 통해서도 '미혹하지 않음을 분명하게 알아차림'을 알아야 한다.

㉠ 근원을 철저하게 앎을 통해서는 이제 —

바왕가(잠재의식)와 전향과 봄과 받아들임과
조사와 결정과 일곱 번째인 자와나가 있다.[73]

여기서 바왕가는 태어남으로서의 존재[74]의 구성인자 역할을 실행하면서 일어난다. 이 [바왕가]로부터 전향한 뒤 단지 작용

---

73) 이들 용어들에 대해서는 『아비담마 길라잡이』 292쪽 이하를 참조할 것.
74) 존재(bhava)에는 두 가지가 있는데 업으로서의 존재(kamma-bhava, 業有)와 태어남으로서의 존재(upapatti-bhava, 生有)이다. 이중에서 업 그 자체가 존재이기 때문에 업으로서의 존재이다. 그와 마찬가지로 태어남 그 자체가 존재이기 때문에 태어남으로서의 존재이다. 여기서 태어남은 존재하기 때문에 존재(바와)라 한다. 그러나 업은 존재의 원인이기 때문에 결과라는 이름 하에 존재라 한다고 알아야 한다.(『청정도론』 XVII.250)

만 하는 마노의 요소(意界)가 전향하는 역할을 실행하면서 [일어
나고], 이것이 소멸하면 눈의 알음알이(眼識)가 보는 역할을 실
행하면서 [일어나고], 이것이 소멸하면 과보로 나타난 마노의
요소(意界)가 받아들이는 역할을 실행하면서 [일어나고], 이것
이 소멸하면 과보로 나타난 마노의 알음알이의 요소(意識界)가
조사하는 역할을 실행하면서 [일어나고], 이것이 소멸하면 단지
작용만 하는 마노의 알음알이의 요소(意識界)가 결정하는 역할을
실행하면서 [일어나고], 이것이 소멸하면 일곱 번 자와나(速行)
가 일어난다.75)

여기서 '이 자는 여자다. 이 자는 남자다.'라고 탐욕이나 성냄
이나 어리석음 때문에 앞으로 보거나 돌아보는 것은 첫 번째 자
와나에서 하는 것이 아니다. 두 번째 … 일곱 번째 자와나에서도
마찬가지이다. 이것은 마치 전쟁터에서 병사들이 아래와 위가
잘리어서 [땅위에] 쓰러지고 난 후에야 [적이 쓰러진 줄을 알듯
이 마음도 이런 과정이 지난 후에야] '이자는 여자다. 이자는 남
자다.'라고 탐욕 등을 일으켜 앞으로 보고 돌아보게 된다.76) 이
와 같이 여기서 근원을 철저하게 앎을 통해서 '미혹하지 않음을

---

75) 이런 일련의 과정을 인식과정(vīthicitta)이라 하는데『아비담마 길
라잡이』4장에서 상세하게 다루고 있으니 참조할 것.
76) 레디 사야도는 우리가 한 대상을 남자다 여자다 등으로 인식하기 위
해서는 여러 인식과정(vīthicitta)들이 필요하다고 설명한다. 그는 적
어도 8단계의 인식과정들이 지난 후에 '저 대상은 무엇이다'라고 안다
고 설명하고 있다.『아비담마 길라잡이』368-72 참조.

분명하게 알아차림'을 알아야 한다.

ⓛ 눈의 문에 형상(색깔)이 들어왔을 때 바왕가의 움직임으로부터 시작해서 자신의 역할을 성취하면서 전향 등이 일어났다가 소멸할 때 마지막에 자와나가 일어난다. 이 [자와나는] 앞서 일어난 전향 등의 집인 눈의 문에 이른 손님과 같다. 마치 남의 집에 무언가를 얻으러 들어가려는 손님을 대해 집 주인이 말없이 앉아있으면 아무런 도움을 청하지 못하는 것처럼 전향 등의 집인 눈의 문에서 전향 등이 탐욕과 성냄과 어리석음이 없을 때 그 [자와나도] 탐·진·치에 묶이지 않는다. 이와 같이 손님의 상태를 통해서 '미혹하지 않음을 분명하게 알아차림'을 알아야 한다.

ⓒ 그런데 눈의 문에서 결정으로 끝나는 마음들이 일어나면 그들은 그들과 함께 한 [마음부수]법들과 더불어 그 일어난 각각에서 부서진다. 그들은 서로를 보지 못하기 때문에 일시적이고 그 순간만 존재한다. 이것은 마치 한 집에 있던 모든 사람들이 죽고, 남아있던 한 사람마저 그 순간에 죽게 되어있는데 그런 상황에서 그가 춤추고 노래하는 등으로 즐거워함이란 있을 수 없듯이 그와 같이 하나의 대문에 [마음부수법들과 함께 한 전향 등이 각각 그곳에서 부서질 때] 그 순간에 죽기 마련인 남은 자와나가 탐내고 성내고 어리석음으로 기뻐한다는 것은 타당하지 않다. 이와 같이 일시적인 상태를 통해서 '미혹하지 않음을 분명하게 알아차림'을 알아야 한다.

나아가서 ㉠ 무더기(蘊) ㉡ 감각장소(處) ㉢ 요소(界) ㉣ 조건(緣)을 반조함을 통해서도 이것을 알아야 한다.

㉠ 여기서 참으로 눈과 형상은 물질의 무더기(色蘊)이고 보는 것은 알음알이의 무더기(識蘊)요 이것과 함께 한 느낌은 느낌의 무더기(受蘊)이며 인식은 인식의 무더기(想蘊)요 감각접촉(觸) 등은 상카라들의 무더기(行蘊)이다. 이와 같이 이들 다섯 가지 무더기들(五蘊)의 분리할 수 없는 결합에 의해서 앞으로 보고 돌아보는 것은 알려져 있다. 여기서 어떤 것이 혼자 앞으로 보고 어떤 것이 혼자 돌아본단 말인가?

㉡ 마찬가지로, 눈은 눈의 감각장소(眼處)이고 형상은 형상의 감각장소(色處)요 보는 것은 마노의 감각장소(意處)이며 느낌 등의 함께한 [마음부수] 법들은 법의 감각장소(法處)이다. 이와 같이 이들 네 가지 감각장소들의 분리할 수 없는 결합에 의해서 앞으로 보고 돌아보는 것은 알려져 있다. 여기서 어떤 것이 혼자 앞으로 보고 어떤 것이 혼자 돌아본단 말인가?

㉢ 또한 눈은 눈의 요소(界)요 형상은 형상의 요소요 보는 것은 눈의 알음알이의 요소이며 그와 함께 한 느낌 등은 법의 요소이다. 이와 같이 이들 네 가지 요소들의 분리할 수 없는 결합에 의해서 앞으로 보고 돌아보는 것은 알려져 있다. 여기서 어떤 것이 혼자 앞으로 보고 어떤 것이 혼자 돌아본단 말인가?

㉣ 같은 이치로 눈은 의지하는 조건77)이고 형상은 대상의 조

건이며 전향은 틈 없이 뒤따르는 조건, 더욱 틈 없이 뒤따르는 조건, 강하게 의지하는 조건, 존재하지 않는 조건, 떠나 가버린 조건이다. 빛은 강하게 의지하는 조건이요, 느낌 등은 함께 생긴 조건이다. 이와 같이 조건들의 분리할 수 없는 결합에 의해서 앞으로 보고 돌아보는 것은 알려져 있다. 여기서 어떤 것이 혼자 앞으로 보고 어떤 것이 혼자 돌아본단 말인가?

이와 같이 무더기, 감각장소, 요소, 조건을 반조함을 통해서도 '미혹하지 않음을 분명하게 알아차림'을 알아야 한다.

구부릴 때도 펼 때도(samiñjite pasārite)라는 것은 '관절을 구부리고 펼 때'라는 말이다.

(1) 여기서 마음을 통해서 구부리고 펴는 것을 하지 않고 손과 발을 구부리고 펴는 것을 조건으로 하여 이익 되고 이익 되지 않음을 파악한 뒤 이익 되는 것을 취하는 것이 '이익됨을 분명하게 알아차림'이다. 손과 발을 지나치게 오래 구부리거나 펴고서 서 있으면 매 순간마다 괴로운 느낌이 일어나고 마음은 하나됨을 얻지 못하고 명상주제를 놓쳐버리고 특별함을 증득하지 못한다. 알맞은 시간만큼 구부리고 알맞은 시간만큼 펴면 괴로운 느낌은 일어나지 않고 마음은 하나로 모이고 명상주제는 증장하게 되어 특별함을 증득하게 된다. 이와 같이 이익됨과 해로움을 파악함

---

77) 여기에 나타나는 조건(paccaya, 緣)들에 대해서는 『아비담마 길라잡이』 678쪽 이하, 24가지 조건을 참조할 것.

을 알아야 한다.

(2) 그런데 이익이 있더라도 적당함과 적당하지 않음을 파악한 뒤 적당함을 취하는 것이 '적당함을 분명하게 알아차림'이다. 이것이 그 방법이다. — 대탑전에서 젊은 비구들이 독경을 하고 있었는데 그들의 바로 뒤에서 젊은 비구니들이 그 법을 듣고 있었다고 한다. 그 중 어떤 젊은 비구는 손을 뻗어 [비구니의] 몸과 접촉하게 되고 그 때문에 환속하게 되었다. 다른 비구는 발을 뻗다가 불에 닿아서 뼈까지 발이 데었다. 다른 비구는 개미집에 닿아서 독사에게 물렸다. 다른 비구는 천으로 만든 토굴의 기둥에 닿아서 비단뱀에게 물렸다. 그러므로 이러한 적당하지 않은 곳으로 펴지 않고 적당한 곳으로 펴야 한다. 이것이 여기서 '적당함을 분명하게 알아차림'이다.

(3) '영역을 분명하게 알아차림'은 대장로의 일화가 좋은 보기이다. 대장로는 낮 동안 앉는 곳에 앉아서 제자들과 함께 이야기를 하면서 급히 손을 구부렸다가는 다시 처음 위치에 놓았다가 천천히 구부렸다고 한다. 그것을 보고 제자들이 여쭈었다.

"존자시여, 무엇 때문에 급히 손을 구부렸다가는 다시 처음 위치에 놓았다가 천천히 구부립니까?"

"여보게들, 나는 처음 명상주제를 마음에 잡도리하기 시작한 후로 명상주제를 놓아버리고 손을 구부린 적이 없었다네. 그런데 지금 그대들과 함께 이야기하면서 명상주제를 놓아버리고서 구부렸다네. 그러므로 다시 처음 위치에 놓았다가 천천히 구부 린 것이라네."

"참으로 대단하십니다, 존자시여. 비구들은 진정 이렇게 되어 야 할 것입니다."

이처럼 여기서도 명상주제를 버리지 않음이 '영역을 분명하게 알아차림'이라고 알아야 한다.

⑷ 이 안에 자아라는 어떤 것이 있어서 구부리고 펴는 것이 아 니다. 앞서 설명한 마음의 작용에서 생긴 바람의 요소의 움직임 에 의해서 구부리고 펴는 것이 있다. 마치 나무로 만든 인형이 실을 잡아당김으로 인해 손과 발을 놀리는 것처럼. 이와 같이 철 저하게 아는 것이 여기서 '미혹하지 않음을 분명하게 알아차림' 이라고 알아야 한다.

가사·발우·의복을 지닐 때도(saṅghāṭi-patta-cīvaradhāraṇe)라 는 것은 여기서 대가사를 수하고 의복을 입고 발우로 음식을 받 는 등의 물질적인 수용을 지니는 것을 말한다.

[의복]

⑴ 여기서 대가사와 의복을 지닐 때에 우선 상의와 하의를 입 고 탁발을 위해 다니는 자가 물질을 얻는 것과 '추위를 막기 위 해서'라는 등의 방법으로 세존께서 설하신 목적을 이익(attha)이 라 한다. 이 방법으로 '이익됨을 분명하게 알아차림'을 알아야 한다.

⑵ 천성적으로 몸이 더운 자와 힘이 약한 자에게는 얇은 의복이 적당하고 추위를 타는 자에게는 두 겹으로 된 두꺼운 것이 적당하다. 이와 반대되는 것은 적당하지 않다. 누구에게든 낡은 것은 적당하지 않다. 덧대어 깁는 등으로 그를 성가시게 하기 때문이다. 비단이나 좋은 삼베로 만든 옷 등의 욕심나는 의복도 마찬가지이다. 이런 것은 숲에서 홀로 머물 때 거처에 위협을 받거나 혹은 목숨을 잃어버리는 원인이 된다. 암시를 주는 등의 바르지 못한 생계를 통해서 얻은 것과 그것을 입으면 해로운(不善) 법들이 증장하고 유익한(善) 법들이 없어져버리는 것은 절대적으로 적당하지 않다. 이와 반대되는 것은 적당한 것이다. 이를 통해서 '적당함을 분명하게 알아차림'을 알아야 한다.

⑶ 명상주제를 버리지 않음을 통해서 '영역을 분명하게 알아차림'을 알아야 한다.

⑷ 이 가운데 자아라는 어떤 것이 의복을 입는 것이 아니다. 앞서 설명한 마음의 작용에서 생긴 바람의 요소의 움직임에 의해서 의복을 입는 것이다. 여기서 의복도 의도가 없고 몸도 의도가 없다. 의복은 '내가 몸을 입힌다'라고 알지 못하고 몸도 '나는 옷으로 입혀진다'라고 알지 못한다. 요소들이 요소들의 무리를 가리나니 마치 헤진 천으로 인형을 감싸듯이. 그러므로 좋은 의복을 얻고 기뻐하지 말아야 하고 나쁜 것을 얻고 불쾌하게 여기지 말아야 한다.

코브라가 사는 개미집이나 탑전의 나무 등에 어떤 사람들은 화환과 향과 천 등으로 공경을 하고 어떤 자들은 똥과 오줌을 누고 흙먼지를 쌓아두고 몽둥이와 칼로 때리는 등으로 천대를 한다. 그러나 그 코브라가 사는 개미집이나 나무 등은 기뻐하거나 불쾌하게 여기지 않는다. 그와 같이 좋은 의복을 얻고 기뻐하지 말아야 하고 나쁜 것을 얻고 불쾌하게 여기지 말아야 한다. 이와 같이 숙고함을 통해 여기서 '미혹하지 않음을 분명하게 알아차림'을 알아야 한다.

[발우]

(1) 발우를 지닐 때도 급히 지니지 말고 이것을 '지니고 탁발하여 음식을 얻게 될 것이다'라고 발우를 잡는 것을 조건으로 얻게 될 이익으로써 '이익됨을 분명하게 알아차림'을 알아야 한다.

(2) 몸이 여위고 힘이 없는 자에게 무거운 발우는 적당하지 않다. 네다섯 군데나 땜질하여 씻기 어려운 것도 적당하지 않다. 씻기 어려운 발우는 적당하지 않다. 그것을 씻을 때 그에게 성가심을 주기 때문이다. 보석과 같은 색깔을 가진 발우는 탐욕을 부추기므로 의복에서 말한 방법대로 적당하지 않다. 암시를 줌 등을 통해서 얻은 것이나 그것을 사용함으로 인해서 해로운 법들이 증장하고 유익한 법들이 없어지는 것은 전적으로 적당하지 않다. 이와 반대되는 것은 적당한 것이다. 이 방법으로써 '적당함을 분명하게 알아차림'을 알아야 한다.

(3) 명상주제를 버리지 않음을 통해 '영역을 분명하게 알아차림'을 알아야 한다.

(4) 이 가운데에서 자아라는 어떤 것이 발우를 잡는 것이 아니다. 앞서 설명한 마음의 작용에서 생긴 바람의 요소의 움직임에 의해서 발우를 잡음이란 것이 있다. 여기서 발우도 의도가 없고 손도 의도가 없다. 발우는 '내가 손에 잡힌다'라고 알지 못하고 손도 '나는 발우를 잡는다'라고 알지 못한다. 요소들이 요소들의 무리를 잡는다. 마치 족집게로 불에 달군 발우를 잡는 것처럼. 이와 같이 숙고함을 통해 여기서 '미혹하지 않음을 분명하게 알아차림'을 알아야 한다.

나아가 마치 손발이 잘리어 상처의 구멍으로부터 피고름이 나오고 벌레가 우글거리고 청파리가 들끓는 채 무의탁자 수용소에 보호자 없이 누워있는 사람들을 보고 인정 많은 사람들이 그들에게 상처를 싸매는 헝겊과 통에 든 약을 준다면 어떤 자들은 부드러운 헝겊을 가지게 되고 어떤 자들은 거친 것을 가지게 될 것이며 어떤 자들은 생김새가 좋은 약통을 어떤 자들은 생김새가 나쁜 약통을 얻게 될 것이다. 그렇더라도 그들은 기뻐하지도, 불쾌하게 여기지도 않는다. 헝겊은 단지 상처를 싸매기 위한 것이고 통은 약을 담기 위한 것일 뿐이기 때문이다.

그와 같이 비구는 의복을 상처를 싸매는 헝겊처럼, 발우를 약을 담는 통처럼, 발우에 얻은 음식을 통에 든 약처럼 숙고해야 한다. 이것은 가사와 발우와 의복을 지니는 것에 대해 '미혹하지 않음을 분명하게 알아차림'을 통한 최고로 분명한 알아차림을 행하는 것이라 알아야 한다.

먹을 때 등에서 **먹을 때**(asite)라는 것은 탁발한 음식을 먹을 때라는 말이다.

마실 때(pīte)라는 것은 죽 등을 마실 때라는 말이다.

씹을 때(khāyite)라는 것은 가루반죽으로 만든 음식을 씹어 먹을 때라는 말이다.

맛볼 때(sāyite)라는 것은 꿀이나 당밀 등을 맛볼 때라는 말이다.

(1) 여기서도 "즐기기 위해서도 아니요"라는 등의 여덟 가지로 설한 뜻을 이익이라 한다. 이것을 통해서 '이익됨을 분명하게 알아차림'을 알아야 한다.

(2) 거칠고 부드럽고 쓰고 단 것 등에서 어떤 음식으로 인해 불편함을 느끼면 그것은 그에게 적당하지 않다. 암시를 주는 등으로써 얻은 음식을 먹어 해로운(不善) 법들이 증장하고 유익한(善) 법들이 없어져버리면 그 음식은 전적으로 적당하지 않다. 이와 반대되는 것은 적당한 것이다. 이를 통해서 '적당함을 분명하게 알아차림'을 알아야 한다.

(3) 명상주제를 버리지 않음을 통해서 '영역을 분명하게 알아차림'을 알아야 한다.

(4) 여기서 자아라는 어떤 것이 먹는 것이 아니다. 앞서 설명한 마음의 작용에서 생긴 바람의 요소의 움직임에 의해서 발우에 〔음식을〕 받음이란 것이 있다. 마음의 작용에서 생긴 바람의 요소의 움직임에 의해서 손이 발우로 내려감이 있다. 마음의 작용에서 생긴 바람의 요소의 움직임에 의해서 밥덩이를 만들고 밥덩이를 들어올리고 입을 벌리는 것이 있다. 누구도 열쇠나 기계로 턱뼈를 벌리지 않는다. 마음의 작용에서 생긴 바람의 요소의 움직임에 의해서 밥덩이를 입안에 넣고 윗니로 절구공이의 역할을 실행하고 아랫니로 절구통의 역할을 하고 혀로는 손의 역할을 실행한다.

이처럼 혀끝에서 나온 묽은 침과 혀뿌리에서 나온 진한 침이 그 음식에 묻는다. 그 음식은 아랫니라는 절구통에서 혀라는 손에 의해 돌려지고 침이라는 물에 잘 적셔서 윗니라는 절구공이로 잘 빻아진다. 그것을 어떤 자가 주걱이나 숟가락으로 안으로 떠 넣는 것이 아니다. 바람의 요소에 의해서 안으로 들어간다. 매 번 들어갈 때마다 어떤 자가 돗자리를 펴놓고 받치고 있는 것이 아니다. 바람의 요소로 인해 머문다. 머물 때마다 어떤 자가 솥을 걸어놓고 불을 지펴 익게 하는 것이 아니다. 불의 요소에 의해서 익는다. 소화가 다 된 것을 어떤 자가 지팡이나 막대기로 밖으로 밀어내는 것이 아니다. 바람의 요소가 밀어낸다.

이처럼 바람의 요소가 들어오게 하고 넘어가게 하고 받치고 돌리고 가루로 만들고 마르게 하고 배출시킨다. 땅의 요소는 받치고 돌리고 가루로 만들고 마르게 한다. 물의 요소는 [침으로] 적시고 물기를 유지한다. 불의 요소는 안으로 들어온 음식을 소화시킨다. 허공의 요소는 음식이 들어가는 통로가 된다. 알음알이의 요소는 이 모든 곳에서 바른 노력을 따라 기운다. 이와 같이 숙고함으로써 '미혹하지 않음을 분명하게 알아차림'을 알아야 한다.

나아가서 ① [걸식하러] 가고 ② 구하고 ③ 먹고 ④ 분비물과 섞이고 ⑤ 내장에 담기고 ⑥ 소화가 안되고 ⑦ 소화가 되고 ⑧ 결과를 가져오고 ⑨ 배출하고 ⑩ 불결하게 되는 이런 열 가지의 혐오스러움을 반조함으로써 여기서 '미혹하지 않음을 분명하게 알아차림'을 알아야 한다. 상세한 설명은 『청정도론』의 '음식에 대해서 혐오하는 인식'의 해설[78]을 통해서 알 수 있다.

---

78) 이 열 가지는 『청정도론』 XI.5-25에서 자세하게 설명되고 있다. 그 중에서 한 부분만 인용한다.
 [청정도론. XI.19]: (6) 어떻게 소화되지 않은 것을 통해서 [혐오스러움을 반조하는가?] 이 음식이 이와 같은 장소에 저장되어 소화가 되기 전 까지는 칠흑 같은 어둠에 가려있고, 갖가지 썩은 냄새에 오염된 바람이 순환하고, 악취가 나고 혐오스러운 앞서 설한 그런 장소에 있다. 마치 가뭄에 때 아닌 구름이 비를 내려 천민촌의 입구의 구덩이에 모여 있는 풀과 낙엽과 낡은 돗자리 조각과 뱀들의 시체와 개들의 시체와 사람들의 시체들이 태양의 열기로 데워져서 포말과 거품 등을 내뿜듯이 그 날 삼켰던 것, 어제, 그제 삼켰던 것이 모두 모여 섞여서 가래의 막으로 인해 숨이 막히고, 몸에 불의 열기로 발효되어 소화됨으로부터 생긴 포말과 거품으로 쌓여 극도로 혐오스러운 상태로 남아

대소변을 볼 때도(uccārapassāvakamme)라는 것은 '대변과 소변을 볼 때에'라는 말이다.

(1) 여기서 때가 되었는데도 대소변을 보지 않으면 온 몸에서 진땀이 나고 눈동자가 돌아가고 마음은 하나로 집중되지 않으며 다른 병마저 생긴다. 때가 되어 용변을 보면 이런 모든 것이 없다는 것이 여기서의 이익이다. 이것을 통해서 '이익됨을 분명하게 알아차림'을 알아야 한다.

(2) 정해진 장소가 아닌 곳에 대소변을 보면 율을 범하게 되고 명예를 훼손하게 되고 생명까지 위험하게 된다. 적절한 장소에 용변을 보면 이 모든 것이 없다는 이것이 적당함이다. 이것을 통해서 '적당함을 분명하게 알아차림'을 알아야 한다.

(3) 명상주제를 버리지 않음을 통해서 '영역을 분명하게 알아차림'을 알아야 한다.

(4) 이 가운데 자아라는 어떤 것이 대소변을 보는 것이 아니다. 마음의 작용에서 생긴 바람의 요소의 움직임에 의해서 대소변을 보게 된다. 마치 종기가 곪아 터지면 나오려는 욕구 없이도 고름과 피가 흘러나오고 마치 물통이 가득 차면 나오려는 욕구가 없이도 물이 흘러나오듯이 똥과 오줌도 똥집과 오줌보에 모일 때 바람의 힘으로 밀려서 아무런 욕구 없이 흘러나온다. 그러나 이

있다. 이와 같이 소화되지 않은 것을 통해서 혐오스러움을 반조해야 한다.

처럼 똥과 오줌이 나오지만 그것은 결코 그 비구 자신의 것도 아니고 남의 것도 아닌 단지 몸의 배설물일 뿐이다. 마치 무엇과 같은가? 이것은 마치 물 항아리로부터 오래된 물을 퍼낼 때 그것은 퍼내는 자의 것도 아니고 남의 것도 아니요 단지 청소하는 과정에 지나지 않을 뿐인 것과 같다. 이와 같이 숙고함을 통해서 여기서 '미혹하지 않음을 분명하게 알아차림'을 알아야 한다.

'걸으면서' 등에서 **걸으면서**(gate)라는 것은 가는 것이며 **서면서**(thite)라는 것은 서는 것이고 **앉으면서**(nisinne)라는 것은 앉는 것이고 **잠들면서**(sutte)라는 것은 잠자는 것이며 **잠을 깨면서**(jāgarite)라는 것은 깬 것이고 **말하면서**(bhāsite)라는 것은 이야기하는 것이며 **침묵하면서**(tuṇhibhāve)라는 것은 말을 하지 않는 것이다.

앞에서 "걸어가면서 '걷고 있다'고 꿰뚫어 알고, 서있으면서 '서있다'고 꿰뚫어 알며, 앉아있으면서 '앉아있다'고 꿰뚫어 알고, 누워있으면서 '누워있다'고 꿰뚫어 안다"라고 한 것은 장시간의 자세를 말한다. "나아갈 때도 물러날 때도 … 앞을 볼 때도 돌아볼 때도 … 구부릴 때도 펼 때도 …"라고 한 것은 중간 정도 기간의 자세를 말한다. 여기서 "걸으면서·서면서·앉으면서·잠들면서·잠을 깨면서·말하면서·침묵하면서"라는 것은 짧은 시간 동안의 자세를 말한다. 그러므로 이 경우에도 앞서 설한 방법대로 분명하게 알아차림을 알아야 한다.

삼장법사 마하시와(Mahāsīva) 장로는 이렇게 말씀하셨다. 장시간 가거나 경행하다가 멈추어서 '경행할 때에 일어난 정신·물질의 현상들은 이제 소멸되었다'고 숙고하면 이것을 '가는 것에 대한 분명하게 알아차림'이라 한다. 경전공부를 하거나 질문에 대답하거나 명상주제를 마음에 잡도리하면서 장시간 서있다가 앉아서 '서있을 때에 일어난 정신·물질의 현상들은 이제 소멸되었다'고 숙고하면 이것을 '서있음에 대한 분명하게 알아차림'이라 한다. 경전공부 등을 통해서 장시간 앉았다가 누워서 '앉았을 때에 일어난 정신·물질의 현상들은 이제 소멸되었다'고 숙고하면 이것을 '앉음에 대한 분명하게 알아차림'이라 한다. 누워서 경전공부를 하거나 명상주제를 마음에 잡도리하다가 잠에 들었다가 깨어나서 '누웠을 때에 일어난 정신·물질의 현상들은 이제 소멸되었다'고 숙고하면 이것을 '잠자는 것과 잠에서 깨어남에 에 대한 분명하게 알아차림'이라 한다. 행위로 인해 아직 마음들이 일어나지 않음을 잠자는 것이라 하고, 마음들이 일어남을 잠에서 깨어남이라 한다.

그런데 말을 하면서 '이 소리는 참으로 입술과 이빨과 혀와 입천장과 마음의 적절한 노력을 반연하여 생긴다'라고 마음챙기고 분명하게 알아차리면서 말하거나, 장시간 경전공부를 하거나 설법을 하거나 명상주제를 외거나 질문에 대답하고 난 후에 침묵하면서 '말을 할 때에 일어난 정신·물질의 현상들은 이제 소멸되었다'라고 숙고하면 이것을 '말함에 대한 분명하게 알아차림'이라 한다. 침묵하면서 장시간 가르침이나 명상주제를 마음에 잡도리하고 난 후에 '침묵할 때에 일어난 정신·물질의 현상들은 이제 소멸되었다. 파생된 물질이 일어날 때 말한다라고 하고 그렇지 않으면 침묵한다라고 한다'라고 숙고하면 이것을 '침묵에 대한 분명하게 알아차림'이라 한다.

마하시와 장로가 설한 '미혹하지 않음'에 대한 이런 주장이 이「염처경」에서 나타내고자 하는 것이다.「사문과경」(D2)에서는 그러나 [이익, 적당함, 영역, 미혹하지 않음]의 네 가지 분명하게 알아차림 모두를 설했다. 그러므로 특별히 여기서는 '미혹하지 않음을 분명하게 알아차림'으로써 분명하게 알아차림(正知)을 알아야 한다. '분명하게 알아차림, 분명하게 알아차림'이라는 것은 모든 구절에서 마음챙김과 결합된(sampayutta) 분명하게 알아차림을 뜻한다고 알아야 한다. 그러나『위방가』의 설명에 의하면 "마음챙기고 분명하게 알아차리면서 앞으로 나아가고 마음챙기고 분명하게 알아차리면서 물러난다(Vbh.250)"는 구절로 분리하여(vibhatta) 설하셨다.

이와 같이 안으로라는 것은 이와 같이 네 가지 분명하게 알아차림을 파악하여 자신의 몸에 대해서나 남의 몸에 대해서나 때로는 자신의 몸에 대해서 때로는 남의 몸에 대해서 몸을 관찰하며 머무는 것을 말한다.

여기서 **일어나는 현상**(法)**을 관찰하며**라는 등에서는 단지 물질의 무더기(色蘊)의 일어남과 사라짐에 대해서만 제한되어야 한다. 나머지는 앞에서 설한 것과 동일하다.

여기서 네 가지 분명하게 알아차림을 파악하는 마음챙김은 괴로움의 진리이다. 그 [마음챙김을] 일어나게 한 이전의 갈애는 일어남의 진리이다. 이 둘이 생기지 않음이 소멸의 진리이다. 괴로움을 철저히 알고 일어남을 버리고 소멸을 대상으로 가지는 성스러운 도가 도의 진리이다. 이와 같이 네 가지 성스러운 진리를 통해서 노력하여 적멸을 얻는다. 이것이 네 가지 분명하게 알아차림을 파악하는 비구가 아라한까지 되는 출구가 된다.

(『중부 주석서』의 「염처경 주석」 인용 끝)

II-4. 몸의 32가지 부위에 대한 혐오

5-1. "다시 비구들이여, 비구는 발바닥에서부터 위로 올라가며 그리고 머리털에서부터 아래로 내려가며 이 몸은 살갗으로 둘러싸여있고 여러 가지 부정(不淨)한 것으로 가득 차 있음을 반조한다. 즉 '이 몸에는 머리털·몸털·손발톱·이빨·살갗·살·힘줄·뼈·골수·콩팥·염통·간·근막·지라·허파·큰창자·작은창자·위·똥·쓸개즙·가래·고름·피·땀·굳기름·눈물· [피부의] 기름기·침· 콧물·관절활액· 오줌 등이 있다'고"

이와 같이 네 가지 분명하게 알아차림의 방법으로써 몸의 관찰을 분석한 뒤 이제 혐오스러움을 마음에 잡도리하는 방법으로써 그것을 분석하기 위해서 '다시 비구들이여'라는 등을 말씀하셨다.

여기서 **이 몸**(imam eva kāyaṁ)이라고 시작하여 설하신 것은 모두 『청정도론』의 '몸에 대한 마음챙김의 명상주제'에서 상세하게 설명되었다.79)

[청정도론 VIII] : 45. **이 몸은**: 네 가지 근본물질(四大)로 이루어진 더러운 몸은. **발바닥에서부터 위로**: 발바닥으로부터 그 위로. **머리털에서부터 아래로 내려가며**: 머리털끝으로부터 그 아래로. **살갗으로 둘러싸여있고**: 주위는 살갗으로 싸여있고. **여러 가지 부정한 것으로 가득 차있음을 반조한다**: 이 몸은 머리털 등 갖가지의 부정한 것으로 가득 차있다고 본다. 어떻게? '이 몸에는 머리털이 있다 … 오줌이 있다'라고.

46. 여기서 **있다**(atthi)라는 것은 존재한다는 뜻이다. **이**: 발바닥 위로부터 머리털끝의 아래까지 살갗으로 둘러싸여있고 갖가

---

79) '몸에 대한 마음챙김(kāyagata-sati)'은 『청정도론』 VIII.1-144에서 아주 상세하게 설명되어 있다. 여기서는 본경의 본문과 관련이 있는 부분만을 옮겨 싣는다.
그리고 여기서 보듯이 『장부』 「대념처경」이나 『중부』 「염처경」에는 뇌(matthaluṅga)가 빠진 31가지 부위만이 언급되고 있다. 그러나 『소부』의 『쿳다까빠타』와 『무애해도』에서는 뇌가 포함된 32가지로 나타난다. 그래서 『청정도론』 VIII. §44에서는 경에서 언급한 골수 안에 뇌가 포함된 것으로 해석하고 있다.

지의 더러움으로 가득 차있다고 표현한 그것에. **몸에는**: 신체에는. 신체는 오물의 적집이기 때문에 더러운(kucchita) 머리털 등과 눈병 등 백 가지 병의 발생지(āya)이기 때문에 몸(kāya)이라고 한다. **머리털·몸털**: 이 머리털 등은 32가지의 형태이다. 여기서 '이 몸에 머리털이 있다, 이 몸에 몸털이 있다'라고 문장구성을 알아야 한다.

47. 발바닥으로부터 시작하여 그 위로, 머리털끝으로부터 시작하여 그 아래로, 살갗으로부터 시작하여 그 주위로 이 한 길 길이의 송장을 갖가지 방법으로 조사해보면 어떤 진주나 보석이나 에메랄드나 알로에나 사프란이나 켐퍼나 화장용 분 등 아름다운 성분이라고는 전혀 볼 수 없다. 그와는 반대로 극도로 악취나고 혐오스럽고 불미스럽게 보이는 여러 종류의 머리털 등으로 분류되는 오물만을 볼 뿐이다. 그러므로 이와 같이 설하였다. '이 몸에 머리털이 있다. 이 몸에 몸털이 있다 … 이 몸에 오줌이 있다.'라고 여기서 이것은 단어의 구성에 따라 설명한 것이다.

48. 이 명상주제 닦기를 원하는 초심자인 선남자는 앞서 설명한 선우를 친근하여 이 명상주제를 들어야 한다.

그에게 명상주제를 설하는 스승은 일곱 가지 습득에 능숙함과 열 가지 마음에 잡도리함에 대한 능숙함을 설명해야 한다. 여기서 (1) 말로써 (2) 마음으로써 (3) 색깔로써 (4) 형태로써 (5) 방위로써 (6) 장소로써 (7) 한계로써 — 이 일곱 가지 습득에 능숙함을 설명해야 한다.

49. [(1) 말로써]: 이것은 혐오스러움을 마음에 잡도리하는 명상주제이다. 그가 비록 성전을 외우는 자일지라도 처음으로 이 명상주제를 마음에 잡도리할 때는 말로써 독송을 해야 한다. 어떤 자에게는 독송할 때에 비로소 명상주제가 분명해진다. 말라야(Malaya)에 머물던 마하데와(Mahā-Deva) 장로로부터 명상주제를 배운 두 장로의 경우처럼. 장로는 그들이 명상주제를 청했을 때 넉 달 동안 이것을 독송하라고 32가지의 부분이 포함된 경을 주었다. 비록 그들이 각각 2부와 3부의 경장에 능통한 자들이었지만 그것을 바르게 가져 넉 달 동안 32가지 형태를 외우면서 예류자가 되었다. 그러므로 명상주제를 설하는 스승은 제자에게 처음에는 우선 말로써 독송하라고 말해야 한다.

50. 외울 때 살갗 등 다섯 가지를 한정하고 순·역순으로 외워야 한다. 머리털·몸털·손톱·이빨·살갗이라고 말하고 다시 역순으로 살갗·이빨·손톱·몸털·머리털이라고 말해야 한다.

51. 그 다음에 콩팥 등 다섯 가지로써 살·힘줄·뼈·골수·콩팥이라고 말하고 다시 역순으로 콩팥·골수·뼈·힘줄·살·살갗·이빨·손톱·몸털·머리털이라고 말해야 한다.

52. 그 다음에 허파 등 다섯 가지로써 염통·간·근막·지라·허파라고 말하고 다시 역순으로 허파·지라·근막·간·염통·콩팥·골수·뼈·힘줄·살·살갗·이빨·손톱·몸털·머리털이라고 말해야 한다.

53. 그 다음에 뇌 등 다섯 가지로써 큰창자·작은창자·위 속의 음식·똥·뇌라고 말하고 다시 역순으로 뇌·똥·위 속의 음식·작은창자·큰창자·허파·지라·근막·간·염통·콩팥·골수·뼈·힘줄·살·살갗·이빨·손톱·몸털·머리털이라고 말해야 한다.

54. 그 다음에 굳기름 등 여섯 가지로써 담즙·가래·고름·피·땀·굳기름이라고 말하고 다시 역순으로 굳기름·땀·피·고름·가래·담즙·뇌·똥·위 속의 음식·작은창자·큰창자·허파·지라·근막·간·염통·콩팥·골수·뼈·힘줄·살·살갗·이빨·손톱·몸털·머리털이라고 말해야 한다.

55. 그 다음에 오줌 등 여섯 가지로써 눈물· [피부의] 기름기·침·콧물·관절활액·오줌이라고 말하고 다시 역순으로 오줌·관절활액·콧물·침· [피부의] 기름기·눈물·굳기름·땀·피·고름·가래·담즙·뇌·똥·위속의 음식·작은창자·큰창자·허파·지라·근막·간·염통·콩팥·골수·뼈·힘줄·살·살갗·이빨·손톱·몸털·머리털이라고 말해야 한다.

56. 이와 같이 백 번, 천 번, 백 천 번을 말로써 독송해야 한다. 말로써 독송함으로써 명상주제의 성전이 친숙해지고, 마음은 이곳저곳으로 달려가지 않는다. [그러면 32가지] 부분들이 분명해진다. 마치 손가락의 열처럼, 혹은 울타리 말뚝의 열처럼 [닮은 표상이] 나타난다.

57. [(2) 마음으로써]: 말로써 하는 것처럼 마음으로써 독송해

야 한다. 말로 독송하는 것은 마음으로 독송하는 것에 조건이 되고, 마음으로 독송하는 것은 [부정의] 특징을 꿰뚫는 것에 조건이 된다.

58. (3) 색깔로써: 머리털 등의 색깔을 구분해야 한다. (4) 형태로써: 그들의 형태도 구분해야 한다. (5) 방위로써: 이 신체에 배꼽으로부터 위는 윗방위이고, 그로부터 아래는 아랫방위이다. 그러므로 이 부분은 이 방위에 있다고 방위를 구분해야 한다. (6) 장소로써: 이 부분은 이 장소에 놓여있다고 이와 같이 각각의 장소를 구분해야 한다.

59. (7) 한계로써: 비슷한 것의 한계와 비슷하지 않은 것의 한계, 이 두 가지 한계가 있다. 이 가운데서 이 부분은 이것에 의해 위, 아래, 주위로 한정되어있다고 이와 같이 비슷한 것의 한계를 알아야 한다. 머리털은 몸털이 아니고, 몸털도 머리털이 아니라고 이와 같이 섞이지 않는 상태를 통해 비슷하지 않은 것의 한계를 알아야 한다.

60. 이와 같이 스승이 일곱 가지 습득에 능숙함을 설명할 때 이 명상주제는 어떤 경에서는 혐오의 관점에서 설했고, 어떤 경에서는 요소(dhātu, 界)의 관점에서 설한 사실을 알고 설명해야 한다. 왜냐하면 이것은 「긴 염처경」(大念處經, D22)에서는 혐오의 관점에서 설하셨고, 「긴 코끼리발자국 비유경」(大象迹喩經, M28)과 「긴 라훌라 교계경」(大教誡羅候羅經, M62)과 「요소분별

경」(界分別經, M140)에서는 요소의 관점에서 설하셨기 때문이다. 「염신경」(念身經, M119)에서는 [머리털 등에서 색깔의 까시나로] 나타나는 사람에 관해 네 가지 禪을 설하셨다. 요소로 설한 것은 위빳사나의 명상주제이고 혐오로 설한 것은 사마타의 명상주제이다. 여기서는 그 사마타의 명상주제가 적절하다.

61. 이와 같이 일곱 가지 습득에 능숙함을 설명한 뒤 (1) 순서에 따라 (2) 지나치게 급하게도 않고 (3) 지나치게 느리게도 않으며 (4) 산란함을 방지함으로써 (5) 개념(paññatti)을 극복함으로써 (6) 차례대로 내버려둠으로써 (7) 본삼매로써 (8)-(10) 세 가지 경(經)으로써 — 이와 같이 열 가지 마음에 잡도리함에 능숙함을 설명해야 한다.

62. (1) 순서에 따라: 이것을 독송할 때부터 순서에 따라서 마음에 잡도리해야지 [32가지 부분들에서] 단 하나라도 빠뜨려서는 안된다. 마치 익숙하지 않은 사람이 32단의 사닥다리를 중간에 한 단씩 걸러서 올라갈 때 몸이 지쳐 다 올라갈 수 없듯이, 부분들을 빠뜨리고 마음에 잡도리할 때 수행을 성취하여 얻어야 할 만족을 얻지 못하기 때문에 마음이 피로하여 수행을 성취할 수 없다.

63. [(2) 지나치게 급하게도 않고]: 순서에 따라 마음에 잡도리할 때도 지나치게 급하게 해서는 안된다. 마치 어떤 사람이 3유순의 길을 따라서 나아가야 할 [길]과 피해야 할 [길]을 주

시하지도 않고 백배나 더 빠른 속도로 다녀왔을 때 비록 여행은 마쳤지만 [다시 여행을 할 때는] 참으로 다시 물어본 후라야 여행할 수 있을 것이다. 이와 같이 지나치게 급하게 마음에 잡도리 할 때 비록 명상주제의 끝에 이르렀지만 명료하지 않고, 수승함을 가져오지 못한다. 그러므로 너무 급하게 마음에 잡도리해서는 안된다.

64. (3) [지나치게 느리게도 않으며]: 지나치게 급하게 않듯이 지나치게 느리게 해서도 안된다. 마치 하루에 3유순의 길을 여행하고자하는 사람이 길 도중에 나무와 산과 호수 등에서 빈둥빈둥 시간을 보낼 때 그 날 도착지에 이를 수 없고 이틀이나 사흘이 지난 후에 도착할 지도 모른다. 이와 같이 지나치게 느리게 마음에 잡도리할 때 명상주제의 끝에 이를 수 없고 수승함을 증득하는 조건이 되지도 않는다.

65. (4) 산란함을 방지함으로써: 명상주제를 놓아버리고 밖의 갖가지 대상에 대해 마음이 흩어지는 것을 방지해야 한다. 만약 산란함을 방지하지 않으면 마치 한 발 넓이밖에 되지 않는 낭떠러지 길을 가는 사람이 자기가 발 디딜 곳은 주시하지 않고 여기 저기를 쳐다볼 때 발걸음을 놓쳐버려 백 길 낭떠러지에 떨어지듯이 밖으로 산란해질 때 명상주제를 소홀히 하여 잃어버린다. 그러므로 산란함을 방지함으로써 마음에 잡도리해야 한다.

66. (5) 개념(paññatti)을 극복함으로써: 이 머리털, 몸털 등은

개념이다. 그것을 극복하고 혐오스럽다고 마음을 확립시켜야 한다.80) 마치 사람들이 가뭄에 숲 속의 샘물을 발견하고 그곳에 야자수 잎 등으로 표식(산냐)을 걸어두고 그 표식의 안내에 따라 와서 목욕도 하고 마시기도 하는 것과 같다. 만약 자주 다님으로써 오가는 길이 분명해지면 더 이상 표식은 소용이 없다. 원하는 순간에 가서 목욕하고 마신다. 이와 같이 먼저 머리털, 몸털이라고 개념을 마음에 잡도리하고 혐오스런 상태가 분명해지면 그때 머리털, 몸털이라는 개념을 극복하고 혐오스런 상태에 마음을 두어야 한다.

67. (6) 차례대로 내버려둠으로써: 나타나지 않는 부분들을 내버려둘 때 차례대로 내버려둠으로써 마음에 잡도리해야 한다. 초심자가 머리털을 마음에 잡도리할 때 계속해서 마음에 잡도리하여 이 마지막 부분인 오줌에 이르러서 멈춘다. 오줌을 마음에 잡도리할 때 계속해서 마음에 잡도리하여 이 처음 부분인 머리털에 이르러서 멈춘다. 이와 같이 계속해서 마음에 잡도리할 때 어떤 부분들은 나타나고 어떤 부분들은 나타나지 않는다. 그러므로 나타나는 부분에 대해서 먼저 [마음에 잡도리하는] 일을 지어야 한다. 두 부분이 나타날 때 그 중에서 더 명료하게 나타나는 하나를 [마음에 잡도리해야 한다]. 이와 같이 나타난 것에 계속해서 마음에 잡도리함을 통해 본삼매를 일으켜야 한다.

---

80) 몸에 대한 마음챙김의 설명에서 가장 중요한 부분이다. 이렇게 함으로써 비로소 삼매에 든다.

68. (7) 본삼매로써: 본삼매에 드는 부분으로써. 머리털 등의 각각의 부분에 대해 본삼매에 든다고 알아야 한다. 이것이 여기서 나타내고자하는 것이다.

73. (8)-(10) 세 가지 경으로써: 높은 마음(增上心)과 청량함과 깨달음의 구성요소에 대한 능숙함을 다룬 세 가지 경은 정진을 삼매와 결합하기 위한 것이라고 알아야 한다. 다음이 여기서 나타내고자하는 것이다.

74. "비구들이여, 높은 마음을 닦는81) 비구는 때때로 세 가지 표상을 마음에 잡도리해야 한다. 때때로 삼매의 표상을 마음에 잡도리해야 한다. 때때로 정진의 표상을 마음에 잡도리해야 한다. 때때로 평온의 표상을 마음에 잡도리해야 한다.

비구들이여, 만약 높은 마음을 닦는 비구가 오직 삼매의 표상만을 마음에 잡도리하면 그의 마음은 자칫 게을러질 수 있다. 비구들이여, 만약 높은 마음을 닦는 비구가 오직 정진의 표상만을 마음에 잡도리하면 그의 마음은 자칫 들떠버릴 수 있다. 비구들이여, 만약 높은 마음을 닦는 비구가 오직 평온의 표상만을 마음에 잡도리하면 그의 마음은 자칫 번뇌를 멸하기 위하여 바른 삼매에 들지 않을 수 있다.

비구들이여, 그러나 높은 마음을 닦는 비구가 때때로 삼매의 표상을 … 정진의 표상을 … 평온의 표상을 마음에 잡도리하면

---

81) 높은 마음은 사마타와 위빳사나의 마음이다.(Pm.181)

그때 그의 마음은 부드럽고 적합하고 빛나고 부서지지 않고 번뇌를 멸하기 위하여 바르게 삼매에 든다."

77. "비구들이여, 이 여섯 가지 법을 갖춘 비구는 위없는 청량함을[82] 실현할 수 있다. 무엇이 그 여섯인가? 비구들이여, 여기 비구가 마음을 절제해야 할 때 마음을 절제하고, 마음을 분발해야 할 때 마음을 분발하고, 마음을 기쁘게 해야 할 때 마음을 기쁘게 하고, 마음을 평온하게 해야 할 때 마음을 평온하게 하고, 수승한 [道와 果로] 기울고, 열반을 즐거워한다. 비구들이여, 이 여섯 가지 법을 갖춘 비구는 위없는 청량함을 실현할 수 있다.(A.iii.435)"

이것은 청량함을 다룬 경이라고 알아야 한다.

78. 그러나 깨달음의 구성요소에 대한 능숙함은, "비구들이여, 이와 같이 마음이 느슨해질 때는 편안함의 깨달음의 구성요소(輕安覺支)를 수행할 때가 아니다(S.v.113)"라고 본삼매에 드는 능숙함의 주석에서 이미 설했다(IV. §51; §57).

(이상 『청정도론』 인용 끝)

5-2. "비구들이여, 이는 마치 양쪽에 주둥이가 있는 가마니에 여러 가지 곡물, 즉 밭벼·보리·녹두·완두·참깨·논벼 등이 가득 담겨 있는데 어떤 눈밝은 사람이 그 자루를 풀고 반조할 것이다.

---

[82] "청량함(sītibhāva)이란 열반이나 오염원의 방해들이 가라앉은 것이다.(Pm.181)"

'이것은 밭벼, 이것은 보리, 이것은 녹두, 이것은 완두, 이것은 참깨, 이것은 논벼'고

비구들이여, 이와 같이 비구는 발바닥에서부터 위로 올라가며 그리고 머리털에서부터 아래로 내려가며 이 몸은 살갗으로 둘러싸여있고 여러 가지 부정(不淨)한 것으로 가득 차 있음을 반조한다. 즉 '이 몸에는 머리털·몸털·손발톱·이·살갗·살·힘줄·뼈·골수·콩팥·염통·간·근막·지라·허파·큰창자·작은창자·위·똥·쓸개즙·가래·고름·피·땀·굳기름·눈물·[피부의] 기름기·침·콧물·관절활액·오줌 등이 있다'고"

"이와 같이 안으로 몸에서 몸을 관찰하며(身隨觀) 머문다. … 그는 세상에 대해서 아무 것도 움켜쥐지 않는다. 비구들이여, 이와 같이 비구는 몸에서 몸을 관찰하며 머문다."

양쪽에 주둥이가 있는 [자루](ubhatomukha)라는 것은 아래와 위의 두 곳에 구멍이 있는 자루를 말한다.

여러 가지(nānāvihitassa)라는 것은 여러 종류를 말한다.

비유를 적용해 보자면 — 사대로 이루어진 몸은 양쪽에 주둥이가 있는 자루와 같다. 머리털 등의 32가지는 여러 가지 곡식이 섞여서 자루 안에 들어있는 것과 같다. 수행자는 눈 밝은 사람과 같다. 수행자에게 32가지 몸의 부분들이 분명하게 드러나는 때는 자루를 풀어서 여러 가지 곡물들이 그 사람에게 드러나는 때와 같다.

이와 같이 안으로라는 등은 이와 같이 머리털 등을 파악하여 자신의 몸에서나 남의 몸에서나 때로는 자신의 몸에서 때로는 남의 몸에서 몸을 관찰하며 머문다는 말이다.

이 이외에는 앞서 설한 방법과 같다. 단지 여기서는 32가지 형태를 파악하는 마음챙김이 괴로움의 진리이다. 이렇게 구문 분석하여 [아라한과까지] 인도하는 출구를 알아야 한다. 나머지는 앞서 설한 것과 같다.

II-5. 네 가지 근본물질(四大)

6. "다시 비구들이여, 비구는 이 몸을 처해진 대로 놓여진 대로 요소(界)별로 고찰한다. '이 몸에는 땅(地)의 요소, 물(水)의 요소, 불(火)의 요소, 바람(風)의 요소가 있다'고

비구들이여, 마치 솜씨 좋은 백정이나 그 조수가 소를 잡아서 각을 뜬 다음 큰길 네 거리에 이를 벌려놓고 앉아있는 것과 같다. 비구들이여, 이와 같이 비구는 이 몸을 처해진 대로 놓여진 대로 요소(界)별로 고찰한다. '이 몸에는 땅의 요소, 물의 요소, 불의 요소, 바람의 요소가 있다'고"

"이와 같이 안으로 몸에서 몸을 관찰하며(身隨觀) 머문다. … 그는 세상에 대해서 아무 것도 움켜쥐지 않는다. 비구들이여, 이와 같이 비구는 몸에서 몸을 관찰하며 머문다."

이와 같이 혐오스러움을 마음에 잡도리함으로써 몸의 관찰을

분석한 뒤 이제 네 가지 근본물질(四大)을 마음에 잡도리함으로써 분석하기 위해서 **다시 비구들이여**라는 등을 말씀하셨다.

비유의 적용과 더불어 해설을 하면 — 마치 어떤 백정이나 혹은 그의 도제가 소를 잡아 각을 뜬 다음 사방으로 통하는 대로의 중심지라 불리는 큰길 네거리에 부분씩 나누어 앉아 있을 것이다. 이와 같이 비구가 이 몸을 처해진 대로 놓여진 대로 — 네 가지 자세(四威儀) 가운데 어떤 하나의 형태로 처해 있고 놓여 있기 때문에 — '이 몸에 땅의 요소가 있고 … 바람의 요소가 있다'고 반조한다.

무슨 뜻인가? 백정이 소를 키울 때도 도살장으로 끌고 올 때도, 끌고 온 뒤에 묶어서 둘 때도, 잡을 때도, 잡혀 죽은 것을 볼 때도, 그것을 베어서 부분마다 나누지 않고서는 그에게 '소'라는 인식은 사라지지 않는다. 그러나 뼈로부터 살을 발라내어 앉아 있을 때 '소'라는 인식은 사라지고 '고기'라는 인식이 일어난다. 그는 '나는 소를 팔고, 그들은 소를 사가져 간다'고 생각지 않는다. 오히려 '나는 고기를 팔고, 그들은 고기를 사가져 간다'고 생각한다. 이와 같이 이 비구가 이전의 재가자이었거나 출가를 하였어도 〔명상주제를 들지 않는〕 어리석은 범부일 때는 이 몸을 처해진 대로, 놓여진 대로 덩어리를 분해하여 요소별로 따로따로 반조하지 않는 이상 그것에 대해 중생이라거나 사람이라거나 인간이라는 인식이 사라지지 않는다.

요소별로 따로따로 반조할 때 중생이라는 인식은 사라진다. 요소를 의지하여 그의 마음은 안주한다. 그러므로 세존께서 설하셨다. "이 몸을 처해진 대로 놓여진 대로 요소별로 고찰한다. '이 몸에는 땅의 요소, 물의 요소, 불의 요소, 바람의 요소가 있다'고. 마치 솜씨 좋은 백정이나 … 바람의 요소가 있다고." 여기서 수행자는 백정과 같다. 중생이라는 인식은 소라는 인식과 같고 네 가지 자세는 큰길 네 거리와 같고 요소별로 반조하는 것은 벌려놓고 앉아있는 것과 같다. 이것이 경전에 대한 해설이다. 명상주제의 설명은『청정도론』에서 상세하게 설했다.83)

[청정도론 XI]: 33. 딱딱한 것: 견고한 것. 거친 것: 거칠거칠한 것. 여기서 첫 번째 것은 특징을 나타내는 단어이고, 두 번째 것은 상태를 나타내는 단어이다. 왜냐하면 땅의 요소(地界)의 특징은 딱딱하고(kakkhala, 堅固) 상태는 거칠다. 그러므로 거칠다고 했다. 업에서 생긴 것이란 꽉 잡은 것이다. '나,' '내 것'이라고 꽉 잡고, 붙잡고, 들러붙었다는 뜻이다.

34. 즉(seyyathidaṁ)은 부사이다. '그것이 무엇인가라고 한다면'의 뜻이다. 그 다음에 그것을 보여주기 위해 머리털, 몸털 등을 열거하셨다. 여기서 뇌를 더하여 스무 가지의 형태로 땅의 요소를 설하셨다고 알아야 한다. 그 외에도: 나머지 〔수계, 화계, 풍

---

83) 이하『청정도론』XI장에 나타나는 사대를 구분하는 부분만을 인용한다.

계]인 세 가지 부분들에 포함된 땅의 요소이다.

35. 흐르는 상태로 각각의 곳으로 흐르기 때문에 물이다. 업에서 생기고 [마음에서 생긴] 것 등으로 여러 가지 물에 속하기 때문에 물에 속하는 것이다. 무엇이 그것인가? 물의 요소의 점착하는(ābandhana) 특징이 바로 그것이다.

36. 덥게 하기 때문에 불이다. 앞서 설한 방법대로 여러 종류의 불에 속하기 때문에 불에 속하는 것이다. 무엇이 그것인가? [불의 요소의] 뜨거움(uṇhatta)의 특징이 그것이다. 그것 때문에: 불의 요소가 자극받기 때문에 이 몸이 더워진다. 하루걸러 생긴 열병 등으로 뜨거워진다. 그것 때문에 늙고: 그것 때문에 이 몸이 늙고, 근이 무너지고, 기력이 쇠퇴하고, 주름이 지고, 흰머리가 되는 상태에 이른다.

그것 때문에 타고: 불의 요소가 자극을 받기 때문에 이 몸이 타고 그 사람이 '내 [속이] 탄다, 내 [속이] 탄다'라고 울면서 백 번이나 끓여서 찬물에 넣었다가 꺼낸 버터기름과 고시사[84]의 전단향 연고 등과 부채로 부치는 것을 원한다.

그것 때문에 먹었고 마셨고 씹었고 맛본 것이 완전히 소화되고: 그것으로 인해 밥 등 먹은 것이나, 음료 등 마신 것이나, 밀가루로 만든 과자 등 딱딱한 것을 씹은 것이나, 망고 과일과 꿀

---

84) 고시사는 전단향의 한 종류인데 갈색에 아름다운 향기를 가졌다고 한다. 지금도 인도에서 전단향 가루나 연고는 몸에 발라서 더위를 가시게 하는 것으로 널리 애용되고 있다.

과 당밀 등 맛본 것이 완전히 소화된다. 체액 등으로 각각 다른 상태로 된다는 뜻이다. 여기서 처음의 세 가지 불들은 [업, 마음, 온도, 음식의] 네 가지 원인에서 생겼고, 마지막 것은 업에서 생긴 것이다.

37. 움직이기 때문에 바람이다. 앞서 설한 방법대로 여러 종류의 바람에 속하기 때문에 바람에 속하는 것이다. 무엇이 그것인가? 팽창하는(vitthambhana) 특징이 그것이다. 위로 올라가는 바람: 구토, 트림 등을 일으키는 것이 위로 올라가는 바람이다. 아래로 내려가는 바람: 똥과 오줌 등을 배출해내는 것이 아래로 내려가는 바람이다. 뱃속의 바람: 창자 밖의 바람이다. 창자 속의 바람: 창자 안에 있는 바람이다. 사지에 순환하는 바람: 정맥의 망을 통해 온 몸과 사지에 순환하며 구부리고 펴는 등의 상태를 일으키는 바람이다.

들숨: 안으로 들어가는 콧속의 바람이다. 날숨: 밖으로 나가는 콧속의 바람이다. 여기서 처음의 다섯은 네 가지의 원인에서 생긴 것이고 들숨과 날숨은 마음에서 생긴 것이다. 모든 경우에서 그 외에도란 나머지 세 가지 부분들에 포함된 물의 요소 등이다.

38. 이와 같이 스무 가지 형태로 땅의 요소를, 열두 가지 형태로 물의 요소를, 네 가지 형태로 불의 요소를, 여섯 가지 형태로 바람의 요소를 — 이처럼 모두 마흔두 가지 형태로 네 가지 요소(四大)를 상세하게 설명했다. 이것이 성전의 설명이다.

39. 수행하는 방법에 있어 통찰지가 예리한 비구가 '머리털이 땅의 요소(地界)이고, 몸털이 땅의 요소이다 …'라고 상세하게 사대를 파악하면 그에게 [명상주제가] 산만하게 나타난다. 그러나 '딱딱한 특징을 가진 것은 곧 땅의 요소고, 점착의 특징을 가진 것은 물의 요소고, 익히는(paripācana) 특징을 가진 것은 불의 요소고, 팽창하는 특징을 가진 것은 바람의 요소다'라고 마음에 잡도리할 때에는 그에게 명상주제가 분명해진다.

그러나 통찰지가 둔한 사람이 이와 같이 할 때 그것은 캄캄하고 분명하지가 않다. 첫 번째 설한 방법으로 상세하게 마음에 잡도리할 때 분명해진다.

40. 어떻게? 마치 두 비구가 중복된 것을 생략한 것이 많은 성전을 독송할 때 통찰지가 예리한 비구는 한 번 혹은 두 번 그 중복된 부분을 채우고 그 다음부터는 중복으로 인해 생략된 부분의 처음과 끝만을 독송하면서 계속한다. 그것에 대해 통찰지가 둔한 사람은 이와 같이 말한다. '무슨 독송이 이래? 아래 위 입술이 서로 닿지도 않는군. 이렇게 독송을 해서 언제 성전과 친숙해지겠는가?' 그는 생략된 부분마다 상세히 채우면서 독송한다. 다른 사람은 그것에 대해 이와 같이 말한다. '무슨 독송이 이래? 끝에 이를 수가 없겠군. 이렇게 독송해서 언제 끝에 이르겠는가?'

이와 같아서 통찰지가 예리한 사람은 머리털 등으로 상세하게 사대를 파악할 때 산만하게 나타난다. 그러나 '딱딱한 특징을 가진 것은 곧 땅의 요소다'라는 방법으로 간략하게 마음에 잡도리할 때 명상주제가 분명해진다. 통찰지가 둔한 사람이 이와 같이 할 때 그것은 캄캄하고 분명하지가 않다. 머리털 등으로 상세하게 마음에 잡도리할 때 분명해진다.

41. 그러므로 통찰지가 예리한 자가 이 명상주제를 닦고자 하면 우선 한적한 곳에 혼자 머물러 자기의 온 몸으로 전향한다. '이 몸에 있는 딱딱한 성질이나 거친 성질은 땅의 요소이고, 점착하는 성질이나 유동의 성질은 물의 요소이고, 익게 하는 성질이나 뜨거운 성질은 불의 요소이고, 팽창하는 성질이나 움직이는 성질은 바람의 요소다'라고 간략하게 요소를 파악하고는 계속해서 땅의 요소, 물의 요소라고 단지 사대로, 중생도 아니고 영혼도 아니라고 전향해야 하고 마음에 잡도리해야 하고 반조해야 한다.

42. 그가 이와 같이 노력할 때 머지않아 요소(dhātu, 界)의 분류를 비추는 통찰지를 수반하는 삼매가 일어난다. 이것은 단지 근접삼매이다. 이것은 고유성질을 가진 법을 대상으로 하기 때문에 본삼매에는 이르지 못한다.

43. 혹은 이 사대에 중생이라는 것이 없음을 보여주기 위해 법의 사령관인 [사리뿟따 존자]께서는 다음과 같이 네 가지 부위를 설하셨다. "뼈와 힘줄과 살과 피부에 의해 공간이 둘러싸여있을 때 그것은 형상(rūpa)이라는 명칭을 얻는다.(M.i.190)" 이 가운

데서 각각의 틈을 따라서 지혜의 손으로 분리한 뒤 이 가운데 딱 딱한 성질이나 거친 성질은 땅의 요소라고 앞서 설한 방법에 따라 요소를 파악한 뒤 계속해서 땅의 요소, 물의 요소라고 단지 요소로, 중생도 아니고 영혼도 아니라고 전향해야 하고 마음에 잡도리해야 하고 반조해야 한다.

44. 그가 이와 같이 노력할 때 머지않아 요소의 분류를 비추는 통찰지를 수반하는 삼매가 일어난다. 그것은 단지 근접삼매이다. 이것은 고유성질을 가진 법을 대상으로 하기 때문에 본삼매에는 이르지 못한다. 이것이 간략하게 전승되어오는 사대의 구분을 수행하는 방법이다.(이상 『청정도론』 인용 끝)85)

이와 같이 안으로라는 것은 이와 같이 사대를 파악하여 자신의 몸에서나 남의 몸에서나 때로는 자신의 몸에서 때로는 남의 몸에서 몸을 관찰하며 머문다는 말이다.

이 이외에는 앞서 설한 방법과 같다. 단지 여기서는 네 가지 근본물질을 파악하는 마음챙김이 괴로움의 진리이다. 이렇게 구문 분석하여 [아라한과까지] 인도하는 출구를 알아야 한다. 나머지는 앞서 설한 것과 같다.

---

85) 계속해서 『청정도론』에서는 몸의 32가지 부분을 사대로 나누어서 상세하게 관찰하는 방법을 제시하고 있다.

II-6. 아홉 가지 공동묘지의 관찰

7. "다시 비구들이여, ① 비구는 마치 묘지에 버려진 시체가 죽은 지 하루나 이틀 또는 사흘이 지나 부풀고 검푸르게 되고 문드러지는 것을 보게 될 것이다. 그는 바로 자신의 몸을 그에 비추어 바라본다(upasaṁharati). '이 몸 또한 그와 같고, 그와 같이 될 것이며, 그에서 벗어나지 못하리라'고"

"이와 같이 안으로 몸에서 몸을 관찰하며(身隨觀) 머문다. … 그는 세상에 대해서 아무 것도 움켜쥐지 않는다. 비구들이여, 이와 같이 비구는 몸에서 몸을 관찰하며 머문다."

이와 같이 네 가지 근본물질(四大)을 마음에 잡도리함으로써 몸의 관찰을 분석하신 뒤 이제 아홉 가지의 공동묘지의 시체의 부분으로써 그것을 분석하기 위해서 **다시 비구들이여**라는 등을 말씀하셨다.

여기서 **몸**(sarīra)이란 시체를 말한다.

묘지에 버려진(sivathikāya chaḍḍitaṁ)이란 '시체 버리는 곳에 버려둔'이란 말이다.

마치 바람이 가득 찬 풀무처럼 생명이 끝난 후부터 서서히 팽창하고 부어서 부풀었기 때문에 부푼 것이다(uddhumāta). 부품 (uddhumātaṁ)이 바로 **부푼 것**(uddhumātaka)이다. 혹은 부풀음 (uddhumāta)은 혐오스러워서 넌더리난다(kucchita). 그러므로 부푼 것 (uddhumātaka)이다.86)

퇴색되어 가는 것이 검푸른 것이다. 검푸름(vinīla)이 바로 **검푸른 것**(vinīlaka)이다. 혹은 검푸름(vinīla)은 혐오스러워서 넌더리난다. 그러므로 검푸른 것(vinīlaka)이다. 이것은 고깃덩이가 많은 곳에 붉은 색, 고름이 모여 있는 곳에 흰색이다. 그러나 마치 검푸른 곳에 검푸른 천으로 쌓여 있는 것처럼 대부분 검푸른 시체의 동의어이다.

끊어져 나간 곳이나 아홉 구멍으로부터 고름과 함께 흘러내리는 것이 문드러짐이다. 문드러짐(vipubba) 그 자체가 바로 문드러진 것(vipubbaka)이다. 혹은 문드러짐은 혐오스러워서 넌더리난다. 그러므로 문드러진 것(vinīlaka)이다. 문드러져버렸고 그런 상태에 이른 것이 **문드러져버린**(vipubbakajāta) 것이다.

자신의 몸을 그에 비추어 바라본다는 것은 그 비구는 자신의 몸을 저 시체와 더불어 지혜로 비추어 본다, 견주어본다라는 말이다. 어떻게? '이 몸 또한 그와 같고, 그와 같이 될 것이며, 그에서 벗어나지 못하리라'고 비추어 바라본다. 이 뜻은 다음과 같다 — 바람, 온기, 알음알이라는 이들 세 가지 현상이 존재하기 때문에 이 몸은 서고 가는 등을 할 수 있다. 이 셋이 없으면 이 몸도 이렇게 썩어가는 성질을 가졌고, 이렇게 부풀어 오르는 상태

---

86) 첫 번째 해석에서는 uddhumāta(부푼 것)라는 단어와 uddhumātaka라는 단어에 차이가 없다. 즉 uddhumātaka의 ka가 별다른 뜻이 없다는 것이다. 그러나 두 번째 해석에서는 ka가 kucchita(넌더리나는)의 뜻을 가져 그 부푼 것이 넌더리나도록 혐오스럽다는 뜻이다.

등으로 무너질 것이고, 이렇게 부풀어 오르는 상태 등을 벗어나지 않으리라고 [비추어 바라본다].

이와 같이 안으로라는 것은 이와 같이 부풀어 오른 상태 등을 파악하여 자신의 몸에서나 남의 몸에서나 때로는 자신의 몸에서 때로는 남의 몸에서 몸을 관찰하며 머문다는 말이다.

8. "다시 비구들이여, ② 비구는 마치 묘지에 버려진 시체를 까마귀 떼가 달려들어 마구 쪼아먹고, 솔개무리가 쪼아먹고, 독수리 떼가 쪼아먹고, 개떼가 뜯어먹고, 자칼들이 뜯어먹고, 별의별 벌레들이 다 달려들어 파먹는 것을 보게 될 것이다. 그는 자신의 몸을 그에 비추어 바라본다. '이 몸 또한 그와 같고, 그와 같이 될 것이며, 그에서 벗어나지 못하리라'고."

"이와 같이 안으로 몸에서 몸을 관찰하며(身隨觀) 머문다. … 그는 세상에 대해서 아무 것도 움켜쥐지 않는다. 비구들이여, 이와 같이 비구는 몸에서 몸을 관찰하며 머문다."

쪼아먹고(khajjamāna)란 [까마귀나 독수리 등이] 배 등에 앉아서 배의 살점이나 입술의 살점이나 눈 부위 등을 찍어먹는 것이다.

9. "다시 비구들이여, ③ 비구는 마치 묘지에 버려진 시체가 해골이 되어 살과 피가 묻은 채 힘줄에 얽혀 서로 이어져 있는 것을 보게 될 것이다 … ④ 해골이 되어 살은 없고 아직 피는

남아 있는 채로 힘줄에 얽혀 서로 이어져 있는 것을 보게 될 것이다 … ⑤ 해골이 되어 살도 피도 없이 힘줄만 남아 서로 이어져 있는 것을 보게 될 것이다 … ⑥ 백골이 되어 뼈들이 흩어져서 여기에는 손뼈, 저기에는 발뼈, 또 저기에는 정강이뼈, 저기에는 넓적다리뼈, 저기에는 엉덩이뼈, 저기에는 등뼈, 저기에는 갈빗대, 저기에는 가슴뼈, 저기에는 팔뼈, 저기에는 어깨뼈, 저기에는 목뼈, 저기에는 턱뼈, 저기에는 치골, 저기에는 두개골 등이 사방에 널려있는 것을 보게 될 것이다. 그는 자신의 몸을 그에 비추어 바라본다. '이 몸도 또한 그와 같고, 그와 같이 될 것이며, 그에서 벗어나지 못하리라'고

"이와 같이 안으로 몸에서 몸을 관찰하며(身隨觀) 머문다. … 그는 세상에 대해서 아무 것도 움켜쥐지 않는다. 비구들이여, 이와 같이 비구는 몸에서 몸을 관찰하며 머문다."

살과 피가 묻은 채(samaṁsalohitaṁ)라는 것은 아직 살과 피가 묻어있는 것을 말한다.

살은 없고 아직 피는 남아 있는 채라는 것은 살점은 없어졌지만 아직 피가 다 마르지 않은 것을 두고 한 말이다.

여기에는 … 저기에는이라는 것은 다른 방향을 말한다.

손뼈(hatthaṭṭhika)란 것은 64가지 종류의 손뼈가 여기저기 각각 흩어져있는 것을 말한다. 발의 뼈 등도 이와 같다.

10-1. "다시 비구들이여, ⑦ 비구는 마치 묘지에 버려진 시체

가 백골이 되어 뼈가 하얗게 변하여 조개껍질 색깔처럼 된 것을 보게 될 것이다 … ⑧ 백골이 되어 단지 뼈무더기가 되어 있는 보게 될 것이다 … ⑨ 그 백골이 해를 넘기면서 삭아 가루가 된 것을 보게 될 것이다. 그는 자신의 몸을 그에 비추어 바라본다. '이 몸도 또한 그와 같고, 그와 같이 될 것이며, 그에서 벗어나지 못하리라'고"

해를 넘기면서(terovassika)란 몇 년이 지난 것이란 말이다.

삭아서(pūti)라는 것은 노지에 놓여있어서 바람과 햇볕과 비에 맞아 몇 년이 지나서 삭은 것이다.

가루가 된(cuṇṇakajāta)이란 가루가 되어서 흩어져있는 것이다. 모든 곳에 '바로 자신의 몸을 그에 비추어 바라본다. 이 몸도 또한 그와 같고, 그와 같이 될 것이며, 그에서 벗어나지 못하리라'고 설한 방법대로 뜯어 먹힌 것 등에도 적용시켜야 한다.

10-2 "이와 같이 안으로 몸에서 몸을 관찰하며(身隨觀) 머문다. 혹은 밖으로 몸에서 몸을 관찰하며 머문다. 혹은 안팎으로 몸에서 몸을 관찰하며 머문다. 혹은 몸에서 일어나는 현상(法)을 관찰하며 머문다. 혹은 몸에서 사라지는 현상을 관찰하며 머문다. 혹은 몸에서 일어나기도 하고 사라지기도 하는 현상을 관찰하며 머문다. 혹은 그는 '몸이 있구나'라고 마음챙김을 잘 확립하나니 지혜만이 있고 마음챙김만이 현전할 때까지. 이제 그는 [갈애와 사견에] 의지하지 않고 머문다. 그는 세상에 대해서 아무 것도

움켜쥐지 않는다. 비구들이여, 이와 같이 비구는 몸에서 몸을 관찰하며 머문다."

이와 같이 안으로라는 것은 이와 같이 뜯어 먹힌 상태 등을 파악하여 자신의 몸에서나 남의 몸에서나 때로는 자신의 몸에서 때로는 남의 몸에서 몸을 관찰하며 머문다는 말이다.

이쯤에서 아홉 가지 공동묘지의 관찰을 종합해보자.

'죽은 지 하루나 이틀 또는 사흘 된 시체가 부풀고 검푸르게 되고 문드러지는 것을 보게 될 것이다'라는 방법으로 설한 모든 것이 첫 번째이다. '까마귀가 마구 쪼아먹고 …'라는 것은 두 번째이다. '해골이 되어 살과 피가 묻은 채 힘줄로 얽히어 서로 이어져 있는 것'은 세 번째이다. '해골이 되어 살은 없이 피만 엉긴 채 힘줄로 얽히어 서로 이어져 있는 것'은 네 번째이다. '해골이 되어 살과 피는 없고 힘줄만 남아 서로 이어져 있는 것'은 다섯 번째이다. '해골이 되어 힘줄도 사라지고 뼈들이 흩어져서 여기에는 손뼈, 저기에는 발뼈 …'는 여섯 번째이다. '해골이 되어 뼈가 조개껍질 색깔같이 하얗게 백골이 된 것'은 일곱 번째이다. '해골이 되어 풍상을 겪은 단지 뼈 무더기가 되어 있는 것'은 여덟 번째이다. '해골이 되었다가 다시 삭아서 티끌로 변한 모습'은 아홉 번째이다.[87]

---

87) 한편 『청정도론』 Ⅵ.1에서는 10가지 부정관을 설하고 있는데 그 열 가지는 다음과 같다. ① 부푼 것 ② 검푸른 것 ③ 문드러진 것 ④ 끊어진 것 ⑤ 뜯어 먹힌 것 ⑥ 흩어진 것 ⑦ 난도질당하여 뿔뿔이 흩어

비구들이여, 이와 같이라는 것은 이 아홉 가지 공동묘지의 관찰을 보게 하시고 몸을 관찰하는 것을 마무리 짓기 위해서 말씀하신 것이다.

여기서는 아홉 가지 공동묘지의 관찰을 파악하는 마음챙김이 괴로움의 진리이다. 그것을 생기게 한 이전의 갈애는 일어남의 진리이다. 이 둘이 생기지 않음이 소멸의 진리이다. 괴로움을 철저히 알고 일어남을 버리고 소멸을 대상으로 가지는 성스러운 도가 도의 진리이다. 이와 같이 네 가지 성스러운 진리를 통해서 노력하여 적멸을 얻는다. 이것이 아홉 가지 공동묘지의 관찰을 파악하는 비구가 아라한까지 되는 출구가 된다.

이것으로 들숨날숨, 자세, 네 가지 분명하게 알아차림, 혐오를 마음에 잡도리함, 네 가지 근본물질(四大)을 마음에 잡도리함, 아홉 가지 공동묘지의 관찰이라는 14부분으로 이루어진 몸의 관찰이 끝났다. 여기서 들숨날숨과 혐오를 마음에 잡도리함의 두 가지만 본삼매에 드는 명상주제이고 나머지 12가지는 근접삼매에 드는 명상주제이다. 왜냐하면 공동묘지의 관찰은 위험함을 관찰함으로써 설해졌기 때문이다.

진 것 ⑧ 피가 흐르는 것 ⑨ 벌레가 버글거리는 것 ⑩ 해골이 된 것이다.

III. 느낌의 관찰(受隨觀)

11-1. "비구들이여, 어떻게 비구가 느낌에서 느낌을 관찰하며 (受隨觀) 머무는가? 비구들이여, 여기 비구는 즐거운 느낌을 느끼면서 '즐거운 느낌을 느낀다'고 꿰뚫어 안다. 괴로운 느낌을 느끼면서 '괴로운 느낌을 느낀다'고 꿰뚫어 안다. 괴롭지도 즐겁지도 않은 느낌을 느끼면서 '괴롭지도 즐겁지도 않은 느낌을 느낀다'고 꿰뚫어 안다."

"세속적인 즐거운 느낌을 느끼면서 '세속적인 즐거운 느낌을 느낀다'고 꿰뚫어 안다. 비세속적인 즐거운 느낌을 … 세속적인 괴로운 느낌을 … 비세속적인 괴로운 느낌을 … 세속적인 괴롭지도 즐겁지도 않은 느낌을 … 비세속적인 괴롭지도 즐겁지도 않은 느낌을 느끼면서 '비세속적인 괴롭지도 즐겁지도 않은 느낌을 느낀다'고 꿰뚫어 안다."

이와 같이 세존께서는 14가지로 몸을 관찰하는 마음챙김의 확립을 설하신 뒤 이제 9가지로 느낌의 관찰을 설하시기 위해서 '비구들이여, 어떻게'라는 등을 말씀하셨다.

여기서 **즐거운 느낌을**(sukhaṁ vedanaṁ)이라는 것은 육체적이

거나 정신적인 즐거운 느낌을 느끼면서 '즐거운 느낌을 느낀다'
고 꿰뚫어 안다는 뜻이다.

물론 [아직 뒤척이지도 못하고] 반듯하게 누워만 있는 어린
아기도 어머니 젖을 빨 때 등에 즐거운 느낌을 느끼면서 '즐거
운 느낌을 느낀다'고 알지만 여기서는 이렇게 아는 것을 두고 설
해진 것이 아니다. 이런 형태의 앎은 중생이라는 소견을 버리지
못하고 자아라는 인식을 제거하지 못했기 때문에 명상주제나 마
음챙김의 확립을 닦지 못한다.

그러나 이 비구의 앎은 중생이라는 생각을 버리고 자아라는
인식을 제거하기 때문에 명상주제이기도 하고 마음챙김의 확립
을 닦는 것이기도 하다. 이것은 '누가 느끼는가? 이 느끼는 것은
누구에게 속하는가? 무슨 작용으로 느끼는가?'라고 분명하게 알
아차리는 것을 두고 설하신 것이다.

여기서 '누가 느끼는가?' — 어떤 중생이나 사람이 느끼는 것
이 아니다.

'느낌은 누구에게 속하는가?' — 느낌은 어떤 중생이나 사람
에게 속하는 것이 아니다.

'무슨 작용으로 느끼는가?' — [형상, 소리 등의] 토대(境)를
대상(vatthu-ārammaṇa)으로 하여 느낌이 있다. 그러므로 그는
이와 같이 꿰뚫어 안다. '이런 저런 즐거운 토대 등을 대상으로
삼아 오직 느낌이 느낄 뿐이다(vedanāva vedayati)[88]. 그런 느낌

의 일어남을 가져 나는 느낀다고 하는 단지 일상적인 어법(vohāra)이 있을 뿐이다.'라고. 이와 같이 감각토대를 대상으로 하여 느낌이 느낀다고 숙고하면서 '즐거운 느낌을 느낀다고 꿰뚫어 안다'고 알아야 한다. 찟딸라(Cittala) 산에 머무셨던 어떤 장로의 경우처럼.

장로는 병에 걸려서 극심한 고통 때문에 신음하며 이리저리 뒹굴었다고 한다. 어떤 젊은 비구가 그에게 여쭈었다.

"존자시여, 어느 부분이 그렇게 아프십니까?"

"여보게, 아픈 곳이 따로 정해져 있지 않네. 토대(境)를 대상으로 삼고 느낌이 느낀다네."

"존자시여, 그렇게 아시는 때부터 시작하여 견뎌내셔야 합니다."

"여보게, 견뎌내겠네."

"존자시여, 견디는 것이 제일입니다."

장로는 견뎌내었다. [오장육부의] 바람이 가슴을 쪼개어 그의 내장이 모두 침상으로 나와 무더기로 쌓였다. 장로는 젊은 비구에게 보여주고,

"여보게, 이 정도로 참으면 되는가?"라고 말했다.

젊은 비구는 아무 말이 없었다. 장로는 정진을 고르게 유지하

---

88) "법(현상, 인식과정에 개재된 최소단위)들을 떠나서 행위자가 따로 존재하지 않기 때문에 오직 법이 행위자임을 보여주기 위해서 오직 느낌이 느낄 뿐이라고 설명한다."(DAT 해당부분)

여서 무애해를 갖춘 아라한과를 얻은 뒤 아라한과를 얻자마자 목숨(命根)이 다하여(samasīsī) 입적했다.

이처럼 세존께서는 물질의 명상주제를 설하신 뒤 이제 정신의 명상주제를 설하시면서 「제석문경」(D21)의 주석에서처럼 느낌으로 정신적인 명상주제를 설하신다. 왜냐하면 감각접촉이나 마음으로 그것을 설하게 되면 [명상주제가] 분명해지지 않는 것이 마치 암흑과도 같기 때문이다. 그러나 느낌들의 일어남은 아주 분명하기 때문에 느낌으로 설하면 [명상주제가] 분명해지기 때문이다. 거기서 '두 가지 명상주제가 있나니 물질적인 명상주제와 정신적인 명상주제이다'라는 등의 설명은 「제석문경」에서 주석한 방법대로 알아야 한다.[89]

명상 주제는 두 가지이니 물질의 명상주제와 정신의 명상주제이다. '물질을 파악함(rūpa-pariggaha)'과 '정신을 파악함(arūpa-pariggaha)'이란 것도 이것을 두고 한 말이다. 여기서 세존께서는 물질의 명상주제를 설하시면서 간략하게 마음에 잡도리함과 상세하게 마음에 잡도리함을 통해서 네 가지 근본물질(四大)을 파악하는 것을 설하셨다. 이 두 가지는 『청정도론』에서 모든 측면에서 설명하였다.

정신의 명상주제는 일반적으로 느낌을 통해서 설하셨다. 정신

---

89) 『장부 주석서』의 「제석문경(D21) 주석」의 해당부분은 『중부 주석서』의 「염처경 주석」과 거의 같으므로 『중부 주석서』의 「염처경 주석」의 해당 부분을 아래에 옮긴다.

의 명상주제를 천착90)하는 것은 ① 감각접촉(觸, phassa)과 ② 느낌(受, vedanā)과 ③ 마음(心, citta)의 세 가지를 통해서이다. 어떻게?

① 어떤 사람에겐 간략하게 혹은 상세하게 명상주제를 파악할 때 그 대상에 대해서 마음(心)과 마음부수(心所)가 첫 번째로 돌진하는데 그 대상과 맞닿아서 일어나는 감각접촉(觸)이 분명해진다. ② 어떤 사람에게는 그 대상을 경험하면서 일어나는 느낌(受)이 분명해진다. ③ 어떤 사람에게는 그 대상을 파악한 뒤 알면서 일어나는 알음알이(識)91)가 분명해진다.

① 여기서 감각접촉이 분명해진 자에게는 '감각접촉이 일어날 뿐만 아니라 그와 더불어 그 대상을 경험하는 느낌도 일어나고 인식하는 인식과 의도하는 의도와 아는 알음알이도 역시 일어난다.' 이와 같이하여 그는 감각접촉을 다섯 번째로 하는 [법]들92)을 파악한다. ② 느낌이 분명해진 자에게는 '느낌이 일어날 뿐만 아니라 그와 더불어 그 대상과 맞닿는 감각접촉도 일어나고 인식하는 인식과 의도하는 의도와 아는 알음알이도 역시 일어난다.' 이와 같이하여 그는 감각접촉을 다섯 번째로 하는 [법]들을

---

90) 천착에 대해서는 본서 289쪽을 참조할 것.
91) 여기서 보듯이 상좌부 아비담마에서는 마음(citta, 心)과 알음알이(viññāṇa, 識)를 동의어로 간주한다.
92) '감각접촉을 다섯 번째로 하는 것(phassa-pañcamaka)'은 65)번 주해를 참조할 것.

파악한다. ③ 알음알이가 분명해진 자에게는 '알음알이가 일어날 뿐만 아니라 그와 더불어 그 대상과 맞닿는 감각접촉도 일어나고 경험하는 느낌과 인식하는 인식과 의도하는 의도도 역시 일어난다.' 이와 같이하여 그는 감각접촉을 다섯 번째로 하는 법들을 파악한다.

그는 '이 감각접촉을 다섯 번째로 하는 법들은 무엇을 의지하는가?'라고 염두에 두면서 '이들은 [형상, 소리 등의] 토대(境)를 의지했다'라고 안다. 토대란 바로 육신이다. 이것을 두고 "그런데 나의 이 알음알이는 여기에 의지하고 여기에 묶여있다(M77/ii.17 등)"라고 설하셨다. 이것은 궁극적으로는 근본물질들(四大)과 파생된 물질들이다.

이와 같이 여기서 '감각토대는 물질이고 감각접촉을 다섯 번째로 하는 것은 정신이다'라고 단지 정신·물질(名色)일 뿐이라고 본다. 그리고 여기서 물질은 물질의 무더기(色蘊)이고 정신은 네 가지 정신의 무더기들이어서 이것은 다섯 가지 무더기(五蘊)일 뿐이다. 정신·물질을 떠나서 따로 다섯 가지 무더기가 없고 다섯 가지 무더기를 떠나서 따로 정신·물질이 없다.

그는 '이 다섯 가지 무더기들은 무엇을 원인으로 하는가?'라고 조사하면서 '무명 등이 그 원인이다'라고 본다. 그 후 '이것은 조건(緣)이고 또한 조건 따라 생긴 것(緣而生)이라서 다른 중생이나 인간이란 것이 없으며 순전히 형성된 것(行, 상카라)들의 더미에 지나지 않는다'라고 조건을 가진 정신·물질로써 삼특상을 제기하면서 위빳사나를 닦아 '무상하고 괴로움이고 무아이다'라고 명상하면서 고찰한다.

'오늘은 기필코, 오늘은 기필코'라고 하면서 통찰지를 증득하기를 바라는 자는 그 날에 온도의 적당함과 개인의 적당함과 음식의 적당함과 법문을 경청함의 적당함을 얻은 뒤 한 자리에 가부좌하고 앉아 위빳사나의 정점에 이르러서 아라한과를 얻는다. 이러한 세 부류의 사람들이 아라한과를 얻도록 하기 위해서 명상주제를 설하셨다.

그러나 여기서 세존께서는 정신의 명상주제를 설하시면서 느낌을 통해서 설하셨다. 감각접촉과 알음알이를 통해서 설하게 되면 [명상주제가] 분명해지지 않기 때문이다. 그것은 마치 암흑과 같다. 그러나 느낌을 통해서는 [명상주제가] 분명해진다. 왜 그런가? 느낌의 일어남은 아주 분명하기 때문이다.

즐거운 느낌과 괴로운 느낌의 일어남은 분명하다. 즐거운 느낌이 일어날 때 온 몸에 퍼지고 문지르고 스며들고 넘쳐흐르면서 마치 백 번을 정제한 버터를 먹이는 것과 같고, 백 번을 정제한 기름으로 마사지를 해주는 것과 같고 천통의 물 항아리로 열기를 식혀 주는 것과 같아서 '오 즐겁도다. 오 즐겁도다.'라는 말을 연발하게 하면서 일어난다.

괴로운 느낌이 일어날 때 온 몸에 퍼지고 문지르고 스며들고 넘쳐흐르면서 마치 뜨거운 보습을 박게 하는 것과 같고 달구어진 구리물을 뿌리는 것과 같고 마른 풀과 마른 나무만 있는 숲속에서 장작불의 무더기를 놓는 것과 같아서 '오, 괴롭도다. 오, 괴롭도다.'라는 신음소리를 내게 하면서 일어난다. 이처럼 즐거운 느낌과 괴로운 느낌의 일어남은 분명하다.

그러나 괴롭지도 즐겁지도 않은 느낌(不苦不樂受)은 밝히기 어렵고 어두움처럼 불분명하다. 이것은 '즐거운 느낌과 괴로운 느낌이 사라질 때, 유쾌하고 불쾌한 것의 반대로써 중립적인 형태의 괴롭지도 즐겁지도 않은 느낌이다'라는 방법으로 파악할 때 분명해진다. 마치 무엇과 같은가? 마치 넓적한 바위 가운데로 올라가서 도망간 사슴의 발자국을 쫓아가는 사냥꾼이 넓적한 바위의 이쪽과 저쪽에 나있는 발자국을 보고는 중간을 보지 않더라도 '이리로 올라서 저리로 내려갔구나. 바위 가운데에서는 아마 이곳을 지나갔을 것이다.'라는 방법으로 아는 것과 같다.

즐거운 느낌의 일어남은 사슴이 바위로 올라간 곳과 같아서 분명하다. 괴로운 느낌의 일어남은 내려간 곳과 같아서 분명하다. '이리로 올라가서 저리로 내려갔으니 가운데에는 이리로 갔다'라는 방법으로써 이해하는 것처럼 '이것은 즐거운 느낌과 괴로운 느낌이 사라질 때 유쾌하고 불쾌한 것의 반대로써 중립적인 형태의 괴롭지도 즐겁지도 않은 느낌이다'라는 방법으로 파악할 때 분명해진다. 이와 같이 세존께서는 먼저 물질의 명상주제를 설하시고 나중에 정신의 명상주제를 느낌을 통해서 제기하고 보이셨다.

여기에서만 보이신 것이 아니고 『중부』의 「소애진경」(M37), 「대애진경」(M38), 「소방등경」(M44), 「대방등경」(M43), 「랏타빨라 경」(M82), 「마간디야 경」(M75), 「계분별경」(M140), 「확고부동함의 경」(M106)과 『장부』의 「대인경」(D15), 「제석문경」(D21), 「대념처경」(D22), 『상응부』의 「소원인경」(S12:60), 「나무비유경」, 「검증경」(S12:51), 「느낌상응」(S36)의 모든 경과 같은 많은 경들에서 세존께서는 먼저 물질의 명상주제를 설하시고 나중에 정신의 명상주제를 느낌을 통해서 제기하고 보이셨다.(『중부 주석서』의 「염처경 주석」 인용 끝)

여기 **즐거운 느낌을**이라고 시작하는 구절들에서 이것이 알아차리는 다른 방법이다. '즐거운 느낌을 느낀다고 꿰뚫어 안다'라고 즐거운 느낌을 느끼는 순간에는 괴로운 느낌이 존재하지 않기 때문에 '즐거운 느낌을 느끼면서 즐거운 느낌만을 느낀다'고 안다. 이전에 존재하던 괴로운 느낌은 지금은 존재하지 않고, 이 즐거운 느낌도 또한 이 이전에는 존재하지 않았다. 그러므로 '느낌이란 참으로 무상하고 견고하지 않고 변하기 마련인 성질이다'라고 여기서 분명하게 알아차린다. 그래서 세존께서는 말씀하셨다. —

"악기웨사나여, 즐거운 느낌을 느낄 때는 괴로운 느낌을 느끼

지 못하고 괴롭지도 즐겁지도 않은 느낌을 느끼지도 못하며 그
때는 오직 즐거운 느낌만을 느낀다. 악기웨사나여, 괴로운 느낌
을 느낄 때 … 괴롭지도 즐겁지도 않은 느낌을 느낄 때 … 악기
웨사나여, 즐거운 느낌도 … 괴로운 느낌도 … 괴롭지도 즐겁지
도 않은 느낌도 무상하고 형성된 것이며 조건 따라 생겨난 것이
요(緣起) 부서지기 마련인 것이며, 사라지기 마련인 것이며 빛바
래기 마련인 것이며 소멸하기 마련인 것이다."
"악기웨사나여, 이와 같이 보는 잘 배운 성스러운 제자는 즐
거운 느낌에 넌더리 친다. 괴로운 느낌에도 넌더리 친다. 괴롭지
도 즐겁지도 않은 느낌에도 넌더리 친다. 넌더리 치기에 탐욕이
빛바랜다. 탐욕이 빛바래므로 해탈한다. 해탈하면 해탈했다는
지혜가 있다. '태어남은 다했다. 청정범행(梵行)은 성취되었다.
할 일을 다 해 마쳤으며, 다시는 어떤 존재로도 돌아오지 않을
것이다.'고 꿰뚫어 안다."(M74/i.500)

세속적인 즐거운 느낌을 느끼면서라는 등에서 **세속적인 즐거
움**(sāmisaṁ sukhaṁ)이라는 것은 세속의 다섯 가닥의 감각적 욕
망에 바탕을 둔 여섯 가지 기쁜(somanssa) 느낌이다.

비세속적인 즐거움(nirāmisā sukhā)이란 것은 출가생활에 바탕
을 둔 여섯 가지 기쁜 느낌이다.

세속적인 괴로움이란 세속생활에 바탕을 둔 여섯 가지 고통스
런(domanassa) 느낌이다.

비세속적인 괴로움이란 출가생활에 바탕을 둔 여섯 가지 고통스런 느낌이다.

세속적인 괴롭지도 즐겁지도 않음이란 세속생활에 바탕을 둔 여섯 가지 평온한 느낌이다.

비세속적인 괴롭지도 즐겁지도 않음이란 출가생활에 바탕을 둔 여섯 가지 평온한 느낌이다.[93]

---

93) 이상의 각각에 대해서 「육처분별경」(M137)은 '재가에 의지한 것'과 '출가에 의지한 것'이라는 용어를 사용하여 상세하게 분석하고 있다. 여기서 전부를 인용한다.
"10. 여기서 무엇이 **여섯 가지 재가에 의지한 기쁨**인가? 눈으로 알아지는 형상들이 있으니, 마음에 들고 사랑스럽고 매력있고 마음을 끌며 세속적인 부귀영화와 연결되어 있다. 이런 것을 획득한 것을 획득이라고 여기거나 혹은 이미 지나갔고 소멸되었고 변해버린 이전에 획득한 것을 기억하면서 기쁨이 일어난다. 이러한 기쁨을 재가에 의지한 기쁨이라 부른다. 귀로 알아지는 소리가 … 코로 알아지는 냄새가 … 혀로 알아지는 맛이 … 몸으로 알아지는 감촉이 … 마노로 알아지는 법들이 … 이러한 기쁨을 재가에 의지한 기쁨이라 부른다. 이들이 여섯 가지 재가에 의지한 기쁨이다.
11. 여기서 무엇이 **여섯 가지 출가에 의지한 기쁨**인가? 형상들은 참으로 무상하고 변하고 빛바래고 소멸한다고 꿰뚫어 알고 그리고 이전의 형상들이나 지금의 모든 형상들은 무상이고 괴로움이요 변하기 마련인 것이다라고 있는 그대로 바른 통찰지(반야)로서 보면서 기쁨이 일어난다. 이러한 기쁨을 출가에 의지한 기쁨이라 부른다. 소리들은 … 냄새들은 … 맛들은 … 감촉들은 … 법들은 … 이러한 기쁨을 출가에 의지한 기쁨이라 부른다. 이들이 여섯 가지 출가에 의지한 기쁨이다.
12. 여기서 무엇이 **여섯 가지 재가에 의지한 [정신적] 괴로움**인가? 눈으로 알아지는 형상들이 있으니, 마음에 들고 …
13. 여기서 무엇이 **여섯 가지 출가에 의지한 정신적 괴로움**인가? 형

11-2. "이와 같이 안으로 느낌에서 느낌을 관찰하며(受隨觀) 머문다. 혹은 밖으로 느낌에서 느낌을 관찰하며 머문다. 혹은 안팎으로 느낌에서 느낌을 관찰하며 머문다. 혹은 느낌에서 일어나는 현상(法)을 관찰하며 머문다. 혹은 느낌에서 사라지는 현상을 관찰하며 머문다. 혹은 느낌에서 일어나기도 하고 사라지기도 하는 현상을 관찰하며 머문다. 혹은 그는 '느낌이 있구나'라고 마음챙김을 잘 확립하나니 지혜만이 있고 마음챙김만이 현전할 때까지. 이제 그는 [갈애와 사견에] 의지하지 않고 머문다. 그는 세상에 대해서 아무 것도 움켜쥐지 않는다. 비구들이여, 이와 같이 비구는 느낌에서 느낌을 관찰하며 머문다."

상들은 참으로 무상하고 변하고 …
14. 여기서 무엇이 **여섯 가지 재가에 의지한 평온**인가? 눈으로 형상을 보고 어리석고 미혹한 범부에게, [모든 오염원의] 한계를 정복하지 못했고 업의 과보를 정복하지 못했고 위험함을 보지 못한 배우지 못한 범부에게 평온이 생기나니 이런 평온은 형상을 초월하지 못한다. 그러므로 이런 평온을 재가에 의지한 것이라고 부른다. 귀로 소리를 듣고 … 코로 냄새를 맡고 … 혀로 맛을 알고 … 몸으로 감촉을 감촉하고 … 마노로 법들을 알고 … 그러므로 이런 평온을 재가에 의지한 것이라고 부른다. 이들이 여섯 가지 재가에 의지한 평온이다.
15. 여기서 무엇이 **여섯 가지 출가에 의지한 평온**인가? 형상들은 참으로 무상하고 변하고 빛바래고 소멸한다고 알고 그리고 이전의 형상들이나 지금의 모든 형상들은 무상이고 괴로움이요 변하기 마련인 것이다라고 있는 그대로 바른 통찰지(반야)로서 보면서 평온이 일어난다. 이러한 평온은 형상을 초월한다. 그러므로 이러한 평온을 출가에 의지한 것이라 부른다. 소리들은 … 냄새들은 … 맛들은 … 감촉들은 … 법들은 … 그러므로 이러한 평온을 출가에 의지한 것이라 부른다. 이들이 여섯 가지 출가에 의지한 평온이다."

이와 같이 안으로라는 것은 이와 같이 즐거운 느낌 등을 파악하여 자신의 느낌들에 대해서나 남의 느낌들에 대해서나 때로는 자신의 느낌들에 대해서 때로는 남의 느낌들에 대해서 느낌을 관찰하며 머무는 것을 말한다.

일어나는 현상(法)을 관찰하며라는 것은 '무명이 일어나기 때문에 느낌이 일어난다'는 등의 다섯 가지씩의 형태로 느낌들이 일어나고 사라지는 것을 보면서 "느낌들에 대해서 일어나는 현상을 관찰하며 머무른다. 혹은 느낌들에 대해서 사라지는 현상을 관찰하며 머무른다. 때로는 느낌들에 대해서 일어나는 현상을 관찰하며 머무르기도 하고 때로는 느낌들에 대해서 사라지는 현상을 관찰하며 머무르기도 한다."라고 알아야 한다.

이 이외에는 몸의 관찰에서 설명한 방법과 같다. 단지 여기서는 느낌을 파악하는 마음챙김이 괴로움의 진리이다. 이렇게 구문을 분석한 뒤 느낌을 파악하는 비구에게 이것은 [아라한까지 되는] 출구가 된다. 나머지는 앞에서 설한 것과 동일하다.

IV. 마음의 관찰(心隨觀)

12-1. "비구들이여, 어떻게 비구가 마음에서 마음을 관찰하며 (心隨觀) 머무는가? 비구들이여, 여기 비구는 ① 탐욕이 있는 마음을 탐욕이 있는 마음이라 꿰뚫어 안다. 탐욕을 여읜 마음을 탐욕이 없는 마음이라 꿰뚫어 안다. ② 성냄이 있는 … 성냄을 여읜 … ③ 미혹이 있는 … 미혹을 여읜 … ④ 위축된 … 산란한 … ⑤ 고귀한 … 고귀하지 않은 … ⑥ [아직도] 위가 남아있는 … [더 이상] 위가 없는(無上心) … ⑦ 삼매에 든 … 삼매에 들지 않은 … ⑧ 해탈한 마음을 해탈한 마음이라 꿰뚫어 안다. 해탈하지 않은 마음을 해탈하지 않은 마음이라 꿰뚫어 안다."

이와 같이 아홉 가지로 느낌을 관찰하는 마음챙김의 확립을 설하신 뒤 이제 16가지로 마음의 관찰을 설하기 위해서 '비구들이여, 어떻게'라는 등을 말씀하셨다. 그런데 여기서 [16가지로 마음의 현상을] 명상(sammasana)하는 것은 [이런 마음의 현상들이 무상이고 괴로움이요 무아임을 관찰하기 위한 것이지 구경]법을 요약한 것이 아니기 때문에 어떤 구절에도 출세간 [법]은 적용되지 않는다.

탐욕이 있는 마음(sarāga citta) 이란 8가지 탐욕이 함께 한 마음이다. **탐욕을 여읜**(virāga) **마음**이란 세간적인 유익하거나 판단할 수 없는(無記) 마음이다. [12가지 욕계의 해로운 마음들 가운데서 두 가지 정신적 고통과 의심과 들뜬 마음이라는] 이 네 가지 해로운 마음들은 앞의 [탐욕이 있는 마음이나] 뒤의 [탐욕을 여읜 마음에] 속하지 않는다.

성냄이 있는(sadosa) **마음**이란 두 가지 정신적 고통과 함께 한 마음이다.

성냄을 여읜(vītadosa) **마음**이란 세간적인 유익하거나 판단할 수 없는(無記) 마음이다. 그리고 나머지 열 가지 해로운 마음들은 앞의 [성냄이 있는 마음이나] 뒤의 [성냄을 여읜 마음에] 속하지 않는다.

미혹이 있는(samoha) **마음**이란 의심과 함께 한 마음과 들뜸이 함께 한 마음의 두 가지이다. 미혹은 모든 해로운 마음들에서 일어나기 때문에 나머지 [해로운 법들도] 여기에 해당된다. 이 두 가지에 12가지 해로운 마음들이 모두 포함되기 때문이다. **미혹을 여읜**(vītamoha) **마음**이란 세간적인 유익하거나 판단할 수 없는(無記) 마음이다.

위축된(saṅkhitta) **마음**이란 해태와 혼침에 빠진 마음이다. 이것은 움츠러든 마음이기 때문이다. **산란한**(vikkhitta) **마음**이란 들뜸과 함께한 마음이다. 이것은 흩어진 마음이기 때문이다.

고귀한(mahaggata) **마음**이란 색계와 무색계의 마음이다. **고귀하지 않은**(amahaggata) **마음**이란 욕계의 마음이다.

아직도 위가 남아있는(sauttara) **마음**이란 욕계의 마음이다. **더 이상 위가 없는**(anuttara) **마음**이란 색계와 무색계의 마음이다. 이 색계와 무색계 마음들 가운데서는 색계 마음은 아직도 위가 남아있는 마음이고 무색계 마음은 더 이상 위가 없는 마음이다.

삼매에 든(samāhita) **마음**이란 본삼매나 근접삼매에 든 마음이다. **삼매에 들지 않은**(asamāhita) **마음**이란 [본삼매와 근접삼매의] 둘이 없는 마음이다.

해탈한(vimutta) **마음**이란 반대를 대체함으로 인해 해탈한 마음과 억압으로 인해 해탈한 마음이다. **해탈하지 않은**(avimutta) **마음**이란 이런 두 가지 해탈이 없는 것이다. 근절의 해탈, 편안히 가라앉음의 해탈, 벗어남의 해탈은 여기에 해당되지 않는다.94)

12-2. "이와 같이 안으로 마음에서 마음을 관찰하며(心隨觀) 머문다. 혹은 밖으로 마음에서 마음을 관찰하며 머문다. 혹은 안팎으로

---

94) 『청정도론』의 주석서(Pm. 401, 『청정도론』 XIII.12의 주석)에서는 "반대를 대체함에 의한 해탈은 욕계의 유익한 마음을, 억압에 의한 해탈은 고상한 마음(즉 색계와 무색계의 마음)을, 근절의 해탈은 도의 마음을, 편안히 가라앉음의 해탈은 과의 마음을, 벗어남의 해탈은 열반을 뜻한다"라고 주석하고 있다. 그러므로 여기서는 세간적인 처음의 두 가지 해탈만이 해당된다. 어떤 경우에도 출세간법은 마음에 마음챙기는 공부에 적용되지 않기 때문이다.

마음에서 마음을 관찰하며 머문다. 혹은 마음에서 일어나는 현상(法)을 관찰하며 머문다. 혹은 마음에서 사라지는 현상을 관찰하며 머문다. 혹은 마음에서 일어나기도 하고 사라지기도 하는 현상을 관찰하며 머문다. 혹은 그는 '마음이 있구나'라고 마음챙김을 잘 확립하나니 지혜만이 있고 마음챙김만이 현전할 때까지. 이제 그는 [갈애와 사견에] 의지하지 않고 머문다. 그는 세상에 대해서 아무 것도 움켜쥐지 않는다. 비구들이여, 이와 같이 비구는 마음에서 마음을 관찰하며 머문다."

이와 같이 안으로라는 것은 이와 같이 탐욕이 있는 마음 등을 파악하여 매 순간마다 어떤 마음이 일어나더라도 그 모두를 주시하고 자신의 마음에 대해서나 남의 마음에 대해서나 때로는 자신의 마음에 대해서 때로는 남의 마음에 대해서 마음을 관찰하며 머무는 것을 말한다.

여기서 **일어나는 현상(法)을 관찰하며**라는 것은 여기서 무명이 일어나기 때문에 알음알이가 일어난다는 등의 다섯 가지씩의 형태로[95] 알음알이가 일어나고 사라지는 것을 알아야 한다.

이 이외에는 앞에서 설명한 방법과 같다. 단지 여기서는 마음을 파악하는 마음챙김이 괴로움의 진리이다. 이렇게 구문을 분석한 뒤 마음을 파악하는 비구에게 이것이 [아라한까지 되는] 출구가 된다. 나머지는 앞에서 설한 것과 동일하다.

---

95) 『무애해도』(Ps.i.55)를 참조할 것.

V. 법의 관찰(法隨觀)

V-1. 다섯 가지 장애(五蓋)

13-1. "비구들이여, 어떻게 비구가 법에서 법을 관찰하며(法隨觀) 머무는가?

비구들이여, 여기 비구는 다섯 가지 장애(五蓋)의 법에서 법을 관찰하며 머문다. 비구들이여, 어떻게 비구가 다섯 가지 장애의 법에서 법을 관찰하며 머무는가? 비구들이여, 여기 비구는 자기에게 감각적 욕망이 있을 때 '내게 감각적 욕망이 있다'고 꿰뚫어 알고, 감각적 욕망이 없을 때 '내게 감각적 욕망이 없다'고 꿰뚫어 안다. 비구는 전에 없던 감각적 욕망이 어떻게 일어나는지 꿰뚫어 알고, 일어난 감각적 욕망을 어떻게 제거하는지 꿰뚫어 알며, 어떻게 하면 제거한 감각적 욕망이 앞으로 다시 일어나지 않는지 꿰뚫어 안다."

이와 같이 16가지로 마음을 관찰하는 마음챙김의 확립을 설하신 뒤 이제 다섯 가지로 법의 관찰을 설하시기 위해 '비구들이여, 어떻게'라는 등을 말씀하셨다. 나아가서 세존께서는 몸의 관찰로 순수한 물질을 파악하는 것을 설하셨고 느낌과 마음의 관찰로 순수한 정신을 파악하는 것을 설하셨다. 이제 물질과 정신이 혼합된 것을 파악하는 것을 설하시기 위해 '비구들이여, 어떻게'라는 등을 말씀하셨다.

혹은 몸의 관찰로써 물질의 무더기(色蘊)를 파악하는 것을 설하셨고 느낌의 관찰로써 느낌의 무더기(受蘊)를 파악하는 것을, 마음의 관찰로써 알음알이의 무더기(識蘊)를 파악하는 것을 설하셨으며 이제 인식의 무더기(想蘊)와 상카라들의 무더기(行蘊)를 파악하는 것을 설하시기 위해서 '비구들이여, 어떻게'라는 등을 말씀하셨다.

여기서 **있을 때**(santaṁ)라는 것은 끊임없이 일어남을 통해서 존재하는 것을 말한다. **없을 때**(asantaṁ)라는 것은 일어나지 않거나 제거되었기 때문에 존재하지 않는 것을 말한다.

어떻게(yathā ca)라는 것은 그런 이유 때문에 감각적 욕망이 일어나는 것을 말한다.

꿰뚫어 안다는 것은 그 이유를 안다는 말이다. 이런 방법으로 모든 구절에서 그 뜻을 알아야 한다.

여기서 아름다운 표상에 대해서 근원을 벗어나(ayoniso) 마음에 잡도리하기 때문에 감각적 욕망이 일어난다. 아름다운 표상이란, 아름다움 그 자체도 아름다운 표상이고 아름다운 대상도 아름다운 표상이다.

근원을 벗어나 마음에 잡도리함이란 잘못된 방법(anupāya)으로 마음에 잡도리하는 것이고 바른 길을 벗어나서(uppatha) 마음에 잡도리하는 것이다. 무상한 것에 대해서 항상하다고, 괴로움에 대해서 즐겁다고, 자아가 없는 것에 대해서 자아라고, 부정한 것에 대해서 아름답다고 마음에 잡도리하는 것이다. 이런 것을 많이 일으키기 때문에 감각적 욕망이 일어난다.

그래서 세존께서는 "비구들이여, 아름다운 표상이 있어 거기에 근원을 벗어나 마음에 잡도리하기를 많이 지으면 그것이 아직 일어나지 않은 감각적 욕망을 일어나도록 하고 이미 일어난 감각적 욕망을 늘리고 드세게 만드는 자양분이다(S46:2)"라고 말씀하셨다.

부정한 표상에 대해서 근원적으로 마음에 잡도리하기 때문에 감각적 욕망이 제거된다. 부정한 표상이란 부정함 그 자체도 부정한 표상이고 부정한 대상도 부정한 표상이다.

근원적으로 마음에 잡도리함이란 옳은 방법(upāya)으로 마음에 잡도리하는 것이고 바른 길(patha)을 따라서 마음에 잡도리하는 것이다. 무상한 것에 대해서 무상하다고, 괴로움에 대해서 괴롭다고, 자아가 없는 것에 대해서 무아라고, 부정한 것에 대해서 부정하다고 마음에 잡도리하는 것이다. 이런 것을 많이 일으키기 때문에 감각적 욕망이 제거된다.

그래서 세존께서는 "비구들이여, 부정한 표상이 있어 거기에 근원적으로 마음에 잡도리하기를 많이 지으면 이것이 아직 일어나지 않은 감각적 욕망을 일어나지 않도록 하고 이미 일어난 감각적 욕망을 제거하는 자양분이다.(S46:2)"라고 말씀하셨다.

나아가서 감각적 욕망을 제거하기 위한 여섯 가지 법들이 있나니 그것은 (1) 부정한 표상(不淨相, asubhanimitta)을 지님(배움) (2) 부정함을 닦기(asubha-bhāvanā)에 전념함 (3) 감각의 문들을 잘 단속함 (4) 음식에서 적당함을 앎 (5) 훌륭한 도반(선지식)을 만남 (6) 적절한 대화이다.

(1) 열 가지 부정한 표상을 지니는 자에게 감각적 욕망은 제거되고, (2) [부정관을] 닦는 자에게도 감각적 욕망은 제거되고, (3) 감각기능들의 문을 잘 걸어 잠그는 자에게도 감각적 욕망은 제거되고, (4) 네다섯 입 정도를 더 먹을 여유가 있을 때 물을 마셔 공양을 마치는 식생활 습관으로써 음식에서 적당함을 아는 자에게도 감각적 욕망은 제거된다. 그래서 말씀하셨다.

　자신을 제어하는 비구가
　적당히 편히 머물기 위해서는
　네다섯 입정도 더 먹기 전에
　물을 마시고 [공양을 마쳐야 한다] (Thag.89)

(5) 감각적 욕망은 부정상을 수행하던 띳사 장로처럼 부정함을 닦기를 좋아하는 선지식을 친근함으로써 제거되기도 하고 (6) 서거나 앉아있는 도중에 열 가지 부정상에 관련된 적절한 대화를 함으로써 제거되기도 한다. 그래서 감각적 욕망을 제거하기 위

한 여섯 가지 법들이 있다고 설하셨다. 이런 여섯 가지 법들로 감각적 욕망을 제거한 자는 아라한도를 얻어 앞으로 다시 감각적 욕망이 일어나지 않는지 꿰뚫어 안다.

13-2. "자기에게 악의가 있을 때 '내게 악의가 있다'고 꿰뚫어 알고, 악의가 없을 때 '내게 악의가 없다'고 꿰뚫어 안다. 비구는 전에 없던 악의가 어떻게 일어나는지 꿰뚫어 알고, 일어난 악의를 어떻게 제거하는지 꿰뚫어 알며, 어떻게 하면 제거한 악의가 앞으로 다시 일어나지 않는지 꿰뚫어 안다."

적의를 일으키는 표상(paṭigha-nimitta)에 대해서 근원을 벗어나 마음에 잡도리하기 때문에 악의가 일어난다. 여기서 적의 그 자체도 적의를 일으키는 표상이고 적의를 일으키는 대상도 적의를 일으키는 표상이다. 근원을 벗어나서 마음에 잡도리함이란 모든 곳에서 같은 특징을 가진다. 이런 것을 많이 일으키기 때문에 악의가 일어난다.

그래서 세존께서는 "비구들이여, 적의를 일으키는 표상이 있어 거기에 근원을 벗어나 마음에 잡도리하기를 많이 지으면 아직 일어나지 않은 악의를 일어나도록 하고 이미 일어난 악의를 늘리고 드세게 만드는 자양분이다.(S46:2)"라고 말씀하셨다.

자애(metta)를 통한 마음의 해탈(慈心解脫)에 대해서 근원적으로 마음에 잡도리함을 통해서 이것을 제거한다. 여기서 자애란 본삼매와 근접삼매에 다 적용된다. 마음의 해탈(心解脫)은 오직 본삼매이다. 근원적으로 마음에 잡도리함은 앞서 설한 특징을 가진다. 이런 것을 많이 일으키기 때문에 악의가 제거된다.

그래서 세존께서는 "비구들이여, 자애를 통한 마음의 해탈이 있어 거기에 근원적으로 마음에 잡도리하기를 많이 지으면 이것이 아직 일어나지 않은 악의를 일어나지 않도록 하고 이미 일어난 악의를 제거하는 자양분이다.(S46:2)"라고 말씀하셨다.

나아가서 악의를 제거하기 위한 여섯 가지 법들이 있나니 그것은 (1) 자애의 표상을 지님(배움) (2) 자애를 닦기에 전념함 (3) 자기 자신이 바로 자기 업의 주인이며, 상속자임을 명심함 (4) 이에 관해 거듭해서 숙고함 (5) 훌륭한 도반 (6) 적절한 대화이다.

(1) 특정한 방향에 충만한 자애와 제한되지 않은 방향에 충만한 자애 가운데서 어느 하나를 통해 자애를 지니는 자에게 악의는 제거된다.

(2) 특정한 방향에 충만한 자애와 제한되지 않은 방향에 충만한 자애를 [모두 다] 닦는 자에게도 악의는 제거된다.

(3) "그에게 화를 내어 네 자신 그를 어떻게 하겠다는 것인가. 너 자신이 그 사람의 덕과 좋은 자질들을 훼손시킬 수 있겠는가. 너 자신의 행위로 지금의 상태로 왔고, 앞으로도 너 자신의 행위에 따라 갈 것이 아닌가. 남에게 화를 내는 것은 마치 이글거리는 숯 덩어리나 달군 쇠몽둥이 혹은 똥을 집어 남을 치려는 것과 같은 꼴이다. 마찬가지로 누군가가 너에게 화를 낸들 그 역시 너

를 어떻게 할 것인가. 그 사람이 너의 덕이나 좋은 자질들을 부술 수 있겠는가. 그 역시 스스로의 행위에 의해 왔고 행위한대로 갈 것이다. 마치 받아들이지 않은 선물이나, 바람을 향해 던진 한 줌 먼지와 같이 그 사람의 노여움도 되돌아가서 제 머리에 떨어지고 말 것이다."라고. 이와 같이 업이 자신의 주인임(kammassa-katā)을 반조하는 자에게도 악의는 제거된다.

(4) 업이 자신의 주인임을 반조한 뒤 깊이 숙고하는 자에게도 악의는 제거된다.

(5) 앗사굿따 장로처럼 자애 닦기를 좋아하는 선지식을 친근하는 자에게도 악의는 제거된다.

(6) 서거나 앉아있는 도중에 자애에 관련된 적절한 대화를 통해서도 악의는 제거된다. 그래서 악의를 제거하기 위한 여섯 가지 법들이 있다고 설했다. 이런 여섯 가지 법들로 악의를 제거한 자는 불환도를 얻어 앞으로 다시 악의가 일어나지 않는지 꿰뚫어 안다.

13-3 "자기에게 해태와 혼침이 있을 때 '내게 해태와 혼침이 있다'고 꿰뚫어 알고, 해태와 혼침이 없을 때 '내게 해태와 혼침이 없다'고 꿰뚫어 안다. 비구는 전에 없던 해태와 혼침이 어떻게 일어나는지 꿰뚫어 알고, 일어난 해태와 혼침을 어떻게 제거하는지 꿰뚫어 알며, 어떻게 하면 제거한 해태와 혼침이 앞으로 다시 일어나지 않는지 꿰뚫어 안다."

나른함 등에 대해서 근원을 벗어나 마음에 잡도리하는 자에게 해태와 혼침이 일어난다. 권태로움은 몸의 게으름을 뜻하고, 하품은 몸의 늘어짐을 뜻하고, 식곤증은 식사 후에 오는 피곤함을 뜻하고, 마음의 가라앉음은 마음의 무기력함을 뜻한다. 이들 나른함 등에 대해서 근원을 벗어나 마음에 잡도리하기를 많이 짓기 때문에 해태와 혼침이 일어난다.

그래서 "비구들이여, 나른함, 권태로움, 하품, 식곤증, 마음의 가라앉음이 있어 거기에 근원을 벗어나 마음에 잡도리하기를 많이 지으면 이것이 아직 일어나지 않은 해태와 혼침을 일어나도록 하고 이미 일어난 해태와 혼침을 늘리고 드세게 만드는 자양분이다.(S46:2)"라고 말씀하셨다.

[정진을] 시작하는 요소(ārambhadhātu, 發勤界) 등에 대해서 근원적으로 마음에 잡도리함을 통해서 해태와 혼침이 제거된다. 여기서 시작하는 요소라는 것은 처음 시작한 정진이다. 벗어나는 요소(nikkamadhātu, 出離界)라는 것은 게으름에서 빠져나오는 것이기 때문에 그보다 더 강하다. 분발하는 요소(parakkama-dhātu, 勇猛界)라는 것은 더욱더 높은 경지로 나아가기 때문에 그보다 더 강하다. 이런 세 가지의 정진들을 근원적으로 마음에 잡도리하기를 많이 지으면 해태와 혼침이 제거된다.

그래서 "비구들이여, 시작하는 요소와 벗어나는 요소와 분발하는 요소가 있어 거기에 근원적으로 마음에 잡도리하기를 많이 지으면 이것이 아직 일어나지 않은 해태와 혼침을 일어나지 않도록 하고 이미 일어난 해태와 혼침을 제거하는 자양분이다.(S46:2)"라고 말씀하셨다.

나아가 해태와 혼침을 제거하기 위한 여섯 가지 법들이 있다. 그것은 (1) 과식이 그 원인이라는 것을 아는 것 (2) 자세를 바꿈 (3) 광명상(光明想, āloka-saññā)을 마음에 잡도리함 (4) 옥외에 머묾 (5) 훌륭한 도반 (6) 적절한 대화이다.

(1) 손으로 잡아 일으켜야 할 때까지, 그 바닥에서 굴러야 할 때까지, 옷이 찢어질 때까지, 까마귀가 그의 입 속에 든 것을 쪼아 먹을 때까지, 먹은 것을 토해낼 때까지96) 먹고 밤에 앉아 수행하는 곳과 낮에 앉아 수행하는 곳에 앉아 사문의 도를 행하는 자에게 해태와 혼침은 큰 코끼리가 짓누르는 것처럼 찾아온다.

---

96) 이 다섯 가지 정형화된 표현은 경에는 나타나지 않고 주석서에서부터 나타난다. 폭식을 묘사하는 적나라한 정형구라 하겠다.『청정도론』 I.93에도 이 정형구가 나타나는데 바라문들이 이렇게 한다고 표현하고 있다. 사실 옛 인도에서 예를 들면 1년에서 12년 동안이나 지속되는 사뜨라(satra)와 같은 제사는 많은 제관들과 군중들이 동참하는 제사인데 그때 바라문들이 많이 먹을 수 있다고 한다. 이런 사뜨라에서 너무 많이 먹었던 아그니가 사뜨라가 끝나자 배가 커지고 그 커진 배를 채우지 못해 안절부절하는 대목이 나타난다. 그래서 인도 서사시『마하바라따』 2장「사바빠르와」에 보면 아르주나와 끄르슈나가 칸다와 숲을 태우고 아그니는 그때서야 주린 배를 채운다고 한다.(뿌나 박경숙님 제공) 이처럼 제사에서 배고픈 바라문 제관들이 게걸스럽게 잘 먹는 것을 비꼬아 주석서에서는 폭식하는 정형구를 바라문에 빗대어 만든 것이라 할 수 있겠다.

네다섯 입정도 더 먹을 여유가 있을 때 물을 마셔 공양을 마치는 식생활 습관을 가진 비구에게 그것은 없다. 이와 같이 과식이 그 원인이라는 것을 아는 자에게 해태와 혼침은 제거된다.

(2) 해태와 혼침에 빠져드는 자세를 다른 자세로 바꾸는 자에게도 (3) 밤에는 달빛이나 등잔불 빛이나 횃불 빛을, 낮에는 태양의 빛을 마음에 잡도리하는 자에게도 (4) 옥외에 머무는 비구에게도 (5) 마하깟사빠 장로처럼 해태와 혼침을 제거한 선지식을 친근하는 자에게도 해태와 혼침은 제거된다. (6) 서거나 앉아있는 도중에 두타행에 관련된 적절한 대화를 통해서도 제거된다.

그래서 설하기를 해태와 혼침을 제거하기 위한 여섯 가지 법들이 있다고 했다. 이런 여섯 가지 법들로 해태와 혼침을 제거한 자는 아라한도를 얻어 앞으로 다시 해태와 혼침이 일어나지 않는지 꿰뚫어 안다.

13-4. "자기에게 들뜸과 후회가 있을 때 '내게 들뜸과 후회가 있다'고 꿰뚫어 알고, 들뜸과 후회가 없을 때 '내게 들뜸과 후회가 없다'고 꿰뚫어 안다. 비구는 전에 없던 들뜸과 후회가 어떻게 일어나는지 꿰뚫어 알고, 일어난 들뜸과 후회를 어떻게 제거하는지 꿰뚫어 알며, 어떻게 하면 제거한 들뜸과 후회가 앞으로 다시 일어나지 않는지 꿰뚫어 안다."

마음이 고요하지 못한 것에 대해 근원을 벗어나 마음에 잡도리하는 자에게 들뜸과 후회가 일어난다. 고요하지 못함이라는 것은 고요하지 못한 모습인데 뜻으로는 들뜸과 후회이다. 여기에 대해 근원을 벗어나 마음에 잡도리하기를 많이 짓기 때문에 들뜸과 후회가 일어난다.

그래서 "비구들이여, 마음이 고요하지 못한 것에 대해 근원을 벗어나서 마음에 잡도리하기를 많이 지으면 이것이 아직 일어나지 않은 들뜸과 후회를 일어나도록 하고 이미 일어난 들뜸과 후회를 늘리고 드세게 만드는 자양분이다.(S46:2)"라고 말씀하셨다.

삼매라고 불리는 마음의 고요함에 대해 근원적으로 마음에 잡도리함을 통해서 들뜸과 후회를 제거한다. 그래서 "비구들이여, 마음의 고요함이 있어 거기에 근원적으로 마음에 잡도리하기를 많이 지으면 이것이 아직 일어나지 않은 들뜸과 후회를 일어나지 않도록 하고 이미 일어난 들뜸과 후회를 제거하는 자양분이다.(S46:2)"라고 말씀하셨다.

나아가서 들뜸과 후회를 제거하기 위한 여섯 가지 법들이 있다. 그것은 (1) [경전을] 많이 배움 (2) [경전을] 탐구함 (3) 계율을 숙지함 (4) 연륜과 경험이 풍부한 분들을 친근함 (5) 훌륭한 도반 (6) 적절한 대화이다.

(1) 깊은 학식을 갖추어 일, 이, 삼, 사, 오부 니까야(Nikāya)의 경전과 주석서를 배워 통달한 자에게 들뜸과 후회는 제거된다. (2) 타당한가 타당하지 않은가 탐구를 거듭하는 자에게도 (3) 계율의 적용에 대해서 자재함을 얻어 숙지하고 있는 자에게도 (4) 연

류과 경험이 풍부한 장로들을 찾아뵙고 (5) 우빨리 장로처럼 율에 통달한 자를 친근하고 선지식을 친근하는 자에게도 들뜸과 후회는 제거된다. (6) 서거나 앉아있는 도중에 타당한가 타당하지 않은가에 관련된 적절한 대화를 통해서도 제거된다.

그래서 설하기를 들뜸과 후회를 제거하기 위한 여섯 가지 법들이 있다고 했다. 이런 여섯 가지 법들로 들뜸과 후회를 제거했을 때 그는 아라한도를 얻어 들뜸이, 불환도를 얻어 후회가 앞으로 다시 일어나지 않는지 꿰뚫어 안다.

13-5. **"자기에게 회의적 의심이 있을 때 '내게 의심이 있다'고 꿰뚫어 알고, 의심이 없을 때 '내게 의심이 없다'고 꿰뚫어 안다. 비구는 전에 없던 의심이 어떻게 일어나는지 꿰뚫어 알고, 일어난 의심을 어떻게 제거하는지 꿰뚫어 알며, 어떻게 하면 제거한 의심이 앞으로 다시 일어나지 않는지 꿰뚫어 안다."**

의심스러운 것들에 대해 근원을 벗어나 마음에 잡도리하는 자에게 의심이 일어난다. 의심스러운 것들이라는 것은 계속적으로 의심을 하기 때문에 의심 그 자체이다. 여기에 대해서 근원을 벗어나 마음에 잡도리하기를 많이 짓기 때문에 의심이 일어난다.

그래서 "비구들이여, 의심스러운 것들이 있어 거기에 근원을 벗어나 마음에 잡도리하기를 많이 지으면 이것이 아직 일어나지 않은 의심을 일어나도록 하고 이미 일어난 의심을 늘리고 드세게 만드는 자양분이다.(S46:2)"라고 말씀하셨다.

유익한 법(善法) 등에 대해서 근원적으로 마음에 잡도리함으로써 의심을 제거한다. 그래서 "비구들이여, 유익하거나 해로운 것(法), 나무랄 데 없는 것과 나무라야 마땅한 것, 받들어 행해야 하는 것과 받들어 행하지 말아야 하는 것, 고상한 것과 천박한 것, 흑백으로 상반되는 갖가지 것들이 있어 거기에 근원적으로 마음에 잡도리하기를 많이 지으면 이것이 아직 일어나지 않은 의심을 일어나지 않도록 하고 이미 일어난 의심을 제거하는 것이다.(S46:2)"라고 말씀하셨다.

나아가 의심을 제거하기 위한 여섯 가지 법들이 있다. 그것은 (1) [경전을] 많이 배움 (2) [경전을] 탐구함 (3) 계율을 숙지함 (4) [불법승 삼보에 대한] 확고한 믿음을 가짐 (5) 훌륭한 도반 (6) 적절한 대화이다.

(1) 깊은 학식을 갖추어 일, 이, 삼, 사, 오부 니까야의 경전과 주석서를 배워 통달한 자에게 의심은 제거된다. (2) 삼보에 관해서 탐구를 거듭하는 자에게도 (3) 계율의 적용에 대해서 자재함을 얻어 숙지하는 자에게도 (4) 삼보에 대한 확고한 믿음이라 불리는 확신을 굳게 가진 자에게도 (5) 신심이 깊고 왁깔리 장로와 같은 선지식을 친근하는 자에게도 의심은 제거된다. (6) 서거나 앉아있는 도중에 삼보의 공덕에 관련된 적절한 대화를 통해서도 제거된다.

그래서 의심을 제거하기 위한 여섯 가지 법들이 있다고 설했다. 이런 여섯 가지 법들로 의심을 제거한 자는 예류도를 얻어 앞으로 다시 의심이 일어나지 않는지 꿰뚫어 안다.

13-6. "이와 같이 안으로 법에서 법을 관찰하며(法隨觀) 머문다. 혹은 밖으로 법에서 법을 관찰하며 머문다. 혹은 안팎으로 법에서 법을 관찰하며 머문다. 혹은 법에서 일어나는 현상(法)을 관찰하며 머문다. 혹은 법에서 사라지는 현상을 관찰하며 머문다. 혹은 법에서 일어나기도 하고 사라지기도 하는 현상을 관찰하며 머문다. 혹은 그는 '법이 있구나'라고 마음챙김을 잘 확립하나니 지혜만이 있고 마음챙김만이 현전할 때까지. 이제 그는 [갈애와 사견에] 의지하지 않고 머문다. 그는 세상에 대해서 아무 것도 움켜쥐지 않는다. 비구들이여, 이와 같이 비구는 다섯 가지 장애의 법에서 법을 관찰하며 머문다."

이와 같이 안으로라는 것은 이와 같이 다섯 가지 장애(五蓋)를 파악함으로써 자신의 법들인 [다섯 가지 장애에] 대해서, 남의 법들인 [다섯 가지 장애에] 대해서, 때로는 자신의 법들인 [다섯 가지 장애에] 대해서 때로는 남의 법들인 [다섯 가지 장애에] 대해서 다섯 가지 장애들을 관찰하며 머무는 것을 말한다.

여기서 **일어나는 현상(法)을 관찰하며**라는 것은 아름다운 표상이나 부정한 표상 등에 대해서 근원을 벗어나서 마음에 잡도리함과 근원적으로 마음에 잡도리함을 통해서 다섯 가지 장애들에 대해 앞에 설한 방법대로 알아야 한다.

여기서는 다섯 가지 장애를 파악하는 마음챙김이 괴로움의 진리이다. 이렇게 구문을 분석한 뒤 다섯 가지 장애들을 파악하는 비구에게 이것은 [아라한까지 되는] 출구가 된다. 나머지는 앞에서 설한 것과 동일하다.

V-2. 다섯 가지 무더기(五蘊)

14. "다시 비구들이여, 여기 비구는 다섯 가지 취착하는 무더기(五取蘊)들의 법에서 법을 관찰하며(法隨觀) 머문다. 비구들이여, 어떻게 비구가 다섯 가지 취착하는 무더기들의 법에서 법을 관찰하며 머무는가? 비구들이여, 여기 비구는 '이것이 물질이다. 이것이 물질의 일어남이다. 이것이 물질의 사라짐이다. 이것이 느낌이다. 이것이 느낌의 일어남이다. 이것이 느낌의 사라짐이다. 이것이 인식이다. 이것이 인식의 일어남이다. 이것이 인식의 사라짐이다. 이것이 상카라(行)들이다. 이것이 상카라의 일어남이다. 이것이 상카라들의 사라짐이다. 이것이 알음알이다. 이것이 알음알이의 일어남이다. 이것이 알음알이의 사라짐이다'라고 [관찰하며 머문다]."

"이와 같이 안으로 법에서 법을 관찰하며(法隨觀) 머문다. … 그는 세상에 대해서 아무 것도 움켜쥐지 않는다. 비구들이여, 이와 같이 비구는 다섯 가지 취착하는 무더기들의 법에서 법을 관찰하며 머문다."

이와 같이 다섯 가지 장애를 통해 법을 관찰하는 것을 분석하신 뒤 이제 다섯 가지 무더기(五蘊)들을 통해 분석하시기 위해 **다시 비구들이여**라는 등을 말씀하셨다.

여기서 **취착하는 무더기**(五取蘊)**들의 법**이라는 것에서 취착하는 무더기(取蘊)란 취착의 무더기이다. 즉 취착의 조건인 법들의 더미들이나 법들의 낟가리들이라는 의미이다. 여기서 이것은 간략하게 설한 것이다. 무더기(蘊)에 대한 상세한 설명은 『청정도론』(XIV장)에서 설하였다.

이것이 물질이다(iti rūpaṁ)라는 것은 이만큼이 물질이고 이것을 넘어서는 물질이 있지 않다라고 고유성질을 통해서 물질을 아는 것을 말한다. 느낌 등에 대해서도 이 방법은 적용된다. 여기서 이것은 간략하게 설명한 것이다. 물질 등에 대한 상세한 설명은 『청정도론』의 「무더기(蘊)의 해설」(XIV장)에서 설하였다.

이것이 물질의 일어남이다(iti rūpassa samudayo)라는 것은 이와 같이 무명 등이 일어남으로써 다섯 가지 형태로 물질의 일어남이 있다는 말이다.

이것이 물질의 사라짐이다(iti rūpassa atthaṅgamo)라는 것은 이와 같이 무명 등이 소멸함으로써 다섯 가지 형태로 물질의 사라짐이 있다는 말이다. 느낌 등에 대해서도 이 방법은 적용된다. 여기서 이것은 간략하게 설명한 것이다. 상세한 것은 『청정도론』의 「일어나고 사라짐을 관찰하는 지혜의 해설」(XX장 §93이하)에서 설하였다.

이와 같이 안으로라는 것은 이와 같이 다섯 가지 무더기(五蘊)들을 파악함으로써 자신의 법들인 오온에 대해서, 남의 법들인 오온에 대해서, 때로는 자신의 법들인 오온에 대해서 때로는 남의 법들인 오온에 대해서 오온을 관찰하며 머무는 것을 말한다.

여기서 '일어나고 사라짐(samudaya-vaya)'은 무명이 일어남으로 해서 물질이 일어난다는 등의 다섯 가지 무더기에서 설해진 50가지 특징들을 통해서 알아야 한다.

이 이외에는 앞서 설한 방법과 같다. 단지 여기서는 다섯 가지 무더기(五蘊)들을 파악하는 마음챙김이 괴로움의 진리이다. 이렇게 구문을 분석한 뒤 다섯 가지 무더기들을 파악하는 비구에게 이것은 [아라한까지 되는] 출구가 된다. 나머지는 앞에서 설한 것과 동일하다.

V-3. 여섯 가지 감각장소(六處)

15. "다시 비구들이여, 여기 비구는 여섯 가지 안팎의 감각장소(六內外處)의 법에서 법을 관찰하며(法隨觀) 머문다. 비구들이여, 어떻게 비구가 여섯 가지 안팎의 감각장소의 법에서 법을 관찰하며 머무는가? 비구들이여, 여기 비구는 눈을 꿰뚫어 안다. 형상을 꿰뚫어 안다. 이 둘을 조건으로(緣) 일어난 족쇄도 꿰뚫어 안다. 전에 없던 족쇄가 어떻게 일어나는지 꿰뚫어 알고, 일

어난 족쇄를 어떻게 제거하는지 꿰뚫어 알며, 어떻게 하면 제거한 족쇄가 앞으로 다시 일어나지 않는지 꿰뚫어 안다."

"귀를 꿰뚫어 안다. 소리를 꿰뚫어 안다. … 코를 꿰뚫어 안다. 냄새를 꿰뚫어 안다. … 혀를 꿰뚫어 안다. 맛을 꿰뚫어 안다. … 몸을 꿰뚫어 안다. 감촉을 꿰뚫어 안다. … 마노를 꿰뚫어 안다. 이 둘을 조건으로 일어난 족쇄도 꿰뚫어 안다. 법을 꿰뚫어 안다. 전에 없던 족쇄가 어떻게 일어나는지 꿰뚫어 알고, 일어난 족쇄를 어떻게 제거하는지 꿰뚫어 알며, 어떻게 하면 제거한 족쇄가 앞으로 다시 일어나지 않는지 꿰뚫어 안다."

"이와 같이 안으로 법에서 법을 관찰하며(法隨觀) 머문다. … 그는 세상에 대해서 아무 것도 움켜쥐지 않는다. 비구들이여, 이와 같이 비구는 여섯 가지 안팎의 감각장소의 법에서 법을 관찰하며 머문다."

이와 같이 다섯 가지 무더기(五蘊)들을 통해서 다섯 가지 무더기의 법들을 관찰하는 것을 분석하신 뒤 이제 감각장소(處)들을 통해서 분석하시기 위해서 **다시 비구들이여**라는 등을 말씀하셨다.

여기서 **여섯 가지 안팎의 감각장소**(六內外處)**의 법에서**라는 것은 눈·귀·코·혀·몸·마노라는 이들 여섯 가지 안의 [감각장소]와 형상·소리·냄새·맛·감촉·법이라는 이들 여섯 가지 밖의 [감각장소]를 말한다.

눈을 꿰뚫어 안다는 것은 눈의 감성을 역할과 특징을 통해서 있는 그대로 꿰뚫어 안다는 말이다.

형상을 꿰뚫어 안다는 것은 [업·마음·온도·음식의] 넷에서 생긴 밖의 물질을 역할과 특징을 통해서 있는 그대로 꿰뚫어 안다는 말이다.

이 둘을 조건으로(緣) 일어난 족쇄도 꿰뚫어 안다는 것은 눈과 형상이라는 이 둘을 반연하여 (1) 감각적 욕망의 족쇄 (2) 적의의 족쇄 (3) 자만의 족쇄 (4) 사견의 족쇄 (5) 의심의 족쇄 (6) 계율과 의식에 대한 집착의 족쇄 (7) 존재에 대한 욕망의 족쇄 (8) 질투의 족쇄 (9) 인색의 족쇄 (10) 무명의 족쇄라는 열 가지 족쇄97)가 일어나는데 이것을 역할과 특징을 통해서 있는 그대로 꿰뚫어 안다는 말이다.

그러면 어떻게 이것이 일어나는가?

(1) 눈의 문의 영역에 나타난 원하는 대상을 감각적 욕망의 달콤함을 통해서 그것을 맛보고 즐길 때 그에게 감각적 욕망의 족쇄가 일어난다. (2) 원하지 않는 대상을 증오할 때 그에게 적의의 족쇄가 일어난다. (3) '나를 제외하고 다른 누가 이 대상을 분별할 수 있단 말인가'라고 여길 때 그에게 자만의 족쇄가 일어난다.

---

97) 여기서 설명하는 열 가지 족쇄는 아비담마의 방법에 따른 것이다. 경에서 설하는 족쇄와 아비담마에서 설하는 족쇄는 조금 다르다. 이 둘에 대해서는 『아비담마 길라잡이』 7장 §§10-11을 참조할 것.

(4) '이 형상은 항상하고 견고하다'고 움켜쥘 때 그에게 사견의 족쇄가 일어난다. (5) '이 형상이 참으로 중생인가 아니면 중생의 것인가'라고 의심할 때 그에게 의심의 족쇄가 일어난다.

(6) '이것은 번영하는 존재에서 쉽게 얻어질 것이다'라고 존재를 원할 때 그에게 존재에 대한 욕망의 족쇄가 일어난다. (7) '미래에도 이런 계율과 의식을 받들어서 행할 수가 있기를'이라고 계율과 의식을 받들 때 그에게 계율과 의식에 대한 집착의 족쇄가 일어난다. (8) '오 참으로 이 형상을 다른 사람들은 얻지 못하기를'이라고 시샘할 때 그에게 질투의 족쇄가 일어난다. (9) 자신이 얻은 형상을 남에게 인색하게 굴 때 그에게 인색의 족쇄가 일어난다. (10) 이 모든 것과 함께 생긴 무지함을 통해서 무명의 족쇄가 일어난다.

전에 없던 족쇄가 어떻게 일어나는지 꿰뚫어 알고라는 것은 전에 일어나지 않았던 열 가지 족쇄가 어떻게 일어나는지 그 이유를 안다는 말이다.

일어난 족쇄를 어떻게 제거하는지 꿰뚫어 알며라는 것은 제거되지 않았기 때문에 일어난 그 열 가지 족쇄가 어떤 이유로 인해 제거되는지 그 이유를 안다는 말이다.

어떻게 하면 이미 제거한 족쇄가 앞으로 다시 일어나지 않는지 꿰뚫어 안다는 것은 반대를 대체함에 의한 버림과 억압에 의한 버림을 통해 이미 버린 열 가지 족쇄가 어떤 이유 때문에 앞으로 다시 일어나지 않는지 꿰뚫어 안다는 말이다.

그러면 무슨 이유로 미래에 다시 일어나지 않는가? 사견·의심·계율과 의식에 대한 집착·질투·인색이라는 이 다섯 가지 족쇄는 예류도를 [얻음에] 의해서 미래에 다시 일어나지 않는다. 감각적 욕망과 적의의 두 가지 거친 족쇄는 일래도에 의해서, 미세한 것은 불환도에 의해서, 자만과 존재에 대한 욕망과 무명의 세 가지 족쇄는 아라한도에 의해서 미래에 다시 일어나지 않는다.

귀를 꿰뚫어 안다. 소리를 꿰뚫어 안다는 등에 대해서도 이 방법이 적용된다. 나아가서 여기서 감각장소의 설명은 『청정도론』의 「감각장소의 해설」(XV장)에서 상세하게 설명한 방법대로 알아야 한다.

이와 같이 안으로라는 것은 이와 같이 안의 감각장소를 파악함을 통해서 자신의 감각장소인 법들에 대해서, 밖의 감각장소를 파악함을 통해서 남의 감각장소인 법들에 대해서, 때로는 자신의 감각장소인 법들에 대해서 때로는 남의 감각장소인 법들에 대해서 감각장소인 법들을 관찰하며 머무는 것을 말한다.

여기서 **일어나는 현상**(法)**을 관찰하며**라는 것은 무명이 일어남으로 해서 눈이 일어난다는 등의 물질의 감각장소는 물질의 무더기(色蘊)에서, 그리고 정신의 감각장소들 가운데서 마노의 감각장소는 알음알이의 무더기(識蘊)에서, 법(法)의 감각장소는 나머지 무더기들(受蘊·想蘊·行蘊)에서 설한 방법대로 알아야 한다. 여기서 출세간의 법들은 취해서는 안된다.

이 이외에는 앞서 설한 방법과 같다. 단지 여기서는 감각장소(處)를 파악하는 마음챙김이 괴로움의 진리이다. 이렇게 구문을 분석한 뒤 감각장소를 파악하는 비구에게 이것은 [아라한까지 되는] 출구가 된다. 나머지는 앞에서 설한 것과 동일하다.

V-4. 일곱 가지 깨달음의 구성요소(七覺支)

16-1. "다시 비구들이여, 비구는 일곱 가지 깨달음의 구성요소(七覺支)들의 법에서 법을 관찰하며 머문다. 비구들이여, 어떻게 비구가 일곱 가지 깨달음의 구성요소들의 법에서 법을 관찰하며 머무는가? 비구들이여, 여기 비구는 자기에게 마음챙김의 깨달음의 구성요소(念覺支)가 있을 때 '내게 마음챙김의 깨달음의 구성요소가 있다'고 꿰뚫어 알고, 마음챙김의 깨달음의 구성요소가 없을 때 '내게 마음챙김의 깨달음의 구성요소가 없다'고 꿰뚫어 안다. 비구는 전에 없던 마음챙김의 깨달음의 구성요소가 어떻게 일어나는지 꿰뚫어 알고, 일어난 마음챙김의 깨달음의 구성요소를 어떻게 닦아서 성취하는지 꿰뚫어 안다."

이와 같이 안팎의 감각장소(處)들을 통해서 법을 관찰하는 것을 분석하신 뒤 이제 깨달음의 구성요소(覺支, aṅga)를 통해서 분석하시기 위해 **다시 비구들이여**라는 등을 말씀하셨다.

여기서 **있을 때**(santaṁ)라는 것은 얻음에 의해서 존재하는 것을 말한다.

마음챙김의 깨달음의 구성요소(念覺支)라는 것은 마음챙김이라 부르는 깨달음의 구성요소이다.

여기서 위빳사나를 시작하는 그때부터 수행자는 깨달음을 얻게 되므로 **깨달음**(sambodhi)이라 한다. 혹은 그는 마음챙김 등의 일곱 가지 법들의 조화(sāmaggi) 때문에 깨닫고 오염원의 졸림에서 깨어나거나 [네 가지] 진리를 통찰한다. 그러므로 그 법의 조화로움이 깨달음(sambodhi)이다.

그런 깨달음의 구성요소(tassa sambodhissa tassā vā sambodhiyā aṅgaṁ)라고 해서 **깨달음의 구성요소**(sambojjhaṅgaṁ, 覺支)라고 한다. 그래서 마음챙김이라 부르는 깨달음의 구성요소라고 한 것이다. 나머지 깨달음의 구성요소들에 대해서도 이 방법으로 단어의 뜻을 알아야 한다.

없을 때(asantaṁ)라는 것은 얻지 못했기 때문에 존재하지 않는 것을 말한다.

전에 없던 마음챙김의 깨달음의 구성요소가 어떻게 일어나는지 꿰뚫어 알고라는 등에서 마음챙김의 깨달음의 구성요소는 이와 같이 일어난다. "비구들이여, 마음챙김의 깨달음의 구성요소(念覺支)를 확립시키는 법들이 있어 거기에 근원적으로 마음에 잡도리하기를 많이 지으면 이것이 아직 일어나지 않은 마음챙김의 깨달음의 구성요소를 일어나게 하고 이미 일어난 마음챙김의 깨달음의 구성요소를 늘리고 드세게 만들고 수행을 성취하는 자양분이다.(S46:2)"

여기서 마음챙김 그 자체가 마음챙김의 깨달음의 구성요소를 확립시키는 법이다. 근원적으로 마음에 잡도리함은 앞서 설명한 특징을 가진다. 여기서 이런 것을 많이 일으키기 때문에 마음챙김의 깨달음의 구성요소가 일어난다.

나아가서 네 가지 법이 있어 마음챙김의 깨달음의 구성요소를 일어나게 한다. 그것은 (1) 마음챙기고 분명하게 알아차림(正念正知) (2) 마음챙김을 잊어버린 사람을 피함 (3) 마음챙김을 확립한 사람을 친근함 (4) 이것을 확신함이다.

(1) 나아감 등의 일곱 가지 경우에 대해서 마음챙기고 분명하게 알아차리고 (2) 밥을 던져준 까마귀[98]처럼 마음챙김을 잊어버린 사람을 피하며 (3) 띳사닷따 장로와 아바야 장로처럼 마음챙김을 확립한 사람을 친근하고 (4) 서거나 앉음 등에서 마음챙김을 일으키기 위해서 마음을 향하고 기울이고 기댐에 의해서 마음챙김의 깨달음의 구성요소는 일어난다.

이와 같이 네 가지 방법에 의해 마음챙김의 깨달음의 구성요

---

98) 『상응부 복주서』(SAṬ)에서는 "매일 밥을 던져주는 장소(bhattaṭṭhāna)조차 기억하지 못하는(asaraṇa) 까마귀처럼 마음챙김을 놓아버린 자"를 두고 한 비유라고 설명하고 있다.(SAṬ.ii.240) 이처럼 새 특히 까마귀는 인도에서도 우리나라에서도 잘 잊어버리는 사람에 비유된다. 우리나라에서도 망각이 심한 사람을 까마귀 고기를 먹은 사람에 비유한다.

소를 일으킨 자는 아라한도를 통해서 수행을 완성한다고 안다.

16-2. "자기에게 법을 간택하는 깨달음의 구성요소(擇法覺支)가 있을 때 … 정진의 깨달음의 구성요소(精進覺支)가 있을 때 … 희열의 깨달음의 구성요소(喜覺支)가 있을 때 … 편안함의 깨달음의 구성요소(輕安覺支)가 있을 때 … 삼매의 깨달음의 구성요소(定覺支)가 있을 때 … 평온의 깨달음의 구성요소(捨覺支)가 있을 때 '내게 평온의 깨달음의 구성요소가 있다'고 꿰뚫어 알고, 평온의 깨달음의 구성요소가 없을 때 '내게 평온의 깨달음의 구성요소가 없다'고 꿰뚫어 안다. 비구는 전에 없던 평온의 깨달음의 구성요소가 어떻게 일어나는지 꿰뚫어 알고, 일어난 평온의 깨달음의 구성요소를 어떻게 닦아서 성취하는지 꿰뚫어 안다."

법을 간택하는 깨달음의 구성요소(擇法覺支)는 이와 같이 일어난다. "비구들이여, 유익하거나 해로운 것(法), 나무랄 데 없는 것과 나무라야 마땅한 것, 받들어 행해야 하는 것과 받들어 행하지 말아야 하는 것, 고상한 것과 천박한 것, 흑백으로 상반되는 갖가지 것들이 있어 거기에 근원적으로 마음에 잡도리하기를 많이 지으면 이것이 아직 일어나지 않은 법을 간택하는 깨달음의 구성요소를 일어나도록 하고 이미 일어난 법을 간택하는 깨달음의 구성요소를 늘리고 드세게 만들고 수행을 성취하는 자양분이다.(S46:2)"

나아가 일곱 가지 법들이 있어 법을 간택하는 깨달음의 구성요소를 일어나게 한다. 그것은 (1) 탐구함 (2) 토대를 깨끗하게 함 (3) 기능(五根)을 조화롭게 닦음 (4) 지혜 없는 사람을 피함 (5) 지혜로운 사람을 친근함 (6) 심오한 지혜로 행해야 할 것에 대해 반조함 (7) 이것을 확신함이다.

여기서 (1) '탐구함'이란 무더기(五蘊), 요소(十八界), 감각장소(十二處), 기능(五根), 힘(五力), 깨달음의 구성요소(七覺支), 도의 구성요소(八支聖道), 선의 구성요소(禪支), 사마타(止), 위빳사나(觀)의 의미를 바탕으로 탐구를 거듭하는 것이다.

(2) '토대를 깨끗하게 함'이란 안팎의 토대들을 깨끗하게 하는 것이다. 그의 머리털과 손발톱과 몸털 등이 길거나 몸이 체액과 땀과 때로 범벅이 되었을 때 안의 토대가 깨끗하지 않고 청정하지 않은 것이며, 옷이 낡고 더러워지고 나쁜 냄새가 나거나 거처가 불결할 때 밖의 토대가 깨끗하지 않고 청정하지 않은 것이다. 그러므로 머리 등을 깎고 위로 씻어내고 아래로 씻어내는 등으로 몸을 청결하게 하고 문지르고 목욕하여 안의 토대를 깨끗하게 해야 한다. 바느질하고 세탁하고 물들이고 수선하는 등으로 밖의 토대를 깨끗하게 해야 한다.

이런 안팎의 토대가 깨끗하지 않으면 그 때 일어난 마음(心)과 마음부수(心所)들을 의지하여 생긴 지혜도 역시 깨끗하지 않고 청정치 않다. 마치 불순한 등잔과 심지와 기름을 의지하여 생겨난 등불의 불빛처럼. 그러나 안팎의 토대가 깨끗하면 그 때 일어난 마음과 마음부수들을 의지하여 생긴 지혜도 역시 깨끗하고 청정하다. 마치 깨끗한 등잔과 심지와 기름을 의지하여 생겨난 등불의 불빛처럼.99) 그래서 토대를 깨끗하게 하는 것이 법을 탐구하는 깨달음의 구성요소를 일어나게 한다고 했다.

(3) '기능(根)들을 조화롭게 닦음'이란 믿음 등의 기능들을 조화롭게 가지는 것이다. 만약 그에게 믿음의 기능(信根)이 강하고 나머지 기능들이 약하면 정진의 기능(精進根)이 노력하는 역할을 할 수 없고, 마음챙김의 기능(念根)이 확립하는 역할을 할 수 없고, 삼매의 기능(定根)이 산만치 않게 하는 역할을 할 수 없고, 통찰지의 기능(慧根)이 보는 역할을 할 수 없다. 그러므로 법들의 고유성질을 반조하거나 그렇게 마음에 잡도리할 때에 그 믿음의 기능만이 강해진다면 그와 같이 마음에 잡도리하지 않음에 의해서 줄여야 한다. 왁깔리 장로의 일화가 그 보기이다.

만약 정진의 기능이 강하면 믿음의 기능이 확신하는 역할을 실행할 수 없고 나머지 기능들도 여러 기능을 실행할 수 없다. 그러므로 편안함(輕安) 등을 개발함에 의해서 그 정진의 기능을 줄여야 한다. 여기서도 소나 장로의 일화를 보아야 한다. 나머지 경우에도 이와 같다. 하나만이 강하면 나머지는 자기의 역할을 할 수 없다고 알아야 한다.

여기서 특별히 믿음(信)과 통찰지(慧)의 균등, 삼매(定)와 정진

---

99) 이상은 『청정도론』 IV.43과 같음.

(精進)이 균등할 것을 권한다. 믿음이 강하고 통찰지가 약한 자는 미신이 되고, 근거 없이 믿는다. 통찰지가 강하고 믿음이 약한 자는 교활한 쪽으로 치우친다. 약으로 인해 생긴 병처럼 치료하기가 어렵다. 두 가지 모두 균등함으로써 믿을 만한 것을 믿는다. 삼매는 게으름으로 치우치기 때문에 삼매가 강하고 정진이 약한 자는 게으름에 의해 압도된다. 정진은 들뜸으로 치우치기 때문에 정진이 강하고 삼매가 약한 자는 들뜸에 의해 압도된다. 삼매가 정진과 함께 짝이 될 때 게으름에 빠지지 않는다. 정진이 삼매와 함께 짝이 될 때 들뜸에 빠지지 않는다. 그러므로 그 둘 모두 균등해야 한다. 이 둘 모두 균등할 때 본삼매에 들기 때문이다.

다시 삼매를 공부하는 자에게 믿음이 강하더라도 적당하다. 이와 같이 믿고 확신하면서 본삼매를 증득하기 때문이다. 삼매(定)와 통찰지(慧) 가운데서 삼매를 공부하는 사람에게 [마음의] 하나됨(집중)이 강한 것이 적당하다. 이와 같이 하여 그는 본삼매를 증득하기 때문이다. 위빳사나를 공부하는 자에게 통찰지가 강한 것이 적당하다. 이와 같이 하여 그는 [무상·고·무아의 세 가지] 특상을 통찰함을 증득하기 때문이다. 그러나 둘 모두가 균등함에 의해서도 본삼매에 든다.

마음챙김은 모든 곳에서 강하게 요구된다. 왜냐하면 믿음·정진·통찰지는 들뜸으로 치우치는데 마음챙김은 마음이 이들 때문에 들뜸에 빠지는 것을 보호하고, 또한 삼매(定)는 게으름으로 치우치는데 마음챙김은 마음이 이 삼매 때문에 게으름에 빠지는 것을 보호하기 때문이다. 그러므로 이 마음챙김은 모든 요리에 맛을 내는 소금과 향료처럼, 모든 정치적인 업무에서 일을 처리하는 대신처럼 모든 곳에서 필요하다. 그러므로 세존께서 "마음챙김은 모든 곳에서 유익하다"라고 설하셨다. 무슨 이유인가? 마음은 마음챙김에 의지하고, 마음챙김은 보호로 나타나기 때문이며, 마음챙김이 없이는 마음의 분발과 절제함이 없기 때문이다.100)

(4) '지혜 없는 사람을 피함'이란 무더기(蘊) 등을 분석함에 깊은 통찰지가 없고 슬기롭지 못한 사람들을 저 멀리 피하는 것이다.

(5) '지혜로운 사람을 친근함'이란 균등한 통찰지로써 [물질과 정신들을] 특징과 함께 파악하는 '일어나고 사라짐에 대한 통찰지'101)를 구족한 사람을 친근하는 것이다.

(6) '심오한 지혜로 행해야 할 것에 대해 반조함'이란 심오한 무더기(蘊) 등에 대해서 일어난 심오한 통찰지로 반조하는 것이다.

---

100) 이상 五根의 설명은 『청정도론』 IV.45-49와 같고 『아비담마 길라잡이』 623-24에도 인용되고 있다.
101) 『아비담마 길라잡이』 799-800의 '생멸의 지혜(udayabbaya-ñāṇa)'를 참조할 것.

(7) '이것을 확신함'이란 서거나 앉는 행위 등에서 법을 탐구하는 깨달음의 구성요소를 일으키기 위해서 마음을 향하고 기울이고 기대는 것이다. 이와 같이 [일곱 가지로 법을 탐구하는 깨달음의 구성요소를] 일으킨 자는 아라한도를 통해서 수행을 완성한다고 안다.

정진의 깨달음의 구성요소(精進覺支)는 이와 같이 일어난다. "비구들이여, [정진을] 시작하는 요소와 벗어나는 요소와 분발하는 요소가 있어102) 거기에 근원적으로 마음에 잡도리하기를 많이 지으면 이것이 아직 일어나지 않은 정진의 깨달음의 구성요소를 일어나도록 하고 이미 일어난 정진의 깨달음의 구성요소를 늘리고 드세게 만들고 수행을 성취하는 자양분이다.(S46:2)"

11가지 법이 있어 정진의 깨달음의 구성요소를 일어나게 한다. (1) 악처 등의 두려움을 반조함 (2) 이점을 봄 (3) 가야 할 길의 과정을 반조함 (4) 탁발한 음식을 공경함 (5) [정법의] 유산의 위대함을 반조함 (6) 스승의 위대함을 반조함 (7) 태생의 위대함을 반조함 (8) 동료수행자들의 위대함을 반조함 (9) 게으른 사람을 멀리함 (10) 부지런히 정진하는 자를 친근함 (11) 그것에 대해 마음을 기울임이다.

여기서 (1) 지옥에서 다섯 가지로 꿰찌르는 고문으로부터 시작하여 크나큰 고통을 겪을 때도, 축생계에서 물고기 등이 되어 그

---

102) 정진의 세 요소는 본서 221쪽을 참조할 것.

물에 걸려 붙잡히는 때도, 곤봉과 가시 등으로 때리고 찌르면서 수레에 실려 갈 때 등에도, 아귀계에서 한 부처님이 입멸하시고 다음 부처님이 출현하실 기간동안 수천 년을 극심한 갈증으로 고통받을 때도, 깔라깐자까 아수라에서 60뼘과 80뼘 크기의 뼈와 가죽뿐인 몸으로 바람과 뜨거움 등의 고통을 겪을 때도 정진의 깨달음의 구성요소를 일으킬 수 없다. 그러므로 '비구여, 지금이야말로 그대가 정진을 할 가장 적합한 시기이다'라고 이와 같이 악도의 두려움을 반조할 때 정진의 깨달음의 구성요소가 일어난다.

(2) 게으른 자는 아홉 가지 출세간법을 얻을 수 없다. 부지런히 정진하는 자만이 얻을 수 있다. '이 이점은 정진하는 자에게만 있다'라고 이점을 볼 때도 정진의 깨달음의 구성요소가 일어난다.

(3) '모든 부처님과 벽지불과 상수제자들이 간 길을 그대도 가야 한다. 게으른 자는 그 길을 갈 수가 없다'라고 이와 같이 가야 할 길의 과정을 반조하는 자에게도 일어난다.

(4) "탁발음식 등으로 그대를 섬기는 이 사람들은 친척들도 아니고, 하인들도 아니고, '그를 의지해서 살리라'라고 생각하면서 그에게 좋은 옷 등을 보시하지 않는다. 그러나 자신의 행위로서 큰 과보를 얻으리라고 하면서 보시한다. 우리의 스승이신 [부처님]께서도 '이 사람은 이 필수품들을 수용하고서 몸을 아주 강건하게 하여 편안하게 머물 것이다'라고 여기시어 그대에게 필

수품을 허락하시지 않으셨다.

그 대신에 '이 사람은 이것을 수용하고 사문의 법도를 닦아 윤회의 괴로움으로부터 벗어날 것이다'라고 그대에게 필수품들을 허락하셨다. 그러니 이제 그대가 게으르게 머물면 그 탁발한 음식을 존경하지 않는 것이 된다. 부지런히 정진하는 자만이 참으로 탁발한 음식을 공경하는 것이 된다."라고 이와 같이 탁발한 음식에 대한 공경을 반조하는 자에게 정진이 일어난다. 아야밋따(Ayyamitta) 장로처럼.

장로는 '농부의 동굴(Kassakaleṇa)'에 거주하고 있었다. 그가 탁발 가는 마을에 한 훌륭한 청신녀가 장로를 아들처럼 여기며 돌보고 있었다. 어느 날 그녀는 숲으로 가면서 딸에게 말했다.

"애야, 저 곳에 묵은 쌀[103]이 있고 저 곳에 버터가 있고 저 곳에 우유가 있고 저 곳에 당밀이 있다. 오라버니 아야밋따 스님이 오실 시간에 밥을 지어 버터와 우유와 당밀과 함께 공양을 올려라. 너도 그것을 먹어라. 나는 어제 먹다 남은 식은 밥을 죽과 함께 먹을 것이다."

"어머니, 그러면 낮에는 무엇을 드시게요?"

"나물을 넣고 쌀 찌꺼기로 국밥을 끓여다오."

장로는 [그날따라 일찍 탁발을 나가서 그 집 문 앞에 당도하

---

103) 인도, 스리랑카, 미얀마, 태국 등의 남방에서는 잘 마른 오래된 쌀일수록 상등미로 취급한다.

여] 가사를 고쳐 입고 발우를 [발우집에서] 꺼내다가 그 소리를 듣고 스스로를 경책했다.

"대 청신녀는 참으로 먹다 남은 식은 밥을 죽과 함께 먹고 낮에는 나물을 넣고 쌀 찌꺼기로 국밥을 끓여 먹을 것이다. 그대를 위해서는 묵은 쌀로 밥을 지을 것이다. 그것을 위해서 그녀는 전답도 대지도 음식도 옷도 바라지 않는다. 단지 [인간과 천상과 출세간의] 셋을 성취하기 위해서 보시하는 것이다. 그대가 그녀에게 이런 성취를 줄 수 있는가? 아니다. 이런 탁발음식은 탐욕과 성냄과 어리석음을 가진 그대가 수용할 수 없다."

그는 발우를 발우집에다 넣고 허리에 가사를 묶어 단정하게 했던 끈을 풀고 되돌아와 '농부의 동굴'로 갔다. 그는 발우를 침상 아래로 넣고 가사를 가사걸이에 걸면서 "아라한과를 얻지 않고서는 나가지 않으리라."고 정진을 맹세하고 앉았다. 그는 오랜 세월을 불방일하며 머물렀기 때문에 위빳사나를 증장시켜 공양 시간 전에 아라한과를 얻었다. 활짝 핀 연꽃처럼 번뇌를 멸한 위대한 자는 미소를 머금고 앉아있었다. 동굴 입구에 있는 나무에 머무는 신이 감흥어를 읊었다.

훌륭한 혈통의 인간인 당신께 귀의합니다
최상의 인간인 당신께 귀의합니다
번뇌 멸한 당신은 인간들의 공양을 받기에 충분합니다

그런 후 "존자시여, 탁발 나오신 당신 같은 아라한들께 탁발

음식을 드린 그 큰 여인은 괴로움으로부터 벗어날 것입니다."라고 말했다. 장로는 일어나서 문을 열고 시간을 살펴본 뒤 '탁발 갈 시간이구나'라고 알고 발우와 가사를 수하고 마을로 들어갔다.

소녀는 밥을 다 지어 '지금쯤 우리 오라버니 스님께서 오시겠지'라고 대문을 쳐다보고 앉아있었다. 그녀는 장로가 대문을 들어서자 발우를 받아서 버터와 당밀을 곁들인 우유로 만든 탁발음식을 담아 장로의 손에 놓아드렸다.

장로는 "복덕이 구족하기를"이라고 덕담을 하고 나갔다. 그녀는 그를 쳐다보면서 서있었다. 그때 장로의 피부색깔은 아주 청정하였고 감각기관들은 맑았으며 얼굴은 잎자루를 벗어난 다 익은 야자열매처럼 아주 빛났다.

대 청신녀는 숲으로부터 돌아와서 "애야, 오라버니 스님께서 오셨더냐?"라고 물었다. 그녀는 전말을 모두 일러드렸다. 청신녀는 "오늘 우리 아드님은 출가자가 해야 할 일의 정수리를 얻으셨구나"라고 알고 "애야, 네 오라버니 스님은 부처님의 교법에서 환희용약하시고 후회하지 않게 되셨다"라고 말했다.

(5) "스승의 유산은 참으로 위대하나니 그것은 바로 이 일곱 가지 성스러운 재산104)이다. 그러나 게으른 자는 그것을 받을 수가 없다. 마치 방탕한 아들을 두고 '이놈은 내 자식이 아니다'

---

104) 일곱 가지는 믿음(saddhā), 계(sīla), 양심(hiri), 수치심(ottappa), 배움(suta), 베품(cāga), 통찰지(paññā)이다. ―「다숫따라 경」(十上經, D34).

라고 부모가 의절하면 그들이 죽고 나서 유산을 상속받지 못하는 것처럼 게으른 자도 그와 같이 이 성스러운 재산을 상속받지 못한다. 부지런히 정진하는 자만이 받을 수 있다"라고 [정법의] 유산의 위대함을 반조할 때도 정진은 일어난다.

(6) "그대의 스승은 참으로 위대한 분이시니 어머니의 모태에 재생연결을 받으실 때도, [모태로부터] 나오실 때도, 깨달음을 성취하실 때도, 법륜을 굴리시고 쌍신변105)을 나투시고 천상에 올라가시고 목숨을 거두실 때도, 반열반에 드실 때도 백 천의 세계가 진동을 하였나니 참으로 그대가 이러한 스승의 교법에 출가하여 게을러빠진다면 그것이 적합하겠는가"라고 이와 같이 스승의 위대함을 반조할 때도 정진은 일어난다.

(7) "태생으로서도 이제 그대는 [출가하였으므로] 저열한 태생이 아니요, 순수하고 명성이 자자한 혈통을 전승하여온 욱까까 왕의 가문에 태어났다. 숫도다나 대왕과 마하마야 대비의 자손이요 라훌라 존자의 동생이다. 그대는 참으로 이런 승리자의 아들이 되고도 게을러빠져 머문다면 그것은 적합하지 않다"라고 태생의 위대함을 반조할 때도 정진은 일어난다.

(8) "사리뿟따와 목갈라나, 그리고 80분의 큰제자들은 오직 정진으로써 출세간법을 통찰하셨다. 그대는 이들 동료 수행자들

---

105) 불과 물이 동시에 나타나게 하는 등, 정반대되는 두 가지(yamaka, 雙)를 동시에 나타내는 신통이다. 『아비담마 길라잡이』 391-92를 참조할 것.

의 도를 닦을 것인가 닦지 않을 것인가"라고 동료수행자들의 위대함을 반조할 때도 정진은 일어난다.

(9) 배를 채우고 늘어져있는 보아 뱀처럼 몸과 마음의 정진을 놓아버린 게으른 사람들을 멀리하는 자에게도 (10) 부지런히 정진하고 스스로 노력하는 사람들을 친근하는 자에게도 (11) 서거나 앉는 등에서 정진을 일으키기 위해 마음을 향하고 기울이고 기대는 자에게도 정진은 일어난다. 이와 같이 [11가지로 정진의 깨달음의 구성요소를] 일으킨 자는 아라한도를 얻어 수행을 완성한다고 꿰뚫어 안다.

희열의 깨달음의 구성요소(喜覺支)는 이와 같이 일어난다. "비구들이여, 희열의 깨달음의 구성요소를 확립시키는 법들이 있어 거기에 근원적으로 마음에 잡도리하기를 많이 지으면 이것이 아직 일어나지 않은 희열의 깨달음의 구성요소를 일어나도록 하고 이미 일어난 희열의 깨달음의 구성요소를 늘리고 드세게 만들고 수행을 성취하는 자양분이다.(S46:2)" 여기서 희열 그 자체를 희열의 깨달음의 구성요소를 확립시키는 법들이라 한다. 그것을 일으키도록 마음에 잡도리하는 것을 근원적으로 마음에 잡도리함이라 한다.

나아가서 11가지 법이 희열의 깨달음의 구성요소를 일어나게 한다. (1) 부처님을 계속해서 생각함(佛隨念) (2) 법을 계속해서 생각함(法隨念) (3) 승가를 계속해서 생각함(僧隨念) (4) 계를 계속해서 생각함(戒隨念) (5) 관대함을 계속해서 생각함(捨隨念) (6) 천신을 계속해서 생각함(天隨念) (7) 고요함을 계속해서 생각함(止息隨念) (8) 거친 자를 멀리 함 (9) 인자한 자를 섬김 (10) 신심을 일으키는 경전들을 반조함 (11) 그것에 대해 마음을 기울임이다.

(1) 부처님을 계속해서 생각하는 자에게 근접삼매까지 온 몸을 가득 채우는 희열의 깨달음의 구성요소가 일어난다.

(2) 법을 계속해서 생각하고 (3) 승가를 계속해서 생각하는 것도 그와 같다.

(4) 오랜 세월을 파하지 않고 잘 보호한 네 가지 청정한 계를 반조하는 자와 10계와 5계를 반조하는 재가자에게도, (5) 탁발하기 어려운 [기근 등의] 두려움 등에 처했을 때 동료 수행자들에게 좋은 음식을 보시한 뒤 '참으로 나는 이렇게 보시를 했다'라고 관대함을 반조하는 자와 이런 때에 계를 잘 지키는 분들에게 행한 보시를 반조하는 재가자에게도, (6) 공덕을 구족했기 때문에 신들이 신의 경지를 얻었으며 그런 공덕이 자신에게 있음을 반조하는 자에게도 [희열은 일어난다].

(7) '禪에 의해서 억제된 오염원들이 60년이나 70년 동안 일어나지 않는다'라고 반조하는 자에게도, (8) 탑을 참배하고 보리수를 참배하고 장로를 친견할 때에 정성을 다함이 없어 머트러운 성질을 드러내고 삼보에 청정한 믿음과 애정이 없어서 당나귀 등에 붙은 먼지처럼 머트러운 자를 멀리하는 자에게도, (9)

삼보에 청정한 믿음이 크고 부드러운 마음을 가진 인자한 자를 친근하는 자에게도, ⑽ 삼보의 공덕을 밝히고 신심을 일으키는 경전들을 반조하는 자에게도, ⑾ 서거나 앉는 등에서 희열을 일으키기 위해서 마음을 향하고 기울이고 기대는 자에게도 희열은 일어난다.

이와 같이 [11가지로 희열의 깨달음의 구성요소를] 일으킨 자는 아라한도를 얻어 수행을 완성한다고 꿰뚫어 안다.

편안함의 깨달음의 구성요소(輕安覺支)는 이와 같이 일어난다. "비구들이여, 몸의 편안함과 마음의 편안함이 있어 거기에 근원적으로 마음에 잡도리하기를 많이 지으면 이것이 아직 일어나지 않은 편안함의 깨달음의 구성요소를 일어나도록 하고 이미 일어난 편안함의 깨달음의 구성요소를 늘리고 드세게 만들고 수행을 성취하는 자양분이다.(S46:2)"

나아가서 일곱 가지 법이 편안함의 깨달음의 구성요소를 일어나게 한다. 그것은 ⑴ 좋은 음식을 수용함 ⑵ 안락한 기후에 삶 ⑶ 편안한 자세를 취함 ⑷ 적절한 노력 ⑸ 포악한 사람을 멀리함 ⑹ 몸이 편안한 사람을 친근함 ⑺ 그것에 대해 마음을 기울임이다.

⑴ 좋고 기름기 있고 적합한 음식을 수용할 때도 ⑵-⑶ 춥고 더운 계절과 서있는 등의 자세에서 적합한 기후와 자세를 취할 때도 그에게 편안함이 일어난다. 그러나 대인으로 태어난 자는

모든 기후와 자세를 견뎌내므로 그를 두고 한 말은 아니다. 적당하고 적당하지 않음이 있는 자는 적당하지 않은 기후와 자세를 피하고 적당한 곳을 취할 때 그에게 편안함이 일어난다.

(4) 적절한 노력이라는 것은 자신에게도 남에게도 '업이 자신의 주인임(kammassakatā)'을 반조하는 것이다. 이런 적절한 노력으로 편안함은 일어난다.

(5) 돌멩이나 몽둥이 등으로 남을 해코지하며 다니는 포악한 사람을 멀리할 때도 (6) 손과 발을 조심하고 몸이 편안한 사람을 친근할 때도 (7) 서거나 앉는 등에서 편안함을 일으키기 위해 마음을 향하고 기울이고 기댈 때도 그에게 편안함은 일어난다.

이와 같이 [7가지로 편안함의 깨달음의 구성요소를] 일으킨 자는 아라한도를 얻어 수행을 완성한다고 꿰뚫어 안다.

삼매의 깨달음의 구성요소(定覺支)는 이와 같이 일어난다. "비구들이여, 사마타의 표상과 산란함이 없는 표상(abyagganimitta)이 있어 거기에 근원적으로 마음에 잡도리하기를 많이 지으면 이것이 아직 일어나지 않은 삼매의 깨달음의 구성요소를 일어나도록 하고 이미 일어난 삼매의 깨달음의 구성요소를 늘리고 드세게 만들고 수행을 성취하는 자양분이다.(S46:2)" 여기서 사마타 그 자체가 바로 사마타의 표상이고 흩어짐이 없다는 뜻에서 산란함이 없는 표상이라 한다.

나아가서 11가지 법이 있어 삼매의 깨달음의 구성요소를 일어나게 한다. 그것은 (1) 토대들을 깨끗하게 함 (2) 모든 기능들을 고르게 조절함 (3) 표상에 대한 능숙함 (4) 적당한 때에 마음을 분발함 (5) 적당한 때에 마음을 절제함 (6) 적당한 때에 격려함 (7) 적당한 때에 평온하게 함 (8) 삼매에 들지 않은 사람을 멀리함 (9) 삼매에 든 사람을 친근함 (10) 禪과 해탈을 반조함 (11) 그것에 대해 마음을 기울임이다.

여기서 (1) 토대들을 깨끗하게 함과 (2) 모든 기능들을 고르게 닦음은 앞서 설한 방법대로 알아야 한다.

(3) '표상에 대한 능숙함'이란 까시나의 표상을 익힘에 능숙함을 말한다.

(4) '적당한 때에 마음을 분발함'이란 정진 등이 너무 느슨하여 마음이 해이하면 그때에 법을 간택함(擇法)과 정진과 희열의 깨달음의 구성요소를 일어나게 함으로써 마음을 분발한다.

(5) '적당한 때에 마음을 절제함'이란 정진을 시작함 등으로 마음이 들떠 있을 때 편안함과 삼매와 평온의 깨달음의 구성요소를 일어나게 함으로써 절제한다.

(6) '적당한 때에 격려함'이란 통찰지(반야)의 활동이 둔하거나 혹은 고요함의 행복을 얻지 못하여 마음이 맥이 풀려 있으면 여덟 가지 두려움을 가져올 원인을 반조함으로써 자극을 주어야 한다. 여덟 가지 두려움을 가져올 원인이라는 것은 태어남(生), 늙음(老), 병듦(病), 죽음(死)의 네 가지와 악처의 고통은 다섯 번

째이고, 과거의 윤회에 뿌리 한 고통, 미래의 윤회에 뿌리 한 고통, 현재의 음식을 구함에 뿌리 한 고통이 그들이다. 그리고 삼보의 공덕을 생각함으로써 청정한 믿음을 일으킨다. 이것을 일러 적당한 때에 격려함이라 한다.

(7) '적당한 때에 평온하게 함'이란 것은 그가 바른 수행에 이르게 되어 마음이 게으르지도 않고, 들뜨지도 않고, 맥이 풀리지도 않고, 대상에 고르게 일어나며, 사마타의 과정에 들어있을 때 그는 분발하거나 절제하거나 격려하는데 관심을 갖지 않는다. 말들이 고르게 나아갈 때의 마부와 같다. 이것을 일러 적당한 때에 평온하게 함이라 한다.

(8) '삼매에 들지 않은 사람을 멀리함'이란 근접삼매나 본삼매를 증득하지 못한 흐트러진 마음을 가진 사람들을 멀리 여읨이다.

(9) '삼매에 든 사람을 섬김'이란 근접삼매나 본삼매로서 마음이 삼매에 든 사람들을 친근하고 공경하고 섬기는 것이다.

(11) 106) '그것에 대해 마음을 기울임'이란 서거나 앉는 행위 등에서 삼매를 일으키기 위해서 마음을 향하고 기울이고 기대는 것이다. 이와 같이 수행하는 자에게 이 [삼매]가 일어나기 때문이다.

이와 같이 [11가지로 삼매의 깨달음의 구성요소를] 일으킨 자는 아라한도를 얻어 수행을 완성한다고 꿰뚫어 안다.

---

106) '(10) 禪과 해탈을 반조함'에 대한 설명은 나타나지 않는다.

평온의 깨달음의 구성요소(捨覺支)는 이와 같이 일어난다. "비구들이여, 평온의 깨달음의 구성요소를 확립시키는 법들이 있어 거기에 근원적으로 마음에 잡도리하기를 많이 지으면 이것이 아직 일어나지 않은 평온의 깨달음의 구성요소를 일어나도록 하고 이미 일어난 평온의 깨달음의 구성요소를 늘리고 드세게 만들고 수행을 성취하는 자양분이다.(S46:2)" 여기서 평온 그 자체가 평온의 깨달음의 구성요소를 확립시키는 법이다.

다섯 가지 법이 있어 평온의 깨달음의 구성요소를 일어나게 한다. 그것은 (1) 중생에 대한 중립적인 태도 (2) 상카라(行)에 대한 중립적인 태도 (3) 중생과 상카라에 대해 애착을 가지는 사람을 멀리함 (4) 중생과 상카라에 대해 중립을 지키는 사람을 친근함 (5) 그것에 대해 마음을 기울임이다.

(1) 여기서 '중생에 대한 중립적인 태도'는 두 가지 형태로 일으킨다. '그대는 자신의 업에 따라 와서 자신의 업에 따라 갈 것이다. 이 사람도 역시 자신의 업에 따라 와서 자신의 업에 따라 갈 것이다. 그대는 누구를 애착한단 말인가?'라고 자기 자신이 자기 업의 소유자임을 반조함과, '궁극적인 의미에서 중생이란 없다. 그러니 그대는 누구를 애착한단 말인가?'라고 중생이 없음을 반조함에 의해서 일어난다.

(2) '상카라(行)에 대한 중립적인 태도'는 두 가지 형태로 일으킨다. '이 옷은 점점 색깔이 변하고 낡아서 발 닦는 걸레가 되었

다가 막대기 끝으로써 버려야 할 [더러운 것이] 될 것이다. 그런데 만일 이것의 주인이 있다면 이것을 이와 같이 없어지도록 내버려두지는 않을 것이다'라고 이와 같이 주인 없음을 반조하고, '이것은 오래 지속되지 않고 일시적인 것이다'라고 이와 같이 일시적임을 반조함을 통해서 길러진다. 의복에 대해서처럼 이 방법은 발우 등에 대해서도 적용되어야 한다.

(3) '중생과 상카라에 대해 애착을 가지는 사람을 멀리함'이란 여기서 자신의 아들이나 딸 등을 애지중지하는 재가자나 자신의 상좌나 사형사제 등을 애지중지하는 출가자는 손수 그들에게 삭발을 해주고 옷을 기워주고 빨래를 해주고 옷을 물들여주고 발우에 옻칠을 해주면서 잠시라도 보이지 않으면 "아무개 사미가 어디 갔지? 아무개 젊은 비구가 어디 갔지?"라고 당황한 사슴처럼 이리저리 찾아다닌다.

다른 사람이 삭발 등을 위해서 "잠시 아무개를 좀 보내주십시오"라고 청하면 "우리는 그에게 자기 일도 하지 않게 하는데 그대는 그를 데리고 가서 피곤하게 할 작정이오?"라고 보내지 않는다. 이것은 중생에 대해 애착하는 것이다.

의복과 발우와 접시와 주장자와 지팡이 등을 애지중지하는 사람은 남이 손으로 문지르게 하지도 않고 잠시 빌려달라고 해도 "나도 이것을 애지중지하여 사용하지 않는데 어떻게 그대들에게 주겠소"라고 말한다. 이것은 상카라에 대해 애착하는 것이다.

(4) 이 두 가지 토대에 대해서 중립적이고 무관심한 자를 중생과 상카라에 대해 중립적이라 한다.

이처럼 이 평온의 깨달음의 구성요소는 이러한 중생과 상카라에 대해 애착을 가지는 사람을 멀리 여읠 때도, 중생과 행에 대해 중립을 지키는 사람을 친근할 때도 일어나고 (5) 서거나 앉는 등에서 평온을 일으키기 위해서 마음을 향하고 기울이고 기댈 때도 일어난다.

이와 같이 [5가지로 평온의 깨달음의 구성요소를] 일으킨 자는 아라한도를 얻어 수행을 완성한다고 꿰뚫어 안다.

16-3 "**이와 같이 안으로 법에서 법을 관찰하며(法隨觀) 머문다. … 그는 세상에 대해서 아무 것도 움켜쥐지 않는다. 비구들이여, 이와 같이 비구는 일곱 가지 깨달음의 구성요소들의 법에서 법을 관찰하며 머문다.**"

이와 같이 안으로라는 것은 이와 같이 자신의 일곱 가지 깨달음의 구성요소들을 파악하거나, 혹은 남의 일곱 가지 깨달음의 구성요소들을 파악하거나, 혹은 때로는 자신의 일곱 가지 깨달음의 구성요소들을 때로는 남의 일곱 가지 깨달음의 구성요소들을 파악하고 그 일곱 가지 깨달음의 구성요소들인 법들에 대해 법들을 관찰하며 머무는 것을 말한다.

여기서 **일어남**(samudaya)과 **사라짐**(vaya)은 깨달음의 구성요소들의 생김과 소멸을 통해서 알아야 한다.

이 이외에는 앞서 설한 방법과 같다. 단지 여기서는 일곱 가지 깨달음의 구성요소(七覺支)들을 파악하는 마음챙김이 괴로움의 진리이다. 이렇게 구문을 분석한 뒤 일곱 가지 깨달음의 구성요소들을 파악하는 비구에게 이것은 [아라한까지 되는] 출구가 된다. 나머지는 앞에서 설한 것과 동일하다.

V-5. 네 가지 성스러운 진리(四聖諦)

17. "다시 비구들이여, 여기 비구는 네 가지 성스러운 진리(四聖諦)의 법에서 법을 관찰하며(法隨觀) 머문다. 비구들이여, 어떻게 비구가 네 가지 성스러운 진리의 법에서 법을 관찰하며 머무는가? 여기 비구는 '이것이 괴로움이다'라고 있는 그대로 꿰뚫어 안다. '이것이 괴로움의 일어남이다'라고 있는 그대로 꿰뚫어 안다. '이것이 괴로움의 소멸이다'라고 있는 그대로 꿰뚫어 안다. '이것이 괴로움의 소멸로 인도하는 도닦음이다'라고 있는 그대로 꿰뚫어 안다."

이와 같이 일곱 가지 깨달음의 구성요소들을 통해서 법을 관찰하는 것을 분석하신 뒤 이제 네 가지 진리(四諦)를 통해 분석하시기 위해 **다시 비구들이여**라는 등을 말씀하셨다.

여기서 '**이것이 괴로움이다'라고 있는 그대로 꿰뚫어 안다**라는 것은 갈애를 제외하고 삼계에 있는 모든 것들에 대해 '이것은 괴로움이다'라고 고유성질에 따라서 꿰뚫어 안다는 뜻이다.

이런 괴로움을 생기게 하고 일어나게 하는 이전의 갈애를 **이것은 괴로움의 일어남이다**라고 꿰뚫어 알고, 이 둘이 일어나지 않는 열반을 **이것은 괴로움의 소멸이다**라고 꿰뚫어 알며, 괴로움을 철저하게 알고 일어남을 제거하고 소멸을 실현하는 성스러운 도를 **이것은 괴로움의 소멸로 인도하는 도닦음이다**라고 고유 성질에 따라서 꿰뚫어 안다는 뜻이다.

태어남(生)등의 단어를 분석하여 설명하는 것을 제외한 성스러운 진리의 설명은 『청정도론』(XVI장)에서 상세하게 다루어졌다.

V-5-1. 괴로움의 성스러운 진리(苦聖諦)[107]

18-1. "비구들이여, 그러면 무엇이 괴로움인가? 태어남도 괴로움이다. 늙음도 괴로움이다. 병도 괴로움이다. 죽음도 괴로움이다. 근심·탄식·육체적 고통·정신적 고통·절망도 괴로움이다. 원하는 것을 얻지 못하는 것도 괴로움이다. 요컨대 다섯 가지 취착하는 무더기(五取蘊)들 자체가 괴로움이다."

---

[107] 미얀마본과 태국본에 의하면 『장부』「대념처경」(D22)과 『중부』「염처경」(M10)은 글자 한 자 다르지 않을 정도로 꼭 같다. 그러나 스리랑카본을 저본으로 삼은 PTS본에는 이 둘이 다르다. 그 다른 부분은 사제의 구분을 상세하게 나열하는 바로 이 부분이다. 『중부』에는 사제를 상세하게 구분하는 이 부분이 나타나지 않는다. 그런데 『장부 주석서』의 「대념처경 주석」에 나타나는 고·집·멸·도 각각에 대한 상세한 주석은 『중부 주석서』의 「염처경 주석」에는 나타나지 않는다. 이런 사실을 미루어 볼 때 PTS본이 정확하다고 할 수 있다.

단어의 분석에 있어 **비구들이여, 그러면 무엇이 괴로움인가?** 라는 것은 "'비구들이여, 태어남도 괴로움이다'라고 말한 그 태어남이란 어떤 것인가?"라고 이처럼 모든 질문들에 대해서 그 뜻을 알아야 한다.

18-2. "비구들이여, 그러면 어떤 것이 태어남인가? 이런 저런 중생들의 무리로부터 이런 저런 중생들의 태어남, 출생, 도래함, 생김, 탄생, 오온의 나타남, 감각장소(處)를 획득함 — 비구들이여, 이를 일러 태어남이라 한다."

이런 저런 중생들의(yā tesaṁ tesaṁ sattānaṁ)라는 이 표현은 '참으로 이들의(imesaṁ nāma)' 라고 한정하지 않았기 때문에 모든 중생들을 다 포함하는 말이다.

이런 저런 중생들의 무리에라는 이것도 모든 중생들을 다 포함하는 말이다.

태어남(jāti)이란 변화를 겪는(savikārāna) [중생들의] 첫 번째 생겨난 무더기들의 동의어이다.

출생(sañjāti)이란 태어남(jāti)에다 접두어 [saṁ] 을 장엄한 것으로서 태어남의 동의어이다.

들어오는 형태를 가져 들어온다는 뜻에서 **도래함**(okkanti)이다. 생겨남이라 불리는 새로 생긴 것이란 뜻에서 **생김**(abhinibbatti)이다. 이와 같이 이 넷은 인습적 의미(sammuti)로 설한 것이다.

오온의 나타남이란 것은 궁극적 의미(paramattha, 구경법)로 설한 것이다. 하나의 구성성분을 가진 것 등에서 하나(색)와 넷(수·상·행·식)과 다섯(색·수·상·행·식)의 구성성분으로 나누어지는 무더기(蘊)들이 나타난 것이지 사람이 [태어난 것이] 아니다. 그러나 이것이 있을 때 '인간이 생겨났다'라는 단지 일상생활에서 통용되는 언어(vohāra)가 있는 것이다.

감각장소를 획득함(āyatanānaṁ paṭilābho)이란 것은 감각장소들이 나타났다, 얻어졌다는 뜻이다.

18-3. "비구들이여, 그러면 어떤 것이 늙음인가? 이런 저런 중생들의 무리 가운데서 이런 저런 중생들의 늙음, 노쇠함, 부서진 [이빨], 희어진 [머리털], 주름진 피부, 수명의 감소, 감각기능(根)의 허약함 — 이를 일러 늙음이라 한다."

늙음(jarā)이란 고유성질을 설명한 것이다.
노쇠함(jīraṇatā)이란 형태의 성질을 설명한 것이다.
부서짐(khaṇḍicca) 등은 변화를 설명한 것이다. 젊은 시절에 이빨은 희다. 그것이 나이가 들면서 점점 색깔도 변하고 여기저기가 빠진다. 이제 빠지고 남아있는 것에 비해 부서진 이빨을 '부서진 것'이라 한다.

부서진 것들의 상태를 **부서진 [이빨]**이라 한다.

서서히 희어지는 머리털과 몸털을 두고 희다고 한다. 그에게 흰 [머리털이] 생겼기 때문에 '머리털이 흰 자'이고 그의 상태가

희어짐(pālicca)이다.

늙음의 바람에 맞서서 깡마른 살점과 핏줄 때문에 그의 피부에 주름이 졌으므로 '피부가 주름진 자'이고 그의 상태가 **주름진 피부가 됨**(valittacatā)이다.

여기까지가 이빨과 털과 피부에 대한 변화를 보여줌을 통해서 분명하게 드러난 늙음을 보인 것이다.

마치 풀과 나무 등을 이리저리 쪼개거나 태우거나 하여 물과 바람과 불의 가는 길이 드러나게 되는 것이지 그 가는 길 자체는 물 등이 아닌 것처럼 그와 같이 이빨 등의 부서짐 등을 통해서 늙음의 가는 길이 드러나게 되고 눈을 뜨고서도 늙음이 지나는 길을 알 수 있는 것이지 이빨의 부서짐 등 그 자체가 늙음은 아니다. 늙음은 눈을 통해서 알아지지 않는다. 그러나 늙은 자는 수명이 줄어들기 때문에 늙음은 **수명의 감소**(āyuno saṁhāni)라고 결과에 의해서 말했다.

젊은 시절에는 눈 등의 감각기능(根, indriya)들이 아주 청명하여 그 각각의 대상이 미세하더라도 쉽게 이해할 수 있지만 늙게 되면 감각기능들이 약하고 혼란스럽게 되고 분명하지 않아서 비록 그 각각의 대상이 거칠더라도 이해할 수 없게 된다. 그러므로 **감각기능의 허약함**(indriyānaṁ paripāka)이라고 결과에 의해서 말한 것이다.

18-4. "비구들이여, 그러면 어떤 것이 죽음인가? 이런 저런 중생들의 무리로부터 이런 저런 중생들의 종말, 제거됨, 부서짐, 사라짐, 사망, 죽음, 서거, 오온의 부서짐, 시체를 안치함, 생명기능(命根)의 끊어짐 — 이를 일러 죽음이라 한다."

죽음의 설명에서 관계대명사 'yaṁ'은 죽음(maraṇa)이 중성명사이므로 중성명사이다. 그 죽음은 종말이라 불리고 제거됨이라 불린다고 그 뜻을 여기서 적용시켜야 한다.

여기서 **종말**(cuti)이라는 것은 고유성질에 따른 설명이다.

제거됨(cavanatā)이란 것은 형태의 성질에 따른 설명이다.

죽음에 이른 무더기(蘊)들이 부서지고 사라지고 보이지 않게 되기 때문에 **부서짐**(bheda), **사라짐**(antaradhāna)이라고 부른다.

사망과 죽음(maccu-maraṇaṁ)이란 것은 찰라적인 죽음(khaṇika-maraṇa, 刹那死)108)이 아니다.

서거(kālakiriya)라는 것은 죽어서 없어지는 것이다.

이 모든 것은 인습적 의미로서 설한 것이다.

오온의 부서짐(khandhānaṁ bhedo)이란 것은 궁극적 의미에서 설한 것이다. 하나의 구성성분을 가진 것 등에서 하나와 넷과 다섯의 구성성분으로 나누어지는 무더기(蘊)들이 부서진 것이지

---

108) 아비담마에 의하면 물·심의 제 현상(法)은 모두 찰나생·찰나멸을 거듭하므로 매찰라 죽는 존재이다. 이것을 아비담마에서는 刹那死(khaṇika-maraṇa)라 부른다.(VbhA. 101)

사람이 [죽은 것이] 아니다. 그러나 이것이 있을 때 '인간이 죽었다'는 단지 일상생활에서 통용되는 언어가 있는 것이다.

시체를 안치함(kaḷevarassa nikkhepo)이란 몸을 안치하는 것이다. 죽은 자의 몸은 쓸모없는 나무토막처럼 넘어진다. 그러므로 '시체를 안치함'이라 말한다.

생명기능(命根)**의 끊어짐**(jīvitindriyassa upacchedo)은 모든 측면에서 궁극적 의미의 죽음이다. 아울러 이것은 인습적 의미로서의 죽음이라고도 불린다. 왜냐하면 생명기능의 끊어짐을 취하여서 세상에서는 '띳사가 죽었다. 풋사가 죽었다.'고 말하기 때문이다.

18-5. "비구들이여, 그러면 어떤 것이 근심인가? 비구들이여, 이런 저런 불행을 만나고 이런 저런 괴로운 현상에 맞닿은 사람의 근심, 근심함, 근심스러움, 내면의 근심, 내면의 슬픔 ― 이를 일러 근심이라 한다."

불행을(byasanena)이란 친척의 불행 등 이런 저런 불행을 말한다.

괴로운 현상에(dukkha-dhammena)란 죽이고 묶는 등의 괴로움을 주는 것이다.

맞닿은(phuṭṭhassa)이란 퍼진, 압도된이란 말이다.

근심(soko)이란 친척의 불행 등에 대해 혹은 죽이고 묶는 등에 대해 혹은 그 밖의 다른 것이 있을 때 그것에 압도된 자에게 일어나는 것이다. 근심함의 특징을 가진 것이 '근심(soko)'이다.
근심스러움(socitatta)이란 근심하는 상태다.
그런데 이것은 내부에서 마르게 하고 말라붙게 하면서 일어나기 때문에 **내면의 근심**(antosoko), **내면의 슬픔**(anto-parisoko)이라 부른다.

18-6. "비구들이여, 그러면 어떤 것이 탄식인가? 비구들이여, 이런 저런 불행을 만나고 이런 저런 괴로운 법에 맞닿은 사람의 한탄, 비탄, 한탄함, 비탄함, 한탄스러움, 비탄스러움 — 이를 일러 탄식이라 한다."

내 딸이나 내 아들이라고 일일이 지목하면서(ādissa ādissa) 한탄하고(devanti) 비탄한다라고 해서 **한탄**(ādevo)이다. 그런 것을 목청껏 소리 지르면서(parikittetvā) 이것으로 한탄한다(devanti)고 해서 **비탄**(paridevo)이다. 그 다음의 둘은 이것의 상태를 설명한 것이다.

18-7. "비구들이여, 그러면 어떤 것이 육체적 고통인가? 비구들이여, 몸의 고통, 몸의 불편함, 몸에 맞닿아 생긴 고통스럽고 불편한 느낌 — 이를 일러 육체적 고통이라 한다."

몸의(kāyikaṁ)라는 것은 몸의 감성의 토대를 말한다.
괴롭다는 뜻에서 **고통**(dukkhaṁ)이고, **불편함**(asātaṁ)이란 달콤하지 않음이다.

몸에 맞닿아 생긴 고통이란 몸에 맞닿음으로써 생긴 고통이다. **불편한 느낌**이란 달콤하지 않은 느낌이다.

18-8. "비구들이여, 그러면 어떤 것이 정신적 고통인가? 비구들이여, 정신적인 불편함, 마음에 맞닿아 생긴 고통스럽고 불편한 느낌 — 이를 일러 정신적 고통이라 한다."

정신적인(cetasikaṁ)이란 마음과 관계된 것이란 말이다. 나머지는 육체적 고통에서 설한 것과 같은 방법이다.

18-9. "비구들이여, 그러면 어떤 것이 절망인가? 비구들이여, 이런 저런 불행을 만나고 이런 저런 괴로운 법에 맞닿은 사람의 실망, 절망, 실망함, 절망함 — 이를 일러 절망이라 한다."

실망(āyāso)이란 가라앉고 흩어지는 형태를 얻은 마음의 피곤함이다. 강한 실망이 **절망**(upāyāso)이다. 그 다음의 둘은 자신과 자신에 속하는 상태를 밝히는 상태를 설명하는 것이다.

18-10. "비구들이여, 그러면 어떤 것이 원하는 것을 얻지 못하는 괴로움인가? 비구들이여, 태어나기 마련인 중생들에게 이런 바람이 일어난다. '오 참으로 우리에게 태어나는 법이 있지 않기를! 참으로 그 태어남이 우리에게 오지 않기를!'이라고 그러나 이것은 원함으로서 얻어지지 않는다. 원하는 것을 얻지 못하는 이것도 괴로움이다. 비구들이여, 늙기 마련인 중생들에게 … 병들기 마련인 중생들에게 … 죽기 마련인 중생들에게 … 근심·탄

식·육체적 고통·정신적 고통·절망을 하기 마련인 중생들에게 이런 바람이 일어난다. '오 참으로 우리에게 근심·탄식·육체적 고통·정신적 고통·절망하는 법이 있지 않기를! 참으로 그 근심·탄식·육체적 고통·정신적 고통·절망이 우리에게 오지 않기를!'이라고. 그러나 이것은 원함으로서 얻어지지 않는다. 원하는 것을 얻지 못하는 이것도 역시 괴로움이다."

태어나기 마련인(jātidhammānaṁ)이라는 것은 태어남의 고유 성질을 말한다.

바람이 일어난다(icchā uppajjati)라는 것은 갈애가 일어난다는 말이다.

오 참으로라는 것은 감탄사이다.

그러나 이것은 원함으로서 얻어지지 않는다라는 것은 이러한 태어남이 다시 오지 않는 것은 도를 닦지 않고서는 원함으로써 얻어지지 않는다는 뜻이다.

이것도 역시(idam pi)에서 '역시(pi)'라는 단어는 이 다음 나머지들에 대해서도 적용된다.

원하는 것(yaṁ picchaṁ)이란 원하지만 어떤 법으로도 그것을 얻지 못하는 그 얻을 수 없는 대상을 뜻하며 그런 것을 바라는 것은 괴로움이다. 이 방법은 모든 곳에서 다 적용된다.

18-11 "비구들이여, 그러면 어떤 것이 요컨대 다섯 가지 취착하는 무더기(五取蘊)들 자체가 괴로움인가? 그것은 취착하는 물

질의 무더기(色取蘊), 취착하는 느낌의 무더기(受取蘊), 취착하는 인식의 무더기(想取蘊), 취착하는 상카라들의 무더기(行取蘊), 취착하는 알음알이의 무더기(識取蘊)이다. 비구들이여, 요컨대 취착하는 이 다섯 가지 무더기들 자체가 괴로움이다. 비구들이여, 이를 일러 괴로움의 성스러운 진리라 한다."

먼저 무더기(蘊)를 설명한다. 물질과 그것을 취착하는 무더기라고 해서 **물질을 취착하는 무더기**(色取蘊)라고 한다. 이것은 모든 곳에 적용된다.

V-5-2. 괴로움의 일어남의 성스러운 진리(集聖諦)

19-1. "비구들이여, 그러면 무엇이 괴로움의 일어남의 성스러운 진리(苦集聖諦)인가? 그것은 갈애이니, 다시 태어남을 가져오고 환희와 탐욕이 함께 하며 여기저기서 즐기는 것이다. 즉 감각적 욕망에 대한 갈애(慾愛), 존재에 대한 갈애(有愛), 존재하지 않는 것에 대한 갈애(無有愛)가 그것이다."

그것은 갈애이니(yāyaṁ taṇhā)라는 문장은 'yā ayaṁ taṇhā'로 분해된다.

다시 태어남을 가져오고(ponobbhavikā)라는 단어는 다음과 같이 설명된다 — '다시 태어남을 만든다'는 뜻이 '뽀놉바와(punobbhava)'이고, '습관적으로 다시 태어남을 만드는 것'이 '뽀놉바위까(ponobbhavikā)'이다. **환희와 탐욕이 함께 하며**라는 것은 [갈애가] 환희와 탐욕과 뜻으로서는 하나라는 뜻이다.

여기저기서 즐거워하는 것(tatratatra-abhinandini)이란 어느 곳에서 몸을 받더라도 즐거워한다는 뜻이다.

즉(seyyathidaṁ)이란 부사로서 '어떤 것이 그것인가'라고 만약 한다면'이란 뜻이다.

감각적 욕망에 대한 갈애(kāma-taṇhā, 慾愛)란 다섯 가닥의 감각적 욕망에 대한 탐욕의 동의어이다.

존재에 대한 갈애(bhava-taṇhā, 有愛)란 존재를 열망함에 의해서 생긴 상견(常見, sassata-diṭṭhi)이 함께 하는 색계와 무색계의 존재에 대한 탐욕과 禪을 갈망하는 것의 동의어이다.

존재하지 않는 것에 대한 갈애(vibhava-taṇhā, 無有愛)라는 것은 단견이 함께 하는 탐욕의 동의어이다.

19-2. "다시 비구들이여, 이런 갈애는 어디서 일어나서 어디서 자리 잡는가? 세상에서 즐겁고 기분 좋은 것이 있으면 거기서 이 갈애는 일어나서 거기서 자리 잡는다. 그러면 세상에서 어떤 것이 즐겁고 기분 좋은 것인가? 눈은 세상에서 즐겁고 기분 좋은 것이다. 귀는 … 코는 … 혀는 … 몸은 … 마노는 세상에서 즐겁고 기분 좋은 것이다. 여기서 이 갈애는 일어나서 여기서 자리 잡는다. 형상은 … 소리는 … 냄새는 … 맛은 … 감촉은 … [마노의 대상인] 법(法)은 세상에서 즐겁고 기분 좋은 것이다. 여기서 이 갈애는 일어나서 여기서 자리 잡는다. 눈의 알음알이

는 … 귀의 알음알이는 … 코의 알음알이는 … 혀의 알음알이는 … 몸의 알음알이는 … 마노의 알음알이는 세상에서 즐겁고 기분 좋은 것이다. 여기서 이 갈애는 일어나서 여기서 자리 잡는다."

19-3. "눈의 감각접촉(觸)은 … 귀의 감각접촉은 … 코의 감각접촉은 … 혀의 감각접촉은 … 몸의 감각접촉은 … 마노의 감각접촉은 세상에서 즐겁고 기분 좋은 것이다. 여기서 이 갈애는 일어나서 여기서 자리 잡는다. 눈의 감각접촉에서 생긴 느낌은 … 귀의 감각접촉에서 생긴 느낌은 … 코의 감각접촉에서 생긴 느낌은 … 혀의 감각접촉에서 생긴 느낌은 … 몸의 감각접촉에서 생긴 느낌은 … 마노의 감각접촉에서 생긴 느낌은 세상에서 즐겁고 기분 좋은 것이다. 여기서 이 갈애는 일어나서 여기서 자리 잡는다. 눈의 인식은 … 귀의 인식은 … 코의 인식은 … 혀의 인식은 … 몸의 인식은 … 마노의 인식은 세상에서 즐겁고 기분 좋은 것이다. 여기서 이 갈애는 일어나서 여기서 자리 잡는다."

19-4. "눈의 의도는 … 귀의 의도는 … 코의 의도는 … 혀의 의도는 … 몸의 의도는 … 마노의 의도는 세상에서 즐겁고 기분 좋은 것이다. 여기서 이 갈애는 일어나서 여기서 자리 잡는다. 눈의 갈애는 … 귀의 갈애는 … 코의 갈애는 … 혀의 갈애는 … 몸의 갈애는 … 마노의 갈애는 세상에서 즐겁고 기분 좋은 것이다. 여기서 이 갈애는 일어나서 여기서 자리 잡는다. 눈의 일으킨 생각(尋)은 … 귀의 일으킨 생각은 … 코의 일으킨 생각은 …

혀의 일으킨 생각은 … 몸의 일으킨 생각은 … 마노의 일으킨 생각은 세상에서 즐겁고 기분 좋은 것이다. 여기서 이 갈애는 일어나서 여기서 자리 잡는다. 눈의 지속적인 고찰(伺)은 … 귀의 지속적인 고찰은 … 코의 지속적인 고찰은 … 혀의 지속적인 고찰은 … 몸의 지속적인 고찰은 … 마노의 지속적인 고찰은 세상에서 즐겁고 기분 좋은 것이다. 여기서 이 갈애는 일어나서 여기서 자리 잡는다. 비구들이여, 이를 일러 괴로움의 일어남의 성스러운 진리라 한다."

이제 그 갈애의 대상을 상세하게 보이기 위해서 **그런 이 갈애는**이라는 등을 말씀하셨다.

여기서 **일어난다**(uppajjati)라는 것은 생긴다는 말이다.

자리 잡는다(nivisati)는 것은 계속해서 일어나서 확립된다는 뜻이다.

세상에서 사랑스럽고 기분 좋은 것(yaṁ loke piyarūpaṁ sātarūpaṁ)이라는 것은 세상에서 사랑스러운 고유성질과 달콤한 고유성질을 말한다.

눈은 세상에서(cakkhu loke)라는 등에서 세상에서 눈 등에 대해서 내 것이라는 생각에 빠진 중생들은 세속적인 성공을 얻고서는 [기고만장하여] 자기의 눈이 거울의 표면 등에서 영상을 취하는 것에 준해서 다섯 가지의 맑은 감성(pasāda)[109]을 황금

---

109) 다섯 가지 감성은 눈, 귀, 코, 혀, 몸의 감각기관을 말한다. 감성은 『아

으로 된 천상의 궁전에서 보배로 만든 열려있는 사자의 우리처럼 여긴다.

귀를 은으로 만든 대롱처럼 여기고 보석으로 만든 일련의 귀걸이처럼 여긴다.

오뚝한 코라는 표현을 가진 코를 가지고 둥그렇게 만들어 놓아둔 노란 야자수의 원형처럼 여긴다.

혀를 붉은 담요의 표면처럼 부드럽고 기름지고 달콤한 맛을 가진 것으로 여긴다.

몸을 살라 나무처럼, 황금으로 만든 현관처럼 여긴다.

마음을 다른 사람들의 마음과는 달리 너그러운 것으로 여긴다.

형상을 금화나 꽃 등의 색깔처럼 여기고,

소리를 가릉빈가 새나 뻐꾸기가 천천히 불어서 보배로 만든 대롱에서 울리는 소리처럼 여기고,

냄새도, 맛도, 감촉도, [마노의 대상인] 법(法)도, '다른 어느 누구에게 이런 것이 있을쏘냐'라고 생각한다.

그들이 이와 같이 생각할 때 그 눈 등은 사랑스러운 형상과 기분 좋은 형상이 된다. 여기서 이들이 일어날 때 갈애가 일어난다. 일단 일어난 갈애는 계속해서 일어남으로써 자리 잡는다. 그러므로 세존께서는 '눈은 세상에서 사랑스럽고 기분 좋은 것이다. 여기서 이 갈애가 일어나서 여기서 자리 잡는다.'라는 등으로 말

『비담마 길라잡이』 531-34 참조할 것.

쓺하셨다.

이 문장에서 **일어나서**(uppajjamāna)라는 것은 일어날 때는 언제든지 여기서 일어난다는 뜻이다. 이 방법은 모든 곳에서 적용된다.

V-5-3. 괴로움의 소멸의 성스러운 진리(滅聖諦)

20-1. "비구들이여, 그러면 무엇이 괴로움의 소멸의 성스러운 진리(苦滅聖諦)인가? 갈애가 남김없이 빛바래어 소멸함, 버림, 놓아버림, 벗어남, 집착 없음이다.."

남김없이 빛바래어 소멸함(asesa-virāga-nirodho)이라는 등은 모두 열반의 동의어들이다. 열반을 얻으면 갈애는 남김없이 빛바래고 소멸하기 때문이다. 그러므로 **갈애가 남김없이 빛바래어 소멸함**이라고 설하셨다. 열반을 얻으면 갈애가 떨어지고 놓아지고 풀어지지 달라붙지 않는다. 그러므로 열반은 **버림, 놓아버림, 벗어남, 해탈, 집착 없음**이라 불린다.

열반은 하나이지만 그 이름은 모든 형성된 것들의 이름과 반대되는 측면에서 여러 가지이다. 즉, 남김없이 빛바램, 남김없이 소멸함, 버림, 놓아버림, 벗어남, 해탈, 집착 없음, 탐욕의 소멸, 성냄의 소멸, 어리석음의 소멸, 갈애의 소멸, 취착 없음, 생기지 않음, 표상 없음, 원함 없음, 업의 축적이 없음, 재생연결이 없음, 다시 태어나지 않음, 태어날 곳이 없음, 태어나지 않음, 늙지 않음, 병들지 않음, 죽지 않음, 슬픔 없음, 비탄 없음, 절망 없음, 오염되지 않음이다.

20-2 "다시 비구들이여, 그런 이 갈애는 어디서 없어지고 어디서 소멸되는가? 세상에서 즐겁고 기분 좋은 것이 있으면 거기서 이 갈애는 없어지고 거기서 소멸된다. 그러면 세상에서 어떤 것이 즐겁고 기분 좋은 것인가? 눈은 세상에서 즐겁고 기분 좋은 것이다. 귀는 … 코는 … 혀는 … 몸은 … 마음은 세상에서 즐겁고 기분 좋은 것이다. 여기서 이 갈애는 없어지고 여기서 소멸된다. 형상은 … 소리는 … 냄새는 … 맛은 … 감촉은 … [마노의 대상인] 법(法)은 세상에서 즐겁고 기분 좋은 것이다. 여기서 이 갈애는 없어지고 여기서 소멸된다. 눈의 알음알이는 … 귀의 알음알이는 … 코의 알음알이는 … 혀의 알음알이는 … 몸의 알음알이는 … 마노의 알음알이는 세상에서 즐겁고 기분 좋은 것이다. 여기서 이 갈애는 없어지고 여기서 소멸된다."

20-3 "눈의 감각접촉은 … 귀의 감각접촉은 … 코의 감각접촉은 … 혀의 감각접촉은 … 몸의 감각접촉은 … 마노의 감각접촉은 세상에서 즐겁고 기분 좋은 것이다. 여기서 이 갈애는 없어지고 여기서 소멸된다. 눈의 감각접촉에서 생긴 느낌은 … 귀의 감각접촉에서 생긴 느낌은 … 코의 감각접촉에서 생긴 느낌은 … 혀의 감각접촉에서 생긴 느낌은 … 몸의 감각접촉에서 생긴 느낌은 … 마노의 감각접촉에서 생긴 느낌은 세상에서 즐겁고

기분 좋은 것이다. 여기서 이 갈애는 없어지고 여기서 소멸된다. 눈의 인식은 … 귀의 인식은 … 코의 인식은 … 혀의 인식은 … 몸의 인식은 … 마노의 인식은 세상에서 즐겁고 기분 좋은 것이다. 여기서 이 갈애는 없어지고 여기서 소멸된다."

20-4. "눈의 의도는 … 귀의 의도는 … 코의 의도는 … 혀의 의도는 … 몸의 의도는 … 마노의 의도는 세상에서 즐겁고 기분 좋은 것이다. 여기서 이 갈애는 없어지고 여기서 소멸된다. 눈의 갈애는 … 귀의 갈애는 … 코의 갈애는 … 혀의 갈애는 … 몸의 갈애는 … 마노의 갈애는 세상에서 즐겁고 기분 좋은 것이다. 여기서 이 갈애는 없어지고 여기서 소멸된다. 눈의 일으킨 생각은 … 귀의 일으킨 생각은 … 코의 일으킨 생각은 … 혀의 일으킨 생각은 … 몸의 일으킨 생각은 … 마노의 일으킨 생각은 세상에서 즐겁고 기분 좋은 것이다. 여기서 이 갈애는 없어지고 여기서 소멸된다. 눈의 지속적인 고찰은 … 귀의 지속적인 고찰은 … 코의 지속적인 고찰은 … 혀의 지속적인 고찰은 … 몸의 지속적인 고찰은 … 마노의 지속적인 고찰은 세상에서 즐겁고 기분 좋은 것이다. 여기서 이 갈애는 없어지고 여기서 소멸된다. 비구들이여, 이를 일러 괴로움의 소멸의 성스러운 진리라 한다."

이제 도(道, magga)를 통해서 자른 뒤 열반을 얻어 갈애가 일어나지 않음에 이르렀지만 [앞에서] 각각의 대상들에서 갈애가 일어난 것을 보이셨고 이제 바로 그 각각의 대상들에서 갈애가 없어짐을 보이시기 위해서 **그런 이 갈애는**이라는 등을 말씀하셨다.

어떤 사람이 밭에서 생긴 쓴 호리병박 줄기를 보고 끝에서부터 시작해 뿌리를 찾아서 끊어버리면 그것은 점점 시들어져 없어지게 될 것이다. 그러면 그 밭에는 쓴 호리병박이 소멸되어 없어졌다고 한다. 그와 같이 눈 등에 대한 갈애는 밭에 있는 쓴 호리병박과 같다. 그것은 성스러운 도에 의해서 뿌리가 잘려 열반을 얻어 생겨나지 않음(不生, appavatti)을 얻는다. 이와 같이 되었을 때 갈애는 그 대상들에 대해 마치 밭에서 자란 쓴 호리병박처럼 알려지지 않는다.

마치 밀림에 있는 도적을 데려와 도시의 남쪽 문에서 사형에 처하면 그 다음부터는 밀림에 있는 도적이 죽었다거나 피살당했다라고 하는 것과 같다. 그와 같이 눈 등에 대한 갈애는 밀림에 있는 도적과 같다. 그것은 남쪽 문에서 사형당한 도적처럼 열반을 얻은 뒤 그쳤기 때문에 열반에서 소멸하였다. 이와 같이 소멸되었기 때문에 갈애는 밀림에 있는 도적이 [피살당한 것]처럼 이들 대상에서 알려지지 않는다.

그래서 여기서 갈애의 소멸을 보이시면서 **눈은 세상에서 즐겁고 기분 좋은 것이다. 여기서 이 갈애는 없어지고 여기서 소멸된다**라는 등을 말씀하셨다.

V-5-4. 도닦음의 성스러운 진리(道聖諦)

21-1. "비구들이여, 그러면 무엇이 괴로움의 소멸로 인도하는 도닦음의 성스러운 진리(苦滅道聖諦)인가? 그것은 바로 여덟 가지 구성요소를 가진 성스러운 도(八支聖道)이니, 즉 바른 견해(正見), 바른 사유(正思惟), 바른 말(正語), 바른 행위(正業), 바른 생계(正命), 바른 정진(正精進), 바른 마음챙김(正念), 바른 삼매(正定)이다."

바로 이것(ayam eva)이라는 것은 다른 도를 배제하기 위해서 한정짓는 말이다.

성스러운(ariyo)이라는 것은 도에 의해서 파괴되어야 할 오염원들을 멀리 여의었기 때문에 성스러운 상태가 되었으므로 성스럽다고 한다.

21-2. "비구들이여, 그러면 무엇이 바른 견해(正見)인가? 비구들이여, 괴로움에 대한 지혜, 괴로움의 일어남에 대한 지혜, 괴로움의 소멸에 대한 지혜, 괴로움의 소멸로 인도하는 도닦음에 대한 지혜 — 이를 일러 바른 견해라 한다."

괴로움에 대한 지혜(dukkhe ñāṇaṁ)라는 등에 의해서 네 가지 진리의 명상주제를 보이셨다. 여기서 처음의 두 가지 진리는 윤회하는 것(vaṭṭa)이고 나중의 둘은 윤회에서 물러나는 것(vivaṭṭa)이다. 이들 가운데서 비구가 윤회하는 것을 명상주제로 하여 명상하면 윤회에서 물러나는 것에 대해서는 명상하지 못한다.

수행자는 앞의 두 가지 신리를 '오온은 괴로움의 진리(苦諦)요, 갈애는 일어남의 진리(集諦)이다'라고 간략하게, 또 '무엇이 다섯 가지 무더기인가? 물질의 무더기, …'라는 등의 방법으로 상세하게 스승의 곁에서 익히고 말로 거듭 외우면서 수행을 한다.

그러나 나머지 두 가지 진리에 대해서는 '소멸의 진리(滅諦)는 원하고 사랑스럽고 마음에 드는 것이며 도의 진리(道諦)도 원하고 사랑스럽고 마음에 드는 것이다'라고 이와 같이 경청하면서 수행한다.

그는 이와 같이 하면서 네 가지 진리들을 하나의 통찰(paṭivedha)로 통찰하고 하나의 관통(abhisamaya)110)으로 관통한다. 통달지(pariññā)111)에 의한 통찰을 통해서 괴로움을 통찰한다. 버림(pahāna)에 의한 통찰을 통해서 일어남을, 실현(sacchikiriya)에 의한 통찰을 통해서 소멸을, 수행(bhāvanā)에 의한 통찰을 통해서 도를 통찰한다.

통달지에 의한 관통을 통해서 괴로움을 … 수행에 의한 관통을 통해서 도를 관통한다. 이와 같이 먼저 두 가지 진리에 대해

---

110) 주석서들에서는 사성제를 철견하는 것을 이렇게 관통(abhisamaya)이라는 술어를 사용하여 표현한다. 『청정도론』 XXII.92가 좋은 보기이다.
111) 통달지에는 세 가지가 있다. 통달지에 대해서는 『청정도론』 XX.3 등을 참조할 것.

서 배우고 질문하고 경청하고 외우고 명상함으로써 통찰한다. 나머지 두 가지에 대해서는 경청함으로써 통찰한다.

나중에는 세 가지 진리에 대해서 역할(kicca)로써 통찰하고 소멸에 대해서는 대상으로써 통찰한다. 반조(paccavekkhaṇā)는 진리를 얻은 자에게만 있다. 여기서는 초심자에 대한 것이므로 반조는 포함되지 않는다.

이 비구가 제대로 파악(pariggaha)하기 전에는 '괴로움을 철저히 알리라. 일어남을 완전히 제거하리라. 소멸을 실현하리라. 도를 닦으리라.'라는 관심(ābhoga)과 마음에 둠(samannāhāra)과 마음에 잡도리함(manasikāra)과 반조함(paccavekkhaṇā)이 없다. 파악한 뒤에 이런 것들이 있다. 그러나 나중에는 괴로움을 철저히 알고, 일어남을 완전히 제거하고, 소멸을 실현하고, 도를 닦게 된다.

여기서 [괴로움과 일어남의] 두 가지 진리는 보기 어렵기 때문에 심오하고, [소멸과 도의] 두 가지는 심오하기 때문에 보기 어렵다. 괴로움의 진리는 일어날 때 분명하다. 막대기나 가시 등으로 때릴 때 '아, 괴롭다'라는 말이 절로 나온다. 일어남의 진리는 먹고 싶어 함 등을 통해서 일어날 때 분명하다. 그러나 특징을 통찰하는 것으로는 이 둘은 모두 심오하다. 이처럼 이 둘은 보기 어렵기 때문에 심오하다.

나머지 둘을 보기 위해 노력하는 것은 마치 우주의 꼭대기를 거머쥐려고 손을 펴는 것과 같고, 무간지옥을 닿으려고 발을 뻗는 것과 같고, 일곱 가닥으로 쪼갠 머리털 끝을 떼어내려는 것과 같다. 이처럼 이 둘은 심오하기 때문에 보기 어렵다.

이와 같이 보기 어렵기 때문에 심오하고 심오하기 때문에 보기 어려운 네 가지 진리들에 대해서 익히는 등을 통해서 처음 단계의 지혜가 일어남을 두고 **괴로움에 대한 지혜**(dukkhe ñāṇaṁ) 등으로 설하셨다. [그러나] 통찰하는 순간에는 그 지혜는 오직 하나이다.

21-3. "비구들이여, 그러면 무엇이 바른 사유(正思惟)인가? 비구들이여, 출리에 대한 사유, 악의 없음에 대한 사유, 해코지 않음(不害)에 대한 사유 — 이를 일러 바른 사유라 한다."

출리에 대한 사유 등은 감각적 욕망과 악의와 해코지를 삼가하는 인식들의 다양함 때문에 처음에는 여럿이다. 그렇지만 도의 순간에는 이들 세 경우에 대해서 일어난 해로운 사유의 다리를 잘라버리기 때문에 이들은 더 이상 일어나지 않게 된다. 이렇게 도의 구성요소를 완성할 때에는 오직 하나의 유익한 사유가 일어난다. 이것을 **바른 사유**(正思惟, sammā-saṅkappo)라 한다.

21-4. "비구들이여, 그러면 무엇이 바른 말(正語)인가? 비구들이여, 거짓말을 삼가하고 중상모략을 삼가하고 욕설을 삼가하고 잡담을 삼가하는 것 — 이를 일러 바른 말이라 한다."

거짓말을 금하는 것 등도 거짓말 등을 삼가는 인식들의 다양함 때문에 처음에는 여럿이지만 도의 순간에는 이 네 경우에 대해서 일어난 해롭고 나쁜 행실을 가진 의도의 다리를 잘라버리기 때문에 이들은 더 이상 일어나지 않게 된다. 이처럼 도의 구성요소를 완성할 때는 오직 하나의 유익한 절제가 일어난다. 이것을 **바른 말**(正語, sammā-vācā)이라 한다.

21-5. "비구들이여, 그러면 무엇이 바른 행위(正業)인가? 비구들이여, 살생을 삼가하고 도둑질을 삼가하고 삿된 음행을 삼가하는 것 — 이를 일러 바른 행위라 한다."

산목숨을 죽이는 것을 금하는 것 등도 산목숨을 죽이는 것 등을 삼가하는 인식들의 다양함 때문에 처음에는 여럿이지만 도의 순간에는 이 세 경우에 대해서 일어난 해롭고 나쁜 행실을 가진 의도의 다리를 잘라버리기 때문에 이들은 더 이상 일어나지 않게 된다. 이처럼 도의 구성요소를 완성할 때에는 오직 하나의 유익한 절제가 일어난다. 이것을 **바른 행위**(正業, sammākammanto)라 한다.

21-6. "비구들이여, 그러면 무엇이 바른 생계(正命)인가? 비구들이여, 성스러운 제자는 삿된 생계를 제거하고 바른 생계로 생명을 영위한다. 비구들이여, 이를 일러 바른 생계라 한다."

삿된 생계(micchā-ājīvaṁ)란 먹는 것 등을 위해 일어난 몸과 말의 나쁜 행실이다.

제거하고(pahāya)라는 것은 없애고 라는 말이다.

바른 생계로(sammā-ājīvena)라는 것은 부처님께서 칭송하신 생계를 통해서라는 말이다.

생명을 영위한다(jīvitaṁ kappeti)라는 것은 생명의 지속을 유지한다는 말이다. 바른 생계는 음모 등을 삼가하는 인식들의 다양함 때문에 처음에는 여럿이지만 도의 순간에는 이 일곱 경우112)에 대해서 일어난 삿된 생계라는 나쁜 행실을 가진 의도의 다리를 잘라버리기 때문에 더 이상 일어나지 않게 된다.

이처럼 도의 구성요소를 완성할 때에는 오직 하나의 유익한 절제가 일어난다. 이것을 **바른 생계**(正命, sammā-ājīva)라 한다.

21-7. "비구들이여, 그러면 무엇이 바른 정진(正精進)인가? 비구들이여, 여기 비구는 아직 일어나지 않은 사악하고 해로운 법(不善法)들을 일어나지 못하게 하기 위해서 의욕을 생기게 하고 정진하고 힘을 내고 마음을 다잡고 애를 쓴다. 이미 일어난 사악하고 해로운 법들을 제거하기 위하여 의욕을 생기게 하고 정진하고 힘을 내고 마음을 다잡고 애를 쓴다. 아직 일어나지 않은 유익한 법(善法)들을 일어나도록 하기 위해서 의욕을 생기게 하고 정진하고 힘을 내고 마음을 다잡고 애를 쓴다. 이미 일어난 유익한 법들을 지속시키고 사라지지 않게 하고 증장시키고 충만

---

112) 입의 넷(거짓말, 중상모략, 욕설, 잡담)과 몸의 셋(살생, 도둑질, 음행)을 뜻한다.

하게 하고 개발하기 위해서 의욕을 생기게 하고 정진하고 힘을 내고 마음을 다잡고 애를 쓴다. — 비구들이여, 이를 일러 바른 정진이라 한다."

아직 일어나지 않은(anuppannānaṁ)이라는 것은 '하나의 존재에 대해서나 그와 같은 대상에 대해서 아직 자신에게 일어나지 않은'이란 말이다. 남에게서 일어나는 것을 보고서 '오, 참으로 나에게는 이런 사악하고 해로운 법들이 일어나지 않기를'이라고 이와 같이 아직 일어나지 않은 사악한 해로운 법들을 일어나지 않게 하기 위해서 [의욕을 생기게 한다.]

의욕을 생기게 하고(chandaṁ janeti)라는 것은 그들을 일어나지 않도록 하는 도닦음을 성취하는 정진의 의욕을 생기게 한다는 말이다.

정진하고라는 것은 정진을 쏟는다는 말이다.

애를 쓴다(padahati)라는 것은 '피부와 힘줄과 뼈만 남은들 무슨 상관이랴'라고 생각하면서 노력하는 것이다.

이미 일어난(uppannānaṁ)이란 습관적으로 자신에게 이미 일어난 것이다. 이제 이런 것들을 일어나게 하지 않으리라고 생각하면서 이들을 버리기 위해서 의욕을 생기게 한다.

아직 일어나지 않은 유익한(anuppannānaṁ kusalānaṁ)이란 것은 아직 얻지 못한 첫 번째 선(初禪) 등을 말한다.

이미 일어난이란 것은 이들을 이미 얻은 것이다.

지속시키기 위해(thitiyā)라는 것은 계속해서 일어나도록 하여 머물게 하기 위해서라는 뜻이다.

사라지지 않게 하고(asammosāya)라는 것은 없어지지 않게 하기 위해서라는 뜻이다.

이 바른 정진도 아직 일어나지 않은 해로움을 일어나지 않도록 하는 마음 등의 다양함 때문에 처음에는 여럿이지만 도의 순간에는 이 네 경우에 대한 역할을 성취하여 도의 구성요소를 완성하면서 오직 하나의 유익한 정진이 일어난다. 이것을 **바른 정진**(正精進, sammā-vāyāmo)이라 한다.

21-8. "비구들이여, 그러면 무엇이 바른 마음챙김(正念)인가? 비구들이여, 여기 비구는 몸에서 몸을 관찰하며(身隨觀) 머문다. 세상에 대한 욕심과 싫어하는 마음을 버리면서 근면하게, 분명히 알아차리고 마음챙기며 머문다. 느낌들에서 … 마음에서 … 법에서 법을 관찰하며(法隨觀) 머문다. 세상에 대한 욕심과 싫어하는 마음을 버리면서 근면하게, 분명히 알아차리고 마음챙기며 머문다. 비구들이여, 이를 일러 바른 마음챙김이라 한다."

바른 마음챙김 역시 몸 등을 파악하는 마음의 다양함 때문에 처음에는 여럿이지만 도의 순간에는 이 네 경우에 대한 역할을 성취하여 도의 구성요소를 완성하면서 오직 하나의 마음챙김이 일어난다. 이것을 **바른 마음챙김**(正念, sammā-sati)이라 한다.

21-9. "비구들이여, 그러면 무엇이 바른 삼매(正定)인가? 비구들이여, 여기 비구는 감각적 욕망을 완전히 떨쳐버리고 해로운 법(不善法)들을 떨쳐버린 뒤, 일으킨 생각(尋)과 지속적인 고찰(伺)이 있고 떨쳐버렸음에서 생겼고, 희열(喜, pīti)과 행복(樂, sukha)이 있는 초선(初禪)에 들어 머문다."

"일으킨 생각(尋)과 지속적인 고찰(伺)을 가라앉혔기 때문에 [더 이상 존재하지 않으며], 자기 내면의 것이고, 확신(sampasādana)이 있으며, 마음의 단일한 상태이고, 일으킨 생각과 지속적인 고찰이 없고, 삼매에서 생긴 희열과 행복이 있는 제2선(二禪)에 들어 머문다."

"희열이 빛바랬기 때문에 평온하게 머물고, 마음챙기고 알아차리며(正念正知) 몸으로 행복을 경험한다. 이를 두고 성자들이 '평온하게 마음챙기며 행복하게 머문다'고 묘사하는 제3선(三禪)에 들어 머문다."

"행복도 버리고 괴로움도 버리고, 아울러 그 이전에 이미 기쁨과 슬픔을 없앴으므로 괴롭지도 즐겁지도 않으며, 평온으로 인해 마음챙김이 청정한(捨念淸淨) 제4선(四禪)에 들어 머문다. 비구들이여, 이를 일러 바른 삼매라 한다."

禪은 예비단계에도 도의 순간에도 여럿이다. 예비단계에는 [禪의] 증득에 따라 여럿이지만 도의 순간에는 여러 가지 도에 따라 여럿이다. 왜냐하면 어떤 자는 첫 번째 도(예류도)를 초선을 통해서 얻거나 혹은 두 번째 도 등도 초선을 통해 얻거나 혹은 제2선 등 가운데 어느 한 禪을 통해서 얻기 때문이다. 어떤 자는 첫 번째 도를 제2선 등 가운데 어떤 禪을 통해서 얻기도 하고 두 번째 도 등도 제2선 등 가운데 어떤 선을 통해서 얻기도 하고 초선을 통해서 얻기 때문이다.

이와 같이 [예류도 등의] 네 가지 도는 禪을 통해서 같기도 하고 다르기도 하며 전적으로 같기도 하다. 이 차이점은 기초가 되는 禪(pādakajjhāna)에 의해서 결정된다.

기초가 되는 禪의 결정에 따라 우선 초선을 얻은 자가 초선에서 출정하여 위빳사나를 할 때 일어난 도가 초선을 통한 것이다. 도의 구성요소와 깨달음의 구성요소는 여기서 성취된다. 제2선에서 출정하여 위빳사나를 할 때 일어난 도가 제2선을 통해서 얻은 것이다. 그런데 여기서 도의 구성요소는 일곱 가지113)이다. 제3선에서 출정하여 위빳사나를 할 때 일어난 도가 제3선을 통해서 얻은 것이다. 여기서는 도의 구성요소는 일곱 가지이고 깨달음의 구성요소는 여섯 가지114)이다. 이 방법은 제4선에서 출정하는 것에서부터 비상비비상처까지 적용된다.

---

113) 즉 여덟 가지 도의 구성요소 가운데서 바른 사유(正思惟)를 제외한 나머지이다. 바른 사유는 일으킨 생각(vitakka, 尋)에 속하며 이것은 제2선 이상에서는 없기 때문이다.
114) 즉 희각지(喜覺支, pīti-bojjhaṅga)를 제한 나머지이다. 제3선에는 희열이 없기 때문이다.

무색계에서는 '사종선(四種禪)'과 '오종선(五種禪)'115)이 일어난다. 이것은 출세간이지 세간적인 것이 아니라고 설했다. 왜 그런가? 여기서도 초선 등의 어떤 禪에서 출정하여 예류도를 얻고는 무색계 [禪]의 증득을 닦은 뒤 그는 무색계에 태어난다. 그 禪을 가진 자에게 그곳에서 세 가지 도가 일어난다. 이와 같이 기초가 되는 선에 따라 [도가] 결정된다.

그러나 어떤 장로들은 위빳사나의 대상이 되는 무더기(蘊)들이 [도를] 결정한다고 주장하고 어떤 자들은 개인의 성향이 결정한다고 주장하고 어떤 자들은 [도의] 출현으로 인도하는 위빳사나가 결정한다고 주장하기도 한다. 그들의 주장에 대한 판별은 『청정도론』에서 [도의] 출현으로 인도하는 위빳사나의 해설에서 설한 방법대로 알아야 한다.116)

비구들이여, 이를 일러 바른 삼매라 한다는 것은 이것이 예비단계에서는 세간적이고 나중에는 출세간에 속하는 바른 삼매이다라고 설하신 것이다.

21-10 "이와 같이 안으로 법에서 법을 관찰하며(法隨觀) 머문다. 혹은 밖으로 법에서 법을 관찰하며 머문다. 혹은 안팎으로 법에

---

115) 禪은 경장에서는 초선·2선·3선·4선의 넷으로 정형화 되어 나타나는데 논장에서는 초선의 일으킨 생각(尋)과 지속적인 고찰(伺)을 둘로 나누어서 전체를 다섯 가지로 분류하고 있다. 이 둘의 혼동을 피하기 위해서 주석서들에서는 여기에서처럼 각각 '사종선(四種禪)'과 '오종선(五種禪)'으로고 언급하고 있다.
116) 『청정도론』 XXI.83이하와 『아비담마 길라잡이』 808-09 참조.

서 법을 관찰하며 머문다. 혹은 법들에서 일어나는 현상을 관찰하며 머문다. 혹은 법들에서 사라지는 현상을 관찰하며 머문다. 혹은 법들에서 일어나기도 하고 사라지기도 하는 현상을 관찰하며 머문다. 혹은 그는 '법이 있구나'라고 마음챙김을 잘 확립하나니 지혜만이 있고 마음챙김만이 현전할 때까지. 이제 그는 〔갈애와 사견에〕 의지하지 않고 머문다. 그는 세상에 대해서 아무 것도 움켜쥐지 않는다. 비구들이여, 이와 같이 비구는 네 가지 성스러운 진리의 법에서 법을 관찰하며 머문다."

이와 같이 안으로라는 것은 이와 같이 자신의 〔안에서〕 네 가지 진리(四諦)를 파악하거나, 남에게서 〔파악하거나〕, 때로는 자신의 〔안에서〕 때로는 남에게서 네 가지 진리를 파악한 뒤 네 가지 진리의 법들을 관찰하며 머무는 것을 말한다.

여기서 **일어남**(samudaya)과 **사라짐**(vaya)은 네 가지 진리의 일어남과 소멸을 통해서 적절하게 알아야 한다.

이 이외에는 앞서 설한 방법과 같다. 단지 여기서는 네 가지 진리를 파악하는 마음챙김이 괴로움의 진리이다. 이렇게 구문을 분석한 뒤 진리를 파악하는 비구에게 이것은 〔아라한까지 되는〕 출구가 된다. 나머지는 앞에서 설한 것과 동일하다.

이만큼이 21가지 명상주제이니 즉 (1) 들숨날숨 (2) 네 가지 자세 (3) 네 가지 분명하게 알아차림 (4) 32가지 몸의 형태 (5) 사대를 분석함 (6)-(14) 아홉 가지 공동묘지의 관찰 (15) 느낌의 관찰 (16) 마음의 관찰 (17) 장애(蓋)를 파악함 (18) 무더기(蘊)를 파악함 (19) 감각장소(處)를 파악함 ⑳ 깨달음의 구성요소(覺支)를 파악함 (21) 진리(諦)를 파악함이다.

이들 가운데서 들숨날숨과 32가지 몸의 형태와 아홉 가지 공동묘지의 관찰이라는 11가지는 본삼매에 드는 명상주제이다. 『장부』를 암송하는 마하시와(Mahāsīva) 장로는 그런데 9가지 공동묘지의 관찰은 위험함을 관찰하는 것으로 설해졌다고 한다. 그러므로 그의 견해에 따르면 두 가지만이 본삼매에 드는 명상주제이고 나머지는 모두 근접삼매에 드는 명상주제이다.

그러나 이 모든 명상주제에서 모두 다 천착(abhinivesa)[117]이 생기는가라고 만약 묻는다면 그렇지 않다. 네 가지 자세와 분명하게 알아차림과 다섯 가지 장애(五蓋)와 깨달음의 구성요소(七覺支)에서는 천착이 생기지 않고 그 나머지 명상주제에서만 생기기 때문이다. 그러나 마하시와 장로는 "이런 명상주제에서도 천착이 생긴다고 말한다. 왜냐하면 나에게 네 가지 자세가 있는가 아니면 없는가, 나에게 네 가지 분명하게 알아차림이 있는가 아니면 없는가, 나에게 다섯 가지 장애가 있는가 아니면 없는가 라는 식으로 파악하기 때문이다. 그러므로 모든 곳에서 천착이 생긴다."라고 말했다.

---

117) 여기에 해당하는 『장부 복주서』(DAṬ)에 의하면 '천착이란 위빳사나의 천착(vipassana-abhinivesa)인데 명상해야 할 법을 철저하게 거머쥐는 것(pariggaha, 把握, 把持)'이라고 설명하고 있다.
『청정도론』 XXI.84이하에서는 위빳사나의 18가지 천착과 출현에 대해서 상세하게 설명하고 있으므로 참조하기 바람.

VI. 결어

22. "비구들이여, 누구든지 이 네 가지 마음챙김의 확립(四念處)을 이와 같이 칠 년을 닦으면 두 가지 결과 중의 하나를 기대할 수 있다. 지금 여기서 구경의 지혜(aññā)를 얻거나, 취착의 자취가 남아 있으면 다시는 돌아오지 않는 경지(不還果)를 기대할 수 있다."

"비구들이여, 칠 년까진 아니더라도 누구든지 이 네 가지 마음챙김의 확립을 이와 같이 육 년을 닦으면 … 오 년을 … 사 년을 … 삼 년을 … 이 년을 … 일 년까진 아니더라도 누구든지 이 네 가지 마음챙김의 확립을 이와 같이 일곱 달을 닦으면 두 가지 결과 중의 하나를 기대할 수 있다. 지금 여기서 구경의 지혜를 얻거나, 취착의 자취가 남아 있으면 다시는 돌아오지 않는 경지를 기대할 수 있다."

"일곱 달까진 아니더라도 누구든지 여섯 달을 … 다섯 달을 … 네 달을 … 세 달을 … 두 달을 … 한 달을 … 반달을 … 반달까진 아니더라도 누구든지 이 네 가지 마음챙김의 확립을 이와 같이 칠 일을 닦으면 두 가지 결과 중의 하나를 기대할 수 있다. 지금 여기서 구경의 지혜를 얻거나, 취착의 자취가 남아 있으면 다시는 돌아오지 않는 경지를 기대할 수 있다."

"'비구들이여, 이 도는 유일한 길이니 중생들의 청정을 위하고 근심과 탄식을 다 건너기 위한 것이며, 육체적 고통과 정신적 고통을 사라지게 하고 옳은 방법을 터득하고 열반을 실현하기 위한 것이다. 그것은 바로 '네 가지 마음챙김의 확립(四念處)'이다.'라고 설한 것은 이것을 반연하여 설하였다."

세존께서는 이와 같이 설하셨다. 비구들은 마음이 흡족해져서 세존의 말씀을 크게 기뻐하였다. (대념처경 끝)

비구들이여 누구든지라는 것은 '비구들이여, 어떤 비구든 비구니든 청신사든 청신녀든'이라는 말이다.

이와 같이 … 닦으면(evaṁ bhāveyya)이라는 등으로부터 시작해서 설한 닦는 순서(bhāvanānukkama)를 따라서 닦아야 한다.

기대할 수 있다(pāṭikaṅkhaṁ)라는 것은 기대된다, 원하게 된다, 반드시 있게 된다는 뜻이다.

구경의 지혜(aññā)란 아라한과이다.

취착의 자취가 남아있으면(sati vā upādisese)이란 것은 취착이 아직 남아있거나 완전히 제거되지 않은 것이다.

다시 돌아오지 않는 경지(anāgāmitā)란 불환자의 상태이다.

이와 같이 칠 년으로써 교법이 출구가 됨을 보이신 뒤 다시 그보다도 더 짧은 시간들을 보이시면서 **비구들이여, 칠 년까진 아**

니더라도라는 등을 말씀하셨다.

이것은 모두 제도되어야 할 보통 사람들을 기준으로 설하신 것이다. 예리한 통찰지를 가진 자를 두고는 "저녁에 지도를 받으면 아침에 특별함을 얻게 되고 아침에 지도를 받으면 저녁에 특별함을 얻게 될 것이다.(M85/ii.96)"라고 설하셨다. 이것을 통해 세존께서는 "비구들이여, 나의 교법은 이와 같이 종결된다."라고 말씀하시는 것이다.

이와 같이 21가지 경우들에서 아라한과를 그 정점으로 설하신 가르침을 종결지으시면서 "비구들이여, 이 도는 유일한 길이니 … 라고 설한 것은 이것을 반연하여 설하였다."라고 말씀하셨다. 나머지는 그 뜻이 분명하다.

설법을 마치시자 삼만 명의 비구들이 아라한과를 얻었다.

(『장부 주석서』의 「대념처경 주석」 끝)

참고도서

I. 빠알리 원문

1. 대념처경 및 주석서
   Dīgha Nikāya(장부) Vol. II. pp. 290-315.
   Sumaṅgalavilāsinī Dīgha Nikāya Aṭṭhakathā(장부 주석서) Vol. III. pp. 741-404.

2. 염처경 및 주석서
   Majjhima Nikāya(중부) Vol. I. pp. 55-63.
   Papañcasūdanī = Majjhima Nikāya Aṭṭhakathā(중부 주석서) Vol. I. pp. 225-302.

3. 청정도론 및 주석서
   Warren, Henry C. & Dhammananda Kosambi. Harvard Oriental Series (HOS), Vol. 41, Mass., 1950.
   Pali Text Society's edition (PTS), London, 1920/1.
   Paramatthamañjūsā = Visuddhimagga Mahāṭīkā(청정도론 주석서), The Caṭṭha Saṅghāyana CD-ROM edition (3th version). Igatpuri: VRI, 1997)

II. 빠알리 번역서

Dīgha Nikāya: Walshe, Maurice. Thus Have I Heard, London: Wisdom Publications, 1987.

Majjhima Nikāya: ① Ñāṇamoli, Bhikkhu and Bodhi Bhikkhu. The Middle Length Discourse of the Buddha, Kandy: BPS, 1995.

② 전재성, 『맛지마니까야』 제1권. 〈한국빠알리성전협회, 2002〉

③ 백도수, 『맛지마니까야(中部)』 제1권. 〈민속원, 2002〉

Paṭisambhidamagga: 임승택. 『빠띠삼비다막가 역주』. 〈가산불교문화연구원, 2001〉

Dhammasangaṇi: Rhys Davids, C.A.F. A Buddhist Manual of Psychological Ethics. 1900. Reprint. London: PTS, 1974.

Vibhaṅga: Thittila,U. The Book of Analysis London: PTS, 1969.

Atthasālinī (Commentary on the Dhammasāṅganī): Pe Maung Tin. The Expositor (2 Vol.s), London: PTS, 1920-21, 1976.

Sammohavinodanī (Commentary on the Vibhaṅga): Ñāṇamoli, Bhikkhu. The Dispeller of Delusion. Vol. 1. London: PTS, 1987; Vol. 2. Oxford: PTS, 1991.

The Path of Purification. by Ñāṇamoli, Ven. Berkeley: Shambhala Publications INC, 1976.

Visuddhimagga-Mahāṭīkā.-Nissaya (4 Vol.s) by Ven. Mahasi Sayadaw, Yangon, 1966-1968.(미얀마어 번역본)

『청정도론』 (1, 2, 3), 대림 스님, 〈초기불전연구원, 2004〉

III. 기타 참고도서.

Cha, M. H. A Study in Paramatthamañjūsa (With Special Reference to Paññā), Pune University, 2001.(대림 스님 박사학위 청구논문)

Ledi Sayadaw. The Manual of Dhamma, Igatipur:VRI, 1999 (First Indian Edition)

Nyanaponika Thera, Ven. Abhidhamma Studies, Kandy: BPS, 1965, 1998.

Nyanatiloka Thera. Guide through the Abhiddhamma Piṭaka, Kandy: BPS, 1971.

Soma Thera. The Way of Mindfulness, Colombo, 1956.

Ven. U Silananda. The Four Foundations of Mindfulness, Boston, 1990.

각묵 스님, 『금강경 역해』 〈불광출판사, 2001〉

대림 스님 · 각묵스님, 『아비담마 길라잡이』 〈초기불전연구원, 2002〉

대림 스님, 『들숨날숨에 마음챙기는 공부』 〈초기불전연구원, 2003〉

미산 스님 외, 『대념처경의 수행이론과 실제』 〈근본불교 수행도량, 2002〉

재연 스님, 『다섯 가지 장애와 그 극복방법』 〈고요한 소리, 1992〉

현음 스님, 『염신경』 〈고요한 소리, 1991〉

| 네 가지 마음챙기는 공부 |
| 대념처경과 그 주석서 |

2003년 5월 25일 초판 1쇄 인쇄
2025년 2월 17일 개정판 10쇄 발행

역   자 | 각묵스님
펴 낸 이 | 대림스님
펴 낸 곳 | **초기불전연구원**
　　　　　경남 김해시 관동로 27번길 5-79
　　　　　전화 (055)321-8579
홈페이지 | http://tipitaka.or.kr
　　　　　http://cafe.daum.net/chobul
이 메 일 | chobulwon@gmail.com
등록번호 | 제62호.(2002.10.9)
계좌번호 | 국민은행 604801-04-141966 차명희
　　　　　하나은행 205-890015-90404 (구.외환 147-22-00676-4) 차명희
　　　　　농협 053-12-113756 차명희
　　　　　우체국 010579-02-062911 차명희

ISBN 89-953547-9-8 03220

값 | 10,000원